司法解释理解与适用丛书
强制执行司法解释解读系列 ①

最高人民法院
关于执行程序中计算迟延履行期间的债务利息司法解释
理解与适用

【条文·释义·案例·实务】

江必新 刘贵祥 主编
最高人民法院执行局 编著

人民法院出版社
PEOPLE'S COURT PRESS

图书在版编目（CIP）数据

最高人民法院关于执行程序中计算迟延履行期间的债务利息司法解释理解与适用/江必新、刘贵祥主编.—北京：人民法院出版社，2014.9
（司法解释理解与适用丛书）
ISBN 978-7-5109-1059-3

Ⅰ.①最… Ⅱ.①江… ②刘… Ⅲ.①债权法—法律解释—中国 ②债权法—法律适用—中国 Ⅳ.①D923.3

中国版本图书馆 CIP 数据核字（2014）第 223678 号

最高人民法院关于执行程序中计算延迟履行期间的债务利息司法解释理解与适用

江必新　刘贵祥　主编

责任编辑：林志农　李安尼　孟　晋
出版发行：人民法院出版社
地　　址：北京市东城区东交民巷 27 号（100745）
电　　话：(010) 67550579（责任编辑）　67550558（发行部查询）
　　　　　65223677（读者服务部）
网　　址：http://www.courtbook.com.cn
E‑mail：courtpress@sohu.com
印　　刷：保定市中画美凯印刷有限公司
经　　销：新华书店

开　本：787 毫米×1092 毫米　1/16
字　数：236 千字
印　张：17.75
版　次：2014 年 9 月第 1 版　2024 年 1 月第 7 次印刷
书　号：ISBN 978‑7‑5109‑1059‑3
定　价：46.00 元

版权所有　侵权必究

强制执行司法解释解读丛书
编辑委员会

编委会主任：江必新　刘贵祥

副 主 任：俞宏武　张根大　金剑锋　谭　红

委　　员：黄金龙　刘立新　赵晋山　毛宜全

　　　　　何东宁　于　明　刘　涛

最高人民法院关于执行程序中计算迟延履行期间的债务利息司法解释理解与适用

主　　编：江必新　刘贵祥

副 主 编：金剑锋

执行主编：赵晋山

撰稿分工：赵晋山　王宝道　序言部分

　　　　　王宝道　第一条

　　　　　乔　宇　第二条、第三条

　　　　　潘勇锋　第四条

　　　　　金剑锋　第五条

　　　　　于　明　第六条

　　　　　葛洪涛　第七条

序 言

"工欲善其事，必先利其器"。解决"执行难"问题首先要做的就是完善执行制度，增强执行措施。近年来，限制高消费制度、失信被执行人名单制度、网络查控机制相继建立，这些制度和机制已经成为强制执行的有力武器。而最高人民法院正在推动建设的全国法院执行指挥系统，也将成为解决"执行难"的重要举措。

迟延履行利息制度也是解决"执行难"的重要措施之一。《中华人民共和国民事诉讼法》第253条规定：被执行人迟延履行生效法律文书确定的金钱给付义务的，应当加倍支付迟延履行期间的债务利息。该措施在促使债务人及时履行义务和补偿债权人损失方面起到了积极作用。但是，计算迟延履行期间债务利息这个看似简单的问题，却有很多问题需要解决。归纳起来，主要为：迟延履行期间债务利息的计算，是依申请执行人申请还是依法院职权主动计算；迟延履行期间债务利息的构成是什么，一般债务利息与迟延履行利息的关系是什么；迟延履行利息率如何确定，是否由执行法官自由裁量；计算迟延履行利息的基数包含哪些内容；迟延履行利息的起算和截止时间如何确定；中止执行或者暂缓执行期间是否计算迟延履行利息；迟延履行利息与其他金钱债务的清偿顺序是什么；执行回转中是否计算迟延履行利息；外币案件如何计算迟延履行利息，等等。

以往的规定散见于多个司法解释之中，没有形成体系，对上述问题或没有规定或规定较为原则，从而导致各地法院对法律的理解不同、做法不一，不仅损害了法律的统一性和严肃性，也导致该项制度的作用难以得到充分发挥。

为了解决这些问题，自2012年初开始，最高人民法院在深入调研的基础上，起草了《关于执行程序中计算迟延履行期间的债务利息适用法律若干问题的解释》（以下简称《解释》）的初稿。之后，最高人民法院多次征求全国人大法工委、中国人民银行等相关部门的意见，听取了部分法官和律师的建议，根据这些意见和建议，数易其稿。最后，最高人民法院审判委员会讨论通过《解释》。

《解释》以法定原则和平等保护当事人合法权益的原则为基础，对迟延履行期间债务利息的计算问题作了较为系统的规定。《解释》全文共七条，主要解决了三个问题：一是如何处理迟延履行期间的债务利息中加倍部分债务利息与一般债务利息的关系；二是如何计算迟延履行期间的一般债务利息和加倍部分债务利息；三是特殊情况下加倍部分债务利息的计算。

《解释》至少有以下亮点：首次明确规定了一般债务利息与加倍部分债务利息的关系，细化了计算加倍部分债务利息的起算时间，明确了计算加倍部分债务利息的截止时间和扣除期间，确定了外币案件如何计算加倍部分债务利息，重新规定了执行款项的清偿顺序等。

《解释》的制定，汇集了各方经验和智慧，其内容紧密结合司法实践，具体而准确地阐释了如何计算迟延履行期间的债务利息，增强了司法解释的可操作性。

为了便于广大读者理解和掌握《解释》的规定，我们组织人员编写本书。这些作者中既有《解释》的执笔者，也有《解释》小组成员，对《解释》有着较为准确的理解。另外，这些作者都活跃在办案一线，既有深厚的理论功底，又有丰富的实践经验，对如何适用《解释》有着切实的体会。当然，书中难免有这样或者那样的疏漏、不足之处，希望广大读者朋友不吝赐教，指出书中的不足和错误，以便能及时修订。

最高人民法院副院长　江必新

二〇一四年九月

目　录

第一部分　司法解释条文

最高人民法院
关于执行程序中计算迟延履行期间的债务利息适用法律若干问题的解释
（自 2014 年 8 月 1 日起施行）………………………………（ 3 ）

第二部分　条文释义

引　言　　为规范执行程序中迟延履行期间债务利息的计算，根据《中华人民共和国民事诉讼法》的规定，结合司法实践，制定本解释。

【条文主旨】………………………………………………………（ 9 ）
【条文理解】………………………………………………………（ 9 ）
　一、迟延履行利息制度 ………………………………………（ 9 ）
　二、迟延履行利息制度的发展 ………………………………（ 12 ）
　　（一）迟延履行利息制度的立法确立 ………………………（ 12 ）
　　（二）迟延履行利息制度的完善 ……………………………（ 13 ）
　　（三）迟延履行利息制度的补充 ……………………………（ 14 ）
　　（四）迟延履行利息制度的进一步细化 ……………………（ 15 ）
　三、迟延履行利息制度存在的问题 …………………………（ 16 ）
　四、域外的相关制度 …………………………………………（ 16 ）
　　（一）英国的判决之债利息 …………………………………（ 16 ）

（二）法国的逾期罚款……………………………………（17）
五、《强制执行法（草稿）》对迟延履行利息制度的规定……（18）
六、《解释》的原则和结构……………………………………（19）
　　（一）基本原则…………………………………………（19）
　　（二）逻辑结构…………………………………………（21）

第一条　根据民事诉讼法第二百五十三条规定加倍计算之后的迟延履行期间的债务利息，包括迟延履行期间的一般债务利息和加倍部分债务利息。

　　迟延履行期间的一般债务利息，根据生效法律文书确定的方法计算；生效法律文书未确定给付该利息的，不予计算。

　　加倍部分债务利息的计算方法为：加倍部分债务利息＝债务人尚未清偿的生效法律文书确定的除一般债务利息之外的金钱债务×日万分之一点七五×迟延履行期间。

【条文理解】…………………………………………………（22）
一、一般债务利息与迟延履行利息之间的关系………………（22）
　　（一）概念辨析…………………………………………（22）
　　（二）迟延履行期间债务利息的构成…………………（24）
二、迟延履行利息率……………………………………………（29）
　　（一）利率市场化改革的情况…………………………（29）
　　（二）现行两种主要指导性利率………………………（31）
　　（三）《解释》规定的利率……………………………（32）
三、计算迟延履行利息的基数…………………………………（37）
四、需要注意的问题……………………………………………（39）
【相关法律法规】……………………………………………（45）

第二条　加倍部分债务利息自生效法律文书确定的履行期间届满之日起计算；生效法律文书确定分期履行的，自每次履行期间届满之日起计算；生效法律文书未确定履行期间的，自法律文书生效之日起计算。

【条文主旨】 ………………………………………………（47）
【条文理解】 ………………………………………………（47）
 一、起算时间的理解 ……………………………………（48）
 二、生效法律文书的理解 ………………………………（49）
  （一）生效法律文书的范围 ……………………………（49）
  （二）法律文书生效的理解 ……………………………（51）
 三、根据生效法律文书具体内容确定起算时间 ………（54）
  （一）生效法律文书确定了履行期间 …………………（54）
  （二）生效法律文书确定债务分期履行 ………………（55）
  （三）生效法律文书未确定履行期间 …………………（56）
  （四）其他需要说明的问题 ……………………………（56）
【实践中应注意的问题】 …………………………………（57）
 一、驳回再审申请、再审维持原生效法律文书或
  原生效法律文书部分判项 …………………………（57）
 二、再审撤销原生效法律文书或原生效法律文书部分判项………
  ………………………………………………………（59）
 三、再审重新作出判决或判项、变更判项 ……………（59）
 四、再审撤销二审判决，维持被二审否定的一审
  判决或维持被二审否定的一审部分判项 …………（61）
【相关法律法规】 …………………………………………（62）

第三条 加倍部分债务利息计算至被执行人履行完毕之日；被执行人分次履行的，相应部分的加倍部分债务利息计算至每次履行完毕之日。

  人民法院划拨、提取被执行人的存款、收入、股息、红利等财产的，相应部分的加倍部分债务利息计算至划拨、提取之

日；人民法院对被执行人财产拍卖、变卖或以物抵债的，计算至成交裁定或抵债裁定生效之日；人民法院对被执行人财产通过其他方式变价的，计算至财产变价完成之日。

非因被执行人的申请，对生效法律文书审查而中止或暂缓执行的期间及再审中止执行的期间，不计算加倍部分债务利息。

【条文主旨】……………………………………………………（65）
【条文理解】……………………………………………………（65）
　一、被执行人主动履行债务时加倍部分债务利息计算的截止时间……
　　………………………………………………………………（65）
　二、人民法院强制执行时加倍部分债务利息计算的截止时间………
　　………………………………………………………………（67）
　　（一）关于迟延履行期间截止日期的争论……………（68）
　　（二）关于迟延履行期间截止日期各种观点的评述……（69）
　　（三）本款解释的理解与适用…………………………（74）
　三、不计算加倍部分债务利息的期间……………………（83）
　　（一）关于不计算加倍部分债务利息期间的几种观点……（84）
　　（二）本款解释的理解与适用…………………………（86）
【实践中应注意的问题】………………………………………（91）
　一、除实际履行之外其他导致债务消灭的情形中加倍
　　部分债务利息计算的截止时间………………………（91）
　二、执行第三人到期债权过程中加倍部分债务利息
　　计算的截止时间………………………………………（92）
　三、执行和解协议履行期间加倍部分债务
　　利息的计算问题………………………………………（93）
　四、公司长期不分配股利的，人民法院能否强制提取………（94）
　五、金融不良债权转让案件中迟延履行期间债务利息
　　的计算问题……………………………………………（95）

【相关法律法规】……………………………………………（98）

第四条 被执行人的财产不足以偿付全部债务的,应当先清偿生效法律文书确定的金钱债务,再清偿加倍部分的债务利息,但当事人对清偿顺序另有约定的除外。

【条文主旨】………………………………………………（105）
【条文理解】………………………………………………（105）
　一、情况说明………………………………………………（106）
　二、条文释义………………………………………………（109）
　　（一）本条解释确立了先本后息的清偿顺序,即在执行案款不足以清偿全部债务时,应当先支付生效法律文书确定的金钱债务,再支付迟延履行期间的债务利息…………（110）
　　（二）正确理解本条司法解释中"金钱债务"的范畴……（117）
　　（三）当事人对清偿顺序另有约定,应当根据约定的顺序清偿,即在清偿顺序问题上,实行当事人约定优先………（117）
【实践中应注意的问题】…………………………………（122）
　一、强制执行程序中参与分配时是否适用本条《解释》中规定的清偿顺序的问题………………………………………（122）
　二、本解释规定的清偿顺序与一般民事债权清偿顺序的区别问题………………………………………………（123）
　三、迟延履行利息与违约金等的清偿顺序问题………（124）
　四、迟延履行利息是否属于优先受偿权保护范围………（126）
【相关法律法规】…………………………………………（128）

第五条 生效法律文书确定给付外币的,执行时以该种外币按日万分之一点七五计算加倍部分债务利息,但申请执行人主张以人民币计算的,人民法院应予准许。

　　以人民币计算加倍部分债务利息的,应当先将生效法律文书确定的外币折算或者套算为人民币后再进行计算。

外币折算或者套算为人民币的,按照加倍部分债务利息起算之日的中国外汇交易中心或者中国人民银行授权机构公布的人民币对该外币的中间价折合成人民币计算;中国外汇交易中心或者中国人民银行授权机构未公布汇率中间价的外币,按照该日境内银行人民币对该外币的中间价折算成人民币,或者该外币在境内银行、国际外汇市场对美元汇率,与人民币对美元汇率中间价进行套算。

【条文主旨】 ··· (130)
【条文理解】 ··· (130)
  一、相关概念的理解 ··· (131)
    (一)外币 ··· (131)
    (二)汇率、套算 ·· (132)
    (三)汇率风险 ··· (133)
  二、外币案件的特殊之处 ··· (134)
  三、执行实践中应当注意的问题 ·································· (138)
    (一)本条特殊规定仅适用于外币案件的迟延履行期间债务
        利息中加倍部分债务利息的计算 ······················ (138)
    (二)债务人以何种货币清偿债务,当前没有法律及司法
        解释的明确规定 ·· (138)
    (三)执行中币种的选择只限于迟延履行利息的执行 ······ (139)

第六条 执行回转程序中,原申请执行人迟延履行金钱给付义务的,应当按照本解释的规定承担加倍部分债务利息。

【条文主旨】 ··· (140)
【条文理解】 ··· (140)
  一、执行回转制度概述 ·· (141)
  二、执行回转的概念及其适用条件 ······························· (142)

（一）执行回转的原因 ………………………………………（142）
　　（二）执行回转的条件 ………………………………………（143）
　　（三）执行回转程序 …………………………………………（144）
　　（四）执行回转中的特别规定 ………………………………（146）
【实践中应注意的问题】 …………………………………………（159）
　一、关于执行回转中如何确认迟延履行期间加倍部分债务
　　　利息的起止时间 …………………………………………（159）
　二、金钱债务与迟延履行利息的清偿顺序 ……………………（159）
　三、原生效法律文书执行过程中，被执行的迟延履行期间
　　　的债务利息，在执行回转程序中如何处理 ………………（160）
【相关法律法规】 …………………………………………………（160）

第七条　本解释施行时尚未执行完毕部分的金钱债务，本解释施行前的迟延履行期间债务利息按照之前的规定计算；施行后的迟延履行期间债务利息按照本解释计算。

　　本解释施行前本院发布的司法解释与本解释不一致的，以本解释为准。

【条文主旨】 ………………………………………………………（161）
【条文理解】 ………………………………………………………（161）
　一、关于法之溯及力问题 ………………………………………（161）
　　（一）法之溯及力的概念、意义及基本共识 ………………（161）
　　（二）"法律不溯及既往"原则的理论基础 …………………（162）
　　（三）我国关于法律溯及力问题的规定及实践 ……………（163）
　　（四）司法解释的溯及力问题 ………………………………（164）
　二、适用金钱债权的范围 ………………………………………（169）
　　（一）只适用于本解释施行时尚未执行完毕的部分 ………（169）
　　（二）关于"执行完毕部分"的理解 ………………………（169）
　三、跨越本司法解释生效时点迟延履行利息的计算方法 ……（171）

（一）本司法解释的实施日期 …………………………（171）
　　（二）分段计算 …………………………………………（172）
四、与本解释相冲突的司法解释 ……………………………（173）
　　（一）最高人民法院之前发布的关于迟延履行利息计算
　　　　的司法解释 ………………………………………（173）
　　（二）冲突司法解释的限制适用 ……………………（173）
【实践中应注意的问题】………………………………………（175）
一、执行监督案件、恢复终结本次执行案件的适用问题 ……（175）
二、金融不良债权的利息计算问题 …………………………（176）
　　（一）《关于审理涉及金融不良债权转让案件工作座谈会
　　　　纪要》关于金融不良债权利息的特殊规定 ………（176）
　　（二）金融不良债务利息计算规则的发展 ……………（177）
　　（三）金融不良债权利息的计算规则与本解释的衔接 ……（178）

第三部分　相关法律法规、司法解释及规范性文件

一、法律及司法解释

中华人民共和国民事诉讼法（节录）
　　（2012年8月31日） ……………………………………（183）
中华人民共和国公司法（节录）
　　（2013年12月28日） …………………………………（201）
中华人民共和国消费者权益保护法（节录）
　　（2013年10月25日） …………………………………（202）
中华人民共和国税收征收管理法（节录）
　　（2013年6月29日） ……………………………………（203）
中华人民共和国证券法（节录）
　　（2013年6月29日） ……………………………………（204）

中华人民共和国证券投资基金法（节录）
　　（2012年12月28日） ……………………………………（205）
中华人民共和国国家赔偿法（节录）
　　（2012年10月26日） ……………………………………（206）
中华人民共和国社会保险法（节录）
　　（2010年10月28日） ……………………………………（207）
中华人民共和国企业破产法（节录）
　　（2006年8月27日） ………………………………………（208）
中华人民共和国票据法（节录）
　　（2004年8月28日） ………………………………………（209）
中华人民共和国合同法（节录）
　　（1999年3月15日） ………………………………………（210）
最高人民法院
　　关于在执行工作中如何计算迟延履行期间的债务利息等问题的批复
　　（2009年5月11日） ………………………………………（212）
最高人民法院
　　关于人民法院执行工作若干问题的规定（试行）（节录）
　　（1998年7月8日） …………………………………………（213）
最高人民法院
　　《关于人民法院审理借贷案件的若干意见》的通知
　　（1991年8月13日） ………………………………………（214）
最高人民法院
　　关于审理企业破产案件若干问题的规定（节录）
　　（2002年7月30日） ………………………………………（218）
最高人民法院
　　关于审理商品房买卖合同纠纷案件适用法律若干问题的解释（节录）
　　（2003年4月28日） ………………………………………（219）
最高人民法院

关于人民法院民事调解工作若干问题的规定（节录）
　　（2004年9月16日） ………………………………………（222）
最高人民法院
　关于审理建设工程施工合同纠纷案件适用法律问题的解释（节录）
　　（2004年10月25日） ……………………………………（223）
最高人民法院
　关于适用《中华人民共和国民事诉讼法》若干问题的意见（节录）
　　（2008年12月18日） ……………………………………（224）
最高人民法院
　关于审理海事赔偿责任限制相关纠纷案件的若干规定（节录）
　　（2010年8月27日） ………………………………………（233）
最高人民法院
　关于依法妥善审理民间借贷纠纷案件　促进经济发展维护社会稳定的通知
　　（2011年12月2日） ………………………………………（234）
最高人民法院
　关于审理买卖合同纠纷案件适用法律问题的解释（节录）
　　（2012年5月10日） ………………………………………（238）
最高人民法院
　关于审理融资租赁合同纠纷案件适用法律问题的解释（节录）
　　（2014年2月24日） ………………………………………（240）

二、法规及中国人民银行相关规定

中国人民银行
　关于印发《人民币利率管理规定》的通知
　　（1999年3月2日） ………………………………………（241）
中国人民银行

关于外币利率管理问题的通知

（2003年11月16日）……………………………（249）

中国人民银行

关于人民币贷款利率有关问题的通知

（2003年12月10日）……………………………（250）

中国人民银行

关于上调小额外币存款利率上限的通知

（2005年12月27日）……………………………（252）

中华人民共和国外汇管理条例

（2008年8月1日）………………………………（254）

中国人民银行

关于进一步推进利率市场化改革的通知

（2013年7月19日）……………………………（263）

第一部分　司法解释条文

最高人民法院
关于执行程序中计算迟延履行期间的债务利息适用法律若干问题的解释

法释〔2014〕8号

(2014年6月9日最高人民法院审判委员会第1619次会议通过 自2014年8月1日起施行)

为规范执行程序中迟延履行期间债务利息的计算,根据《中华人民共和国民事诉讼法》的规定,结合司法实践,制定本解释。

第一条 根据民事诉讼法第二百五十三条规定加倍计算之后的迟延履行期间的债务利息,包括迟延履行期间的一般债务利息和加倍部分债务利息。

迟延履行期间的一般债务利息,根据生效法律文书确定的方法计算;生效法律文书未确定给付该利息的,不予计算。

加倍部分债务利息的计算方法为:加倍部分债务利息 = 债务人尚未清偿的生效法律文书确定的除一般债务利息之外的金钱债务 × 日万分之一点七五 × 迟延履行期间。

第二条 加倍部分债务利息自生效法律文书确定的履行期间届满之日起计算;生效法律文书确定分期履行的,自每次履行期间届满之日起计算;生效法律文书未确定履行期间的,自法律文书生效之日起计算。

第三条 加倍部分债务利息计算至被执行人履行完毕之日；被执行人分次履行的，相应部分的加倍部分债务利息计算至每次履行完毕之日。

人民法院划拨、提取被执行人的存款、收入、股息、红利等财产的，相应部分的加倍部分债务利息计算至划拨、提取之日；人民法院对被执行人财产拍卖、变卖或者以物抵债的，计算至成交裁定或者抵债裁定生效之日；人民法院对被执行人财产通过其他方式变价的，计算至财产变价完成之日。

非因被执行人的申请，对生效法律文书审查而中止或者暂缓执行的期间及再审中止执行的期间，不计算加倍部分债务利息。

第四条 被执行人的财产不足以清偿全部债务的，应当先清偿生效法律文书确定的金钱债务，再清偿加倍部分债务利息，但当事人对清偿顺序另有约定的除外。

第五条 生效法律文书确定给付外币的，执行时以该种外币按日万分之一点七五计算加倍部分债务利息，但申请执行人主张以人民币计算的，人民法院应予准许。

以人民币计算加倍部分债务利息的，应当先将生效法律文书确定的外币折算或者套算为人民币后再进行计算。

外币折算或者套算为人民币的，按照加倍部分债务利息起算之日的中国外汇交易中心或者中国人民银行授权机构公布的人民币对该外币的中间价折合成人民币计算；中国外汇交易中心或者中国人民银行授权机构未公布汇率中间价的外币，按照该日境内银行人民币对该外币的中间价折算成人民币，或者该外币在境内银行、国际外汇市场对美元汇率，与人民币对美元汇率中间价进行套算。

第六条 执行回转程序中，原申请执行人迟延履行金钱给付义务的，应当按照本解释的规定承担加倍部分债务利息。

第七条 本解释施行时尚未执行完毕部分的金钱债务，本解释施行前的迟延履行期间债务利息按照之前的规定计算；施行后的迟延履行期间债务利息按照本解释计算。

本解释施行前本院发布的司法解释与本解释不一致的，以本解释为准。

第二部分　条文释义

引　言　为规范执行程序中迟延履行期间债务利息的计算，根据《中华人民共和国民事诉讼法》的规定，结合司法实践，制定本解释。

【条文主旨】

本条是关于制定《最高人民法院关于执行程序中计算迟延履行期间的债务利息适用法律若干问题的解释》（以下简称《解释》）的目的及法律依据的规定。

【条文理解】

一、迟延履行利息制度

《中华人民共和国民事诉讼法》（以下简称《民事诉讼法》）第253条规定："被执行人未按判决、裁定和其他法律文书指定的期间履行给付金钱义务的，应当加倍支付迟延履行期间的债务利息。被执行人未按判决、裁定和其他法律文书指定的期间履行其他义务的，应当支付迟延履行金。"这是关于迟延履行利息[①]和迟延履行金制度的法律规定。迟延履行利息和迟延履行金制度是间接强制执行措施，该制度包含两项具体内容：一是迟延履行利息制度；二是迟延履行金制度。

迟延履行利息制度和迟延履行金制度有着明显的区别，迟延履行利

[①] 书中的"迟延履行利息"与《解释》中的"加倍部分债务利息"的含义相同，为了表述方便，笔者根据情况使用"迟延履行利息"和"加倍部分债务利息"两概念。

息制度适用于金钱给付案件；迟延履行金制度适用于非金钱给付案件。两项制度共同作用，涵盖了所有给付案件的执行。在实践中，适用迟延履行利息措施比迟延履行金措施更为常见，一方面是因为在所有执行案件中金钱给付案件较多；另一方面，计算迟延履行利息程序相对快捷，标准较为明确，在金钱给付案件中方便适用，而迟延履行金的确定需要一系列程序，标准比较模糊，使得执行法院一般不采取该项措施。我们在使用"迟延履行利息"和"迟延履行金"用语时，应当注意二者的区别。

《解释》着力于解决适用迟延履行利息制度的相关问题，并未涉及迟延履行金制度。

计付迟延履行利息作为执行措施，不同于罚款这一妨害民事诉讼的强制措施。[①] 第一，施行该项措施的情形不同。迟延履行利息适用于生效法律文书的履行阶段，而罚款适用于各个程序，既包含审判程序也包含执行程序。第二，主观要求不同。迟延履行利息不要求被执行人有不履行义务的主观故意，只要被执行人客观上没有履行义务，则不论是否有履行能力，都应当承担迟延履行利息；而罚款则是在被罚款人具有法律规定的情形才加以科罚的，被罚款人在主观上应有违法的故意。[②] 第三，迟延履行利息制度要求被执行人加倍支付的金钱直接支付给当事人，而罚款支付给国家，上缴国库。第四，迟延履行利息会成为被执行人债务的一部分，能够随着时间的延长而增加，也没有最高数额限制。而一般来说，罚款并不会随着迟延履行时间的延长而增加，法律限制了其适用的最高数额和期限，[③] 不会直接增加被执行人的债务数额。

[①] 计付迟延履行利息是《民事诉讼法》第 21 章"执行措施"中的规定。除当事人不如实报告财产时适用的罚款、拘留措施外，执行程序中的罚款、拘留措施的法律依据是《民事诉讼法》第 10 章"对妨害民事诉讼的强制措施"第 111 条第（6）项的规定。

[②] 《民事诉讼法》第 110～114 条规定的情形都可以适用罚款措施。

[③] 《民事诉讼法》第 115 条规定对个人的罚款金额为人民币 10 万元以下，对单位的罚款金额为人民币 5 万元以上 100 万元以下。

迟延履行利息制度区别于违约金制度、滞纳金制度和罚金制度。违约金、罚金、滞纳金的性质不同于利息，这几个制度之间的区别较为明显。第一，违约金是当事人通过约定而预先确定的，在违约后生效的独立于履行行为之外的给付。违约金的支付是一种违约责任形式。违约金不仅具有担保债务履行的功能，而且作为一种违约责任形式，对于一方违约后及时补偿受害人的损失、制裁违约行为人具有重要作用。《民法通则》第134条和《合同法》第114条将支付违约金作为一种承担民事责任的形式。应当注意的是，有一部分违约金是以类似于利息计算的方式出现的，例如，在买卖合同纠纷中，买卖合同没有约定逾期付款违约金或者该违约金的计算方法，出卖人以买受人违约为由主张赔偿逾期付款损失的，人民法院可以中国人民银行同期同类人民币贷款基准利率为基础，参照逾期罚息利率标准计算。[①] 又如，商品房买卖合同纠纷中，合同没有约定违约金数额或者损失赔偿额计算方法，买受人逾期付款的，违约金或者损失数额按照未付购房款总额，参照中国人民银行规定的金融机构计收逾期贷款利息的标准计算；由于出卖人的原因，买受人在规定的期限届满未能取得房屋权属证书的，出卖人应当承担违约责任。合同没有约定违约金或者损失数额难以确定的，可以按照已付购房款总额，参照中国人民银行规定的金融机构计收逾期贷款利息的标准计算。[②] 这两类合同虽然也是以利息的方式计算违约金，但其与法律对利息规定的标准仍有不同，此类违约金的计付标准明显高于其他有关计付利息的规定。[③] 除此两类合同，在民事活动中，约定违约金以类似利息的计算方式也经常出现在其他合同中。可见，违约金与利息既有一定联系也有明显的区别。第二，我国法律规定的滞纳金与合同约定的滞纳金种类多样。

---

① 《最高人民法院关于审理买卖合同纠纷案件适用法律问题的解释》第24条。
② 《最高人民法院关于审理商品房买卖合同纠纷案件适用法律若干问题的解释》第17~18条。
③ 有关计付利息的法律和司法解释的规定中，规定计付利息的标准都以银行存款利息率或者贷款利息率为标准，没有违约金的计付比率高。有关计付利息的法律和司法解释，详见本章"迟延履行利息率"一节。

如果我们将有"滞纳金"字样的"金钱给付"全部包括在内,以收取主体为划分标准,可将滞纳金分为两种类型:一是民事主体在民事活动中支付的滞纳金;二是行政机关在行政管理中收取的滞纳金。① 民事活动中计付的滞纳金在本质上就是违约金,因为违反平等主体之间基于合同形成的金钱给付义务所产生的责任是违约责任而非行政法上的强制责任。行政机关在行政管理中收取的滞纳金是一种行政责任,受行政管理法律的约束。该种滞纳金是国家公权力机关对怠于缴纳金钱行为的惩罚,不应再收取迟延履行期间的债务利息。但值得注意的是,行政管理中的滞纳金制度与迟延履行利息制度在法定性、强制性以及国家公权机关的介入方面非常相似,我们在《解释》中借鉴了滞纳金制度的规定,如以固定利率(比例)计算迟延履行利息。第三,罚金是刑事责任形式,迟延履行利息的计付为民事责任。

二、迟延履行利息制度的发展

(一)迟延履行利息制度的立法确立

1991年《民事诉讼法》首次规定了迟延履行利息制度。该法第232条(2012年修订《民事诉讼法》为第253条)明确了迟延履行利息制度,该规定的内容施行至今未有变动。通过立法确定迟延履行利息制度,是因为当时执行难问题已经凸显。立法机关针对执行中存在的问题,总结实践经验,参考外国的一些做法,增加了一些强制执行的规定,其中就包括迟延履行利息制度。②

---

① 《税收征收管理法》第32条规定:"纳税人未按照规定期限缴纳税款的,扣缴义务人未按照规定期限解缴税款的,税务机关除责令限期缴纳外,从滞纳税款之日起,按日加收滞纳税款万分之五的滞纳金。"

② 参见1991年4月2日在第七届全国人民代表大会第四次会议上全国人大常委会副委员长、全国人大法律委员会主任委员王汉斌《关于〈中华人民共和国民事诉讼法(试行)〉(修改草案)的说明》。

（二）迟延履行利息制度的完善

迟延履行利息制度在法律层面只有一条规定，操作性不强。此后，最高人民法院在几个司法解释和规范性文件中对迟延履行利息制度进行了规定。

1992年7月14日开始执行的《最高人民法院关于适用〈中华人民共和国民事诉讼法〉若干问题的意见》（以下简称《民事诉讼法意见》）明确了计算迟延履行期间债务利息的几个要素。《民事诉讼法意见》第279条规定了执行中应当通知被执行人承担迟延履行责任；第293条规定了迟延履行期间债务利息开始计算的时间为指定的履行期间届满的次日；第294条规定了迟延履行期间的债务利息的利率标准是银行同期贷款最高利率，方法是在该利率的基础上增加一倍。《民事诉讼法意见》在制定时考虑了当时存在的几个问题：第一个问题，是如何确定迟延履行责任的起算时间，即从法律文书生效时起算，还是从人民法院执行通知书中指定被执行人自动履行债务的期间起算。对此，制定者认为，自法律文书生效之日起，被执行人就负有履行法律文书确定债务的义务。人民法院发出执行通知，只是在被执行人没有履行法律文书的情况下对其履行义务的一种催促，并不意味着此时被执行人才负有履行义务。而生效法律文书没有确定履行债务期间的被执行人承担的迟延履行责任应当始于法律文书生效之时。第二个问题，是被执行人在法律文书指定的履行期间部分履行了义务，是否应当承担迟延履行的责任。部分履行了义务，意味着没有完全按照法律文书履行义务，因此，被执行人应当承担迟延履行责任。但是，对于已经在法律文书指定的期间履行的部分，应当排除在责任范围之外，被执行人无须再承担迟延履行责任。第三个问题，是法律规定"加倍支付迟延履行期间的债务利息"，具体标准是什么，即加倍是指增加一倍多还是多倍，债务利息是当事人事先约定的利息还是法定利息，如果是法定利息是储蓄存款利息还是贷款利息。制定者认为，追究迟延履行责任的目的在于迫使被执行人及时履行法律文书，而在当时民间利率大大高于银行利率的情况下，仅按储蓄存款利息计付延迟履行的债务利息，显然不利于制约债务人、保护债权人。即便按贷款利率计付，当时也不一定能对债务人起到实际制约作用，只是考虑到法律规定加倍支付，可以起到一定的平衡作用。为此，《民事诉讼法意见》第294条规定："民事诉讼法第二百三十二条规定的加倍支付迟延履行期间的债务利息，是指在按银行同期贷款最高利率计付的债务利息上增加一倍。"当事人双方约定的迟延付款的责任标准对确定迟延履行的债务利息没有约束力。前者是以保证实现民事法律关系为目的的，而后者则以保证实现已经生效的法律文书为目的，两者不可混淆。第四个问题，是迟延履行利息能否予以减免。部分被执行人不具备履行法律文书确定的义务能力，无力承担迟延履行利息。这种情况主要不是减、免迟延履行债务利息的问题，因为人民法院在确定迟延履行利息责任的具体数额时，应该同时考虑被执行人的实际经济状况和能力，对确属无偿付能力者，不是宣布减免，而是确定一个与其能力相适应的迟延履行责任数额标准。同时，也允许执行中的当事人双方就此达成和解协议，债权人有权放弃其应得的迟延履行利息。①

（三）迟延履行利息制度的补充

为使胜诉的当事人及时获得诉讼成果，促使败诉的当事人及时履行义务，最高人民法院的司法解释及通知明确了迟延履行利息责任的告知。这些规定在技术操作的层面没有新的发展。1998年7月8日起施行的《最高人民法院关于人民法院执行工作若干问题的规定（试行）》（以下简称《执行规定》）第24条再次强调在执行通知书中告知被执行人应当承担迟延履行期间的债务利息。2004年11月1日起施行的《最高人民法院关于人民法院民事调解工作若干问题的规定》第19条规定，调解书确定的民事责任与迟延履行责任竞合，被执行人已经履行了调解书确定

---

① 参见马原主编：《〈民事诉讼法适用意见〉释疑》，中国检察出版社1994年版，第192~196页。

的民事责任后就不再承担迟延履行责任。2007年2月7日发出的《最高人民法院关于在民事判决书中增加向当事人告知民事诉讼法第二百三十二条规定内容的通知》明确规定，在具有金钱给付内容的民事判决书中增加向当事人告知《民事诉讼法》第253条规定的内容。

（四）迟延履行利息制度的进一步细化

2009年5月18日起施行的《最高人民法院关于在执行工作中如何计算迟延履行期间的债务利息等问题的批复》（以下简称《批复》）更多地在技术上对计算迟延履行利息的计算进行了补充规定。《批复》的思路为"对迟延履行期间的债务利息标准进行解释，要保障制度设计的公正性，体现惩罚适当的原则，保证制度设计目的的实现。除此之外，还应当明确、统一，方便执行人员查询适用，方便计算"。该《批复》主要解决了两个问题：一是迟延履行期间的债务利息按什么利率计算；二是对于分次履行的，执行款项的清偿顺序如何确定。[1] 第一个问题，迟延履行期间的债务利息按照什么利率计算。2004年10月28日，中国人民银行放宽了金融机构贷款利率浮动区间，金融机构（城乡信用社除外）贷款利率不再设定上限。利率市场化改革，使得《民事诉讼法意见》第294条规定的"银行同期贷款最高利率"标准出现混乱，导致司法实践中的理解和做法不统一。在此背景下，《批复》明确了计算迟延履行利息的利率标准，以中国人民银行规定的同期贷款基准利率作为迟延履行期间债务利息的计付标准。第二个问题，生效法律文书确定的金钱债务不能一次性执行到位，是先执行法律文书确定的债务，还是先执行迟延履行期间债务利息。《批复》规定，按照并还原则实行本息并还，即执行到位的执行款，既包含部分裁判标的，也包含该部分裁判标的因迟延履行应支付的迟延履行期间债务利息。

---

[1] 吴兆祥、黄年、李予霞：《〈关于在执行工作中如何计算迟延履行期间的债务利息等问题的批复〉的理解与适用》，载《人民司法》2009年第17期。

三、迟延履行利息制度存在的问题

近年来，最高人民法院不断完善和增强执行措施和手段，一些对被执行人有威慑力的制度和机制建立起来，限制高消费制度、失信被执行人名单制度、网络查控机制等成为强制执行的有力武器，有效地推动了执行工作的开展。迟延履行利息制度在促使债务人及时履行义务和补偿债权人损失方面有一定积极作用。但是，既有规定较为原则，导致各地法院理解不同、做法不一，不仅损害了法律的统一性和严肃性，也导致该项制度的作用难以充分发挥。执行程序中，利息计算这个看似简单的问题，有很多不明确的计算要素，也有很多问题需要解决。这些问题主要是：（1）迟延履行利息的计算，是依申请执行人申请还是依法院职权主动计算。（2）迟延履行期间的债务利息的构成是什么，一般债务利息与迟延履行利息的关系是什么。（3）迟延履行利息率，迟延履行利息率幅度是否由执行法官自由裁量。（4）计算迟延履行利息的基数。（5）迟延履行利息的起算时间和截止时间。（6）中止执行或者暂缓执行期间是否计算迟延履行利息。（7）清偿顺序是本息并还原则还是其他原则。（8）执行回转中是否计算迟延履行利息。（9）外币案件如何计算迟延履行利息，等等。

四、域外的相关制度

解决上述问题，我们有必要考察国外相关制度的规定。

（一）英国的判决之债利息

1838年《英国判决法》第17条专门规定了判决之债利息的计算。该条主要规定了两项内容：（1）判决之债利息按年利率8%计算，起算时间从法院规则确定的时间起算，[①] 直到债务偿清为止，该利息需要根

[①] 一般是判决生效之日。

据该判决的执行令状计付；(2) 法院规则可规定法院有权驳回当事人对判决之债利息的全部或部分请求。①

1838年《英国判决法》原来只规定了第一项内容，1998年修改时增加了第二项内容。

该法规定的国家利率也经多次修改，最近两次修改分别是1984年将12%的年利率改成15%，1993年又将15%改为8%，目前，执行中仍使用8%的利率。英国市场经济发达，其市场上的贷款利率不断浮动，但判决之债利息率却保持相对稳定，不因贷款利率的浮动而时时变动。比较英国的贷款基础利率和普通贷款利率，② 可以看出，英国对强制执行中的判决之债利息率的选择既参考当时市场利率的大概水平又保持一定的稳定性，不完全与市场上的贷款利率挂钩。

(二) 法国的逾期罚款

法国的逾期罚款制度与迟延履行利息制度有相似之处。逾期罚款是对不执行判决的债务人处以支付一定数额金钱的一种处罚。逾期罚款的数额逐日增加，直至债务人承担的义务完全履行。逾期罚款制度的目的是对债务人施加压力，促使债务人履行义务，否则债务人应当承担更高数额的处罚。法国的逾期罚款制度与迟延履行利息制度不同之处在于，其数额不按利率计算，而是以固定数额的方法确定罚款。

该制度是自19世纪以来得到司法实践广泛采用的"合理约定的习惯"，并得到立法的确认。《法国民事诉讼法典》第5条提出了一项总原则："为确保其决定得到执行，法院可以，甚至依职权命令逾期罚款。"

逾期罚款适用的范围比较广泛。一些法律对逾期罚款制度作出了规定，如在因劳动工伤事故而引起补偿金的支付，在有关驱逐不动产承租

---

① Judgments Act 1838, 17 Judgment debts to carry interest. http://www.legislation.gov.uk/ukpga/1970/31/section/44A.

② Prof Stuart Sime, Derek French, Maurice Kay, Blackstone's Civil Practice 2013: The Commentary, Oxford University Press, P1006.

人，在违反建筑许可证的规定等。由此可见，逾期罚款制度不仅适用于金钱给付的执行，还适用于非金钱给付义务的执行。

逾期罚款分为两种形式，第一种是临时性逾期罚款。这种罚款数额在对债务人规定的执行期间结束时仍然可以变更或者取消。在此条件下，逾期罚款只不过是一种威胁。在宣告逾期罚款的法律文书中没有任何具体说明时，逾期罚款都推定为临时性逾期罚款。法官可以根据债务人的行为表现和执行的困难决定调整临时性逾期罚款的数额。第二种是最终逾期罚款。该种罚款只有在宣告临时性逾期罚款之后才能宣告最终确定的逾期罚款。最终逾期罚款不能进行变更。逾期罚款独立于损害赔偿。在一些案例中，逾期罚款与判处损害赔偿可以竞合。①

五、《强制执行法（草稿）》对迟延履行利息制度的规定

《强制执行法（草稿）》是最高人民法院为推动强制执行立法而起草的，目前，《强制执行法（草稿）》已经修改到了第六稿。我们在考察过去和现在的同时，也应当着眼未来的发展，分析该草案的规定对于完善解释，与未来的立法相衔接大有裨益。

《强制执行法（草稿）》（第六稿）拟规定"迟延履行金②的数额由执行法官在生效法律文书确定的履行期间届满之日止的债务数额的日万分之二至万分之五范围内确定，具体标准由最高人民法院规定。当事人对执行法院在法定范围内酌定的利率标准不得提出异议"。而对执行款项的扣减顺序，则规定"执行所得的款项，按照本次执行费用、拖欠的诉讼与仲裁费用、执行依据确定的债务利息或者违约金、本金、法律文书生效后的迟延履行金的顺序予以扣减。执行当事人对债务利息或者违约金、本金、迟延履行金的扣减顺序另有约定的，依其约定"。

---

① 参见［法］让·文森（jean. vincent）、雅克·普雷沃（jacque. prévult）：《法国民事执行程序法要义——强制执行途径与分配程序》，罗结珍译，中国法制出版社2005年版，第22~28页。

② 在《强制执行法（草稿）》（第六稿）中，迟延履行利息被称为"迟延履行金"。

可见,《强制执行法(草稿)》(第六稿)对迟延履行利息制度的规定包含以下内容:(1)两种利息的关系为,一般债务利息计算至履行期间届满之日止,从该日起只计算迟延履行利息;(2)计算基数为,履行期间届满之日的债务数额;(3)利率标准为,日万分之二至万分之五(具体标准由最高人民法院规定);(4)当事人对于利率标准不得提出异议;(5)迟延履行利息劣后清偿。

该《强制执行法(草稿)》(第六稿)的规定与英国的判决之债利息极为相似,这或许是今后立法的发展方向。

六、《解释》的原则和结构

(一)基本原则

1. 法定原则

《民事诉讼法》第253条明确规定被执行人迟延履行的,"应当"加倍支付迟延履行期间的债务利息。通过文义解释的方法,无论申请执行人是否申请,法院都应当依职权计算。根据《执行规定》第24条的规定,法院在执行前的准备过程中应向被执行人发出执行通知书,责令被执行人承担迟延履行利息或迟延履行金。这也说明迟延履行利息是法院必须采取的一项执行措施,并不以当事人申请为启动要件。

在调研过程中,有观点认为迟延履行利息应当由申请执行人申请才能计算。这是因为,第一,计付迟延履行利息是一项执行措施,也是当事人的权利。作为执行措施,并不是每一件案件都应当采用;作为当事人的权利,也应当主张才能保护。迟延履行利息最终支付给申请执行人,有私权的属性,因此,在申请执行立案时,申请执行人不申请迟延履行利息应当视为其放弃该项权利。第二,在实践中,部分被执行人确实没有履行能力,计算迟延履行利息与否并不影响被执行人主动履行义务的意愿。并且,相当一部分金钱债务执行案件能执行到原本之债已属不易,再计算迟延履行利息,不利于执行案件的结案。第三,迟延履行利息制度在实践中的威慑力远不如罚款、拘留措施以及追究拒执罪的威慑力大，因此较少适用。另一种观点认为，公民的法定权利不得以默示被剥夺。申请执行人未在申请执行时申请迟延履行利息不能成为法院不予计算的理由。因此，申请人概括主张我们金钱债权的，法院应依职权适用，当然当事人明示放弃，法院可以同意。

笔者认为，就现行法律的规定来说，计算迟延履行利息是必须采取的法定措施。《解释》在法定原则的基础上进行制度细化，是从适度限制执行法官的自由裁量权的角度考虑的。应当注意的是，虽然迟延履行利息是法定的，但是申请执行人仍可处分迟延履行利息。在执行和解中，申请执行人可以放弃该项权利，这是处分原则在该项制度中的体现。

2. 平等保护当事人合法权益原则

迟延履行利息制度应当坚持平等保护当事人合法权益的原则。[①] 平等保护当事人合法权益的原则主要有三个方面的要求：一是保护债权人的合法权益；二是保护债务人的合法权益；三是平等保护不同类型当事人的合法权益。[②]

这三个方面的要求既要逐个落实又应整体平衡。特别是保护债权人合法权益与保护债务人的合法权益相冲突时应当如何处理。对此，我们认为，此种情形下应当以保护债权人的合法权益为主要原则，优先考虑有利于债权人的执行措施。

迟延履行利息制度的任务在于迫使债务人履行义务，从而实现债权人权利。虽然迟延履行利息制度的中心环节是保护债权人的合法权益，但是，该项制度不能过分加重债务人的责任。如果迟延履行利息的负担过重，致使债务人不堪其重，不单会使债权人获取超过其所应得的利益，

[①] 平等保护当事人合法权益的原则与宪法学、行政法学上的比例原则在本质上是相契合的。二者都强调适当、理性、均衡，强调维持当事人最基本的生存环境和生活安宁，追求民事权利主体与义务主体最佳平衡。

[②] 参见谭秋桂：《民事执行法学》，北京大学出版社2010年版，第59页。平等保护当事人合法权益的原则，亦即全面保护当事人合法权益的原则。

也会使债务人放弃偿债的努力，反而不利于及早实现债权。因此，《解释》从平等保护当事人合法权益的原则出发，平衡债权人和债务人的利益，追求执行措施合理得当。

（二）逻辑结构

《解释》全文共7条，主要解决了以下三个问题：一是如何处理迟延履行期间的债务利息中加倍部分债务利息与一般债务利息的关系；二是如何计算一般债务利息以及如何确定加倍部分债务利息诸要素；三是特殊情况下加倍部分债务利息的计算。其中第1条第1款明确了第一个问题；第1条第2款~第4条明确了第二个问题；第5~6条则明确了第三个问题；第7条明确了《解释》适用时间范围。

第一条 根据民事诉讼法第二百五十三条规定加倍计算之后的迟延履行期间的债务利息,包括迟延履行期间的一般债务利息和加倍部分债务利息。

迟延履行期间的一般债务利息,根据生效法律文书确定的方法计算;生效法律文书未确定给付该利息的,不予计算。

加倍部分债务利息的计算方法为:加倍部分债务利息=债务人尚未清偿的生效法律文书确定的除一般债务利息之外的金钱债务×日万分之一点七五×迟延履行期间。

【条文理解】

本条是关于迟延履行期间债务利息的构成及如何计算的规定。

《解释》第1条主要解决了以下几个问题:一是一般债务利息与迟延履行利息的关系;二是迟延履行利息率;三是计算迟延履行利息的基数。

一、一般债务利息与迟延履行利息之间的关系

(一)概念辨析

要明确一般债务利息与迟延履行利息的关系,先要分清楚《解释》中出现的几个概念:利息、迟延履行期间的债务利息、一般债务利息和加倍部分债务利息。

利息,从不同角度有不同的定义。从金融学上讲,利息是指在特定时期内使用货币或者借来资金所支付的代价,对货币资本而言,利息亦即指这种货币资本所有人所获得的报酬。[1] 从法学上讲,利息是指使用

---

[1] 周大中:《现代金融学》,北京大学出版社1994年版,第80页。

他人原本的对价,以原本数额及其存续期间,依一定比率,以金钱或其他代替物为给付的一种法定孳息。①

根据《民事诉讼法》第253条规定加倍计算后的"迟延履行期间的债务利息"是一个整体概念,包括迟延履行期间的一般债务利息和加倍部分债务利息两部分。

一般债务利息,是指在生效法律文书中,根据实体法规定(如《合同法》)所确定的利息。如一份判决中判决债务人支付自双方签订合同之日起至款项付清之日止按双方合同约定的日万分之五计算的利息。那么,在本案中,按照日万分之五计算的利息就是一般债务利息。

加倍部分债务利息,是指在强制执行程序中,被执行人因迟延履行,根据《民事诉讼法》第253条的规定而应多支付的利息。加倍部分债务利息,就是学理上所称的"迟延履行利息"。计算加倍部分债务利息是法律规定的一项执行措施,兼具补偿性和惩罚性。为讨论方便及与约定俗成的叫法相统一,条文中的"加倍部分债务利息"在文中一般表述为"迟延履行利息"。

迟延履行利息不同于一般债务利息。主要区别在于:第一,法律依据不同。迟延履行利息是民事强制执行措施之一,也是诉讼法赋予申请执行人的实体权利,其法律依据是《民事诉讼法》第253条的规定;而一般债务利息受合同法、金融法规等实体法约束。第二,性质不同。执行中的迟延履行利息兼具补偿性和惩罚性,其目的是督促被执行人及时履行生效法律文书确定的义务,计算方法和方式法定,具有强制性;一般债务利息尊重当事人的约定,体现意思自治原则。第三,起算时间不同。迟延履行利息是从生效法律文书指定的履行期间届满时开始计算;一般债务利息从当事人约定的时间开始计算。第四,相关规定适用的范围不同。有关迟延履行利息的规定,规范所有进入执行程序的案件;而

---

① 王泽鉴:《民法概要》,北京大学出版社2009年版,第178页。

有关一般债务利息的规定（如关于民间借贷的有关司法解释），适用于审判程序中的民商事案件。

（二）迟延履行期间债务利息的构成

迟延履行期间债务利息的构成，就是迟延履行期间的债务利息都包含哪些内容，对此，我们有必要先理顺迟延履行利息与一般债务利息的关系。

生效法律文书确定的金钱给付义务，按照是否确定一般债务利息可以分为两类：一类是生效法律文书中有一般债务利息内容的；另一类是生效法律文书没有一般债务利息内容的。这样就产生了如何处理一般债务利息与迟延履行利息之间的关系以及生效法律文书没有确定一般债务利息时如何计算迟延履行利息的两个问题。

第一个问题，如何处理一般债务利息与迟延履行利息之间的关系，亦即生效法律文书中有一般债务利息内容的，如何计算迟延履行期间的债务利息。

对此，主要有四种意见：（1）一般债务利息直接加倍。迟延履行期间债务利息，按照一般债务利息的双倍计算。理由是：第一，这种计算方法是按照《民事诉讼法》第253条作文义解释得出的。第二，这样计算既体现了合同自由原则，又体现了责任法定原则。第三，符合当事人的预期利益，按照这种思路处理，债务人清楚自己因为迟延履行将承担责任的大小，债权人也将清楚获得补偿的多寡。（2）单一计算，即一般债务利息只计算至生效法律文书确定的履行期间届满前日，从届满之日起迟延履行期间的债务利息以2倍的相关利率标准计算。理由是：第一，计算迟延履行利息不是基于当事人的合意，而是法律规定的一种惩罚性执行措施。一般债务利息和迟延履行利息调整的债务期间是不同的，一般债务利息应只计算至生效法律文书确定的履行期间届满之前，从届满之日起只计算迟延履行利息。第二，《民事诉讼法》第253条的规定就是对迟延履行法律责任的明确，而生效法律文书载明至付清款项之日均按一般债务利息计付与该条规定相冲突。将一般债务利息计算延至实际清偿债务的日期，实质上排斥了适用《民事诉讼法》第253条的规定。(3) 选择计算，即一般债务利息和迟延履行利息不能同时计算，可以考虑选择适用，按照就高不就低的原则来处理。理由是：毕竟法律文书明确了一般债务利息的计算，在一般债务利息的利率超过2倍相关利率标准的情况下，迟延履行利息采用2倍相关利率标准计算，反而低于当事人约定的利息。这样，一是对债权人不公平，损害了债权人的合法权益；二是会鼓励债务人不积极履行债务，甚至将应当支付给债权人的金钱转手高利贷给他人，从中获取违法利益。因此，应选择两者较高的来执行，即"就高不就低"。(4) 并行计算，既计算一般债务利息，又计算迟延履行利息。理由是：第一，应尊重当事人的意思自治，一般债务利息只要不违反法律法规，应予支持；迟延履行利息是法定的，只要符合法定条件，就应当适用。在同一案件的执行中，两者并不矛盾，应该并行计算。第二，对一般债务利息和迟延履行利息单一计算或选择计算，不符合法律规定，更损害了生效法律文书和法律规定的权威。况且一般债务利息和迟延履行利息并行计算，并未过分加重被执行人的负担。第三，迟延履行利息一旦为法律所明确，法院只能依法裁判和执行，法官没有自由裁量权，这样就消除了执行程序中的随意性。也有观点认为，并行计算应当规定上限，这样不至于让债务人承担的利息过重。对于上限，有观点认为应当以4倍的金融机构贷款基准利率为限。

《解释》采纳的是并行计算的方法。理由为：第一，迟延履行期间的债务利息按照一般债务利息的双倍计算，符合法律规定的字面意思，但存在不妥之处。一是迟延履行利息是一种执行措施，体现出对不履行义务的债务人的惩罚以及对债权人的补偿。社会生活纷繁复杂，一般债务利息的利率千差万别，直接加倍扩大了这种差异。这种差异导致法律对债务人的惩罚不相同，对债权人的保护不一致，违反了平等保护当事人合法权益的原则，有失公允。二是此种方式计算的结果在部分情况下可能畸高。《最高人民法院关于人民法院审理借贷案件的若干意见》第6条规定:"民间借贷的利率可以适当高于银行的利率,各地人民法院可根据本地区的实际情况具体掌握,但最高不得超过银行同类贷款利率的四倍(包含利率本数)。超出此限度的,超出部分的利息不予保护。"虽然迟延履行利息与民间借贷中的利息性质完全不同,但是,我们在确定迟延履行利息幅度的时候却可以参考该《意见》所确定的利息幅度。如果直接加倍计算一般债务利息,就有可能远远超过4倍。例如,生效法律文书确定义务人应按约定的银行贷款基准利率的4倍支付被执行人利息,如果以该利率加倍,就是银行贷款基准利率的8倍,对被执行人来说就过于沉重。第二,单一计算变更了生效法律文书的原意。单一计算的结果,在有的情况下会低于一般债务利息的数额,起不到处罚被执行人的作用,违背了立法目的。第三,一般债务的利率高于2倍相关标准利率的情况下选择计算一般债务利息,选择计算在一定情况下也未体现法律的惩罚。第四,并行计算合理得当。之所以并行计算,主要因为,迟延履行利息与一般债务利息有所不同,并行计算两种利息并不冲突,不存在重复计算的问题。只不过,我们考虑到如果以2倍的相关利率标准计算迟延履行利息,数额太高,而以1倍的相关利率标准计算相对缓和。

第二个问题,生效法律文书没有确定一般债务利息时如何计算迟延履行利息。

对此问题,大多数法院认为应当以2倍相关利率标准计算利息。我们认为,既然在生效法律文书中有履行利息义务内容,迟延履行利息只以1倍相关利率标准计算,那么,在生效法律文书没有利息给付内容的情况下也应当一致,适用相同的利率计算。

还有一种意见认为,迟延履行期间的债务利息可以首先根据近十年银行贷款基准利率的平均值(日万分之一点七五)的2倍计算,不再计算生效法律文书确定的利率;如果该平均值的2倍(日万分之三点五)低于生效法律文书确定的利率,则以生效法律文书确定的利率加上该平均值（日万分之一点七五）的方式计算。

此种计算方法与《解释》的规定不同。该方法不管生效法律文书有无支付一般债务利息的内容，所有金钱给付的迟延履行期间的债务利息的利率最低为近十年银行贷款基准利率的平均值的2倍（日万分之三点五）；在一般债务利息的利率高于日万分之三点五的情况下，迟延履行期间的债务利息的利率为一般债务利息的利率加上日万分之一点七五。

这种计算方法是一种最低保护的计算方法。我们认为，这种方法存在一些法理和实践上的问题。

第一，这种计算方法对债权的保护不平等。以2倍的相关利率标准作为确定如何"加倍"的依据，会因法律文书确定的利息高低不同或者有无支付利息内容的不同而导致计算迟延履行利息的标准不同。这违反了平等保护原则，对当事人不公平。这一点在同一债务人负有不同债务的情况下显得尤为突出。例如，甲未在三份判决分别指定的履行期间清偿债务。第一份民事判决确定甲支付乙借款100万元，利息以日万分之三计算（该利率低于万分之三点五）。计算所有利息时，以日万分之三点五计算。那么，甲因迟延履行而多承担的利息（迟延履行利息）的利率为日万分之零点五（多承担的利息为每日50元）；第二份民事判决确定甲支付丙借款100万元，利息以日万分之五的利率计算（该利率高于万分之三点五），那么以日万分之六点七五计算利息（日万分之五加上日万分之一点七五），甲因迟延履行而多承担的利息（迟延履行利息）的利率就是日万分之一点七五（多承担的利息为每日175元）；第三份民事判决确定甲支付丁侵权损害赔偿100万元（没有一般债务利息内容），那么，法院要求甲因为迟延履行而多承担的利息（迟延履行利息）的利率就是日万分之三点五（多承担的利息为每日350元）。可见，同一债务人甲，却因为三份判决的利息内容不同而支付不同的迟延履行利息。法院对相同的行为处以不同的利息惩罚，这对债务人及不同的债权人均不公平。

这种计算方式也有解释不通之处。例如，在侵权损害赔偿纠纷中，执行依据不会有支付利息的内容。如果以本解释规定的利率计算利息，也可以理解为"加倍"。而直接以2倍的相关利率标准计算，无法很好地解释执行依据没有利息却要直接以2倍相关利率计算的问题。

第二，该种计算方式比较复杂，实践操作非常繁琐。首先，法院在执行时需要以2倍的相关利率标准（日万分之三点五）进行比较，比较的过程中又有很多模糊和不确定的地方。例如，在买卖合同中，甲乙约定，甲交付货物后乙应当支付货款，如果乙不支付，乙应当承担逾期日万分之五的违约金。乙违约，未支付货款，法院判决乙支付货款及截至货款付清之日止按日万分之五的违约金。在这种情况下，该违约金是否要与2倍的利率标准进行比较？如果比较，就是把违约金等同于利息，明显混淆了违约金与利息的本质区别；如果不比较，应当是违约金与迟延履行利息各自计算，这样，违约金加上2倍的相关利率标准，就是日万分之八点五，数额畸高。其次，这种计算方式没有明确一般债务利息与迟延履行利息之间的关系。迟延履行利息不同于一般债务利息，其在部分情况下应当扣除计算期间，此时是全部利息都扣除计算期间还是只对一般债务利息数额之外的利息扣除计算期间，也并不明确。

总之，无论生效法律文书有无一般债务利息的内容，无论生效法律文书确定一般债务利息的多寡，迟延履行利息采用统一的计算标准最为妥当。

为比较各种算法，我们举例说明。例：某一借款合同纠纷，法院作出民事判决，判决："一、被告张三于本判决生效十日内偿还原告李四借款本金100万元。二、被告张三于本判决生效十日内支付原告李四自2010年5月1日（借款之日）起至实际清偿之日止，以借款合同约定的日万分之五的利率计算的利息。三、驳回原告李四的其他诉讼请求。如果被告张三未按本判决指定的期间履行给付金钱义务，应当依照《中华人民共和国民事诉讼法》第二百五十三条之规定，加倍支付迟延履行期间的债务利息。本案案件受理费250元由被告张三承担。"该判决于2011年1月4日生效，法院在2011年3月4日执行完毕。

各种算法对照表

	一般债务利息直接加倍	单一计算	选择计算	最低保护的方法	本解释采用的方法
一般债务利息（履行期间届满前的一般债务利息+迟延履行期间的一般债务利息）	12.9 万元+2.5 万元	12.9 万元+0 元	2.9 万元+2.5 万元	12.9 万元+2.5 万元	12.9 万元+2.5 万元
加倍部分债务利息（迟延履行利息）	2.5 万元	1.97575 万元	1.97575 万元<2.5 万故为 0 元	1.97575 万元<2.5 万故为 2.5 万+0.987875 万	0.987875 万元
迟延履行期间的债务利息	5 万元	1.97575 万元	2.5 万元	3.487875 万元	3.487875 万元

二、迟延履行利息率

确定迟延履行利息率，是一个复杂问题。之前规定的做法是与银行贷款基准利率挂钩。确定科学的标准需要了解我国利率市场化改革、现行主要的指导性利率等情况。

（一）利率市场化改革的情况

中国人民银行按照先外币、后本币，先贷款、后存款，存款先大额长期、后小额短期的基本步骤，逐步建立由市场供求决定金融机构存、贷款利率水平的利率形成机制，调控和引导市场利率，使市场机制在金融资源配置中发挥主导作用。

1993年，党的十四大《关于金融体制改革的决定》提出，我国利率改革的长远目标是：建立以市场资金供求为基础，以中央银行基准利率为调控核心，由市场资金供求决定各种利率水平的市场利率体系的市场利率管理体系。1996年6月1日，人民银行放开了银行间同业拆借利率，1997年6月放开银行间债券回购利率。1998年8月，国家开发银行在银行间债券市场首次进行了市场化发债，1999年10月，国债发行也开始采用市场招标形式，从而实现了银行间市场利率、国债和政策性金融债发行利率的市场化。1998~1999年人民银行连续三次扩大金融机构贷款利率浮动幅度。2004年1月1日，人民银行再次扩大金融机构贷款利率浮动区间。商业银行、城市信用社贷款利率浮动区间扩大到［0.9，1.7］，农村信用社贷款利率浮动区间扩大到［0.9，2］，贷款利率浮动区间不再根据企业所有制性质、规模大小分别制定。扩大商业银行自主定价权，提高贷款利率市场化程度，企业贷款利率最高上浮幅度扩大到70%，下浮幅度保持10%不变。在扩大金融机构人民币贷款利率浮动区间的同时，推出放开人民币各项贷款的计、结息方式和5年期以上贷款利率的上限等其他配套措施。

2013年7月20日起我国全面放开金融机构贷款利率管制，取消金融机构贷款利率0.7倍的下限，由金融机构根据商业原则自主确定贷款利率水平；取消农村信用社贷款利率2.3倍的上限，由农村信用社根据商业原则自主确定对客户的贷款利率。[1] 为进一步推进利率市场化，完善金融市场基准利率体系，指导信贷市场产品定价，2013年10月25日，贷款基础利率（Loan Prime Rate，简称LPR）集中报价和发布机制正式运行。

---

[1] 详见2013年7月19日《中国人民银行关于进一步推进利率市场化改革的通知》。

(二) 现行两种主要指导性利率

1. 上海银行间同业拆放利率

上海银行间同业拆放利率（Shanghai Interbank Offered Rate，简称 Shibor），以位于上海的全国银行间同业拆借中心为技术平台计算、发布并命名，是由信用等级较高的银行组成报价团自主报出的人民币同业拆出利率计算确定的算术平均利率，是单利、无担保、批发性利率。目前，对社会公布的 Shibor 品种包括隔夜、1 周、2 周、1 个月、3 个月、6 个月、9 个月及 1 年。

Shibor 报价银行团现由 18 家商业银行组成。报价银行是公开市场一级交易商或外汇市场做市商，在中国货币市场上人民币交易相对活跃、信息披露比较充分的银行。中国人民银行成立 Shibor 工作小组，依据《上海银行间同业拆放利率（Shibor）实施准则》确定和调整报价银行团成员、监督和管理 Shibor 运行、规范报价行与指定发布人行为。

全国银行间同业拆借中心受权 Shibor 的报价计算和信息发布。每个交易日根据各报价行的报价，剔除最高、最低各 4 家报价，对其余报价进行算术平均计算后，得出每一期限品种的 Shibor。

2. 贷款基础利率

贷款基础利率是商业银行对其最优质客户执行的贷款利率，其他贷款利率可在此基础上加减点生成。贷款基础利率的集中报价和发布机制是在报价行自主报出本行贷款基础利率的基础上，指定发布人对报价进行加权平均计算，形成报价行的贷款基础利率报价平均利率并对外予以公布。运行初期向社会公布 1 年期贷款基础利率。[①]

全国银行间同业拆借中心为贷款基础利率的指定发布人。首批报价行共 9 家。每个工作日在各报价行报出本行贷款基础利率的基础上，剔除最高、最低各 1 家报价后，将剩余报价作为有效报价，以各有效报价

---

① 有关贷款基础利率行情、《贷款基础利率集中报价和发布规则》等相关信息可登录上海银行间同业拆放利率网（www.shibor.org）查询。

行上季度末人民币各项贷款余额占所有有效报价行上季度末人民币各项贷款总余额的比重为权重，进行加权平均计算，得出贷款基础利率报价平均利率，于每个工作日通过上海银行间同业拆放利率网对外公布。市场利率定价自律机制将按年对报价行的报价质量进行监督评估，促进提升贷款基础利率的基准性和公信力。

贷款基础利率集中报价和发布机制作为市场利率定价自律机制的重要组成部分，是上海银行间同业拆放利率（Shibor）机制在信贷市场的进一步拓展和扩充，有利于强化金融市场基准利率体系建设，促进定价基准由中央银行确定向市场决定的平稳过渡；有利于提高金融机构信贷产品定价效率和透明度，增强自主定价能力；有利于减少非理性定价行为，维护信贷市场公平有序的定价秩序；有利于完善中央银行利率调控机制，为进一步推进利率市场化改革奠定制度基础。

为确保利率市场化改革平稳有序推进，贷款基础利率集中报价和发布机制正式运行后，人民银行仍将在一段时间内继续公布贷款基准利率，以引导金融机构合理确定贷款利率，并为贷款基础利率的培育和完善提供过渡期。

（三）《解释》规定的利率

最高人民法院之前的解释将计算迟延履行利息的利率与银行贷款基准利率挂钩。考虑到我国利率市场化的发展以及实现利息计算的便捷科学，《解释》改变了以往规定的做法，不再以银行贷款基准利率为计算标准，而是以日万分之一点七五的利率作为利率标准。

日万分之一点七五，是计算迟延履行利息的日利率。该利率是以近十年执行的金融机构人民币贷款基准利率的平均值换算成日利率得出的。（1）近十年是指2003年10月1日至2013年10月1日期间。（2）以十年期间的所有档次的金融机构人民币贷款基准利率计算出年利率的平均值，再以该年利率的平均值换算成日利率。该数值具有稳定性。本解释采纳的日利率换算成年利率为6.39%，中国人民银行2012年7月6日公布施行的人民币贷款基准利率，3~5年（含5年）贷款基准利率为6.40%，①《解释》采纳的利率与上述利率基本一致。使用日利率的概念，使当事人一目了然，也便于计算。

关于利息率，有几个问题需要说明：

第一，利率标准为什么使用固定利率而不是使用可以变动的人民银行基准利率。

我们在起草本解释之初一直使用中国人民银行公布的金融机构贷款基准利率作为利率标准。但在此期间，我国进一步推进利率市场化改革，2013年10月25日，贷款基础利率集中报价和发布机制正式运行。为确保利率市场化改革平稳有序推进，贷款基础利率集中报价和发布机制正式运行后，人民银行仍将在一段时间内继续公布贷款基准利率，以引导金融机构合理确定贷款利率，并为贷款基础利率的培育和完善提供过渡期。从长远看，中国人民银行可能不再公布贷款基准利率，而现阶段的贷款基础利率又不完善，我们认为较为妥当的方法就是使用固定利率。而从国外立法看，有的国家计算判决之债的利息采用的也是固定利率。

在此情况下，《解释》参考了《税收征收管理法》以每日固定比例计收滞纳金的做法。《税收征收管理法》第32条规定："纳税人未按照规定期限缴纳税款的，扣缴义务人未按照规定期限解缴税款的，税务机关除责令限期缴纳外，从滞纳税款之日起，按日加收滞纳税款万分之五的滞纳金。"《税收征收管理法》规定加收的滞纳金与《民事诉讼法》规定的迟延履行利息都是对义务人迟延履行法定义务所科处的惩罚，唯一不同之处在于获得的主体不同，一个为行政管理机关，一个为民事债权人。

第二，《解释》为什么使用1倍的利率标准，而不是2倍的利率标准。

---

① 6个月以内（含6个月）5.60%；6个月~1年（含1年）6.00%；1~3年（含3年）6.15%；3~5年（含5年）6.40%；5年以上6.55%。

法律没有规定计算利息，却要以2倍的利率标准计算迟延履行期间的债务利息，那么，这个"2倍"是从何而来呢。我们有必要考察当时解释的有关情况。

《民事诉讼法》第253条的规定中使用了"加倍"一词，根据《现代汉语词典》的解释"加倍"有两种用法：一种作动词用，为"增加跟原有数量相等的数量"；另一种作副词用，"表示程度比原来深得多"。①

在有关司法解释中，最早将"加倍"解释为2倍利率标准是《民事诉讼法意见》。虽然，将"加倍"规定为2倍利率标准计算，但是，解释者却没有从"增加跟原有数量相等的数量"的角度去解释。这在当时制定者撰写的有关材料中可以找到依据。制定者在解释法律规定的"加倍支付迟延履行期间的债务利息"时，考虑"具体标准是什么，即加倍是指增加一倍多还是多倍"。②《民事诉讼法意见》之所以以2倍的利率标准计算，是因为解释者考虑到，"追究迟延履行责任的目的在于迫使被执行人及时履行法律文书，而在当时民间利率大大高于银行利率的情况下，仅按储蓄存款利息计付延迟履行的债务利息，显然不利于制约债务人，保护债权人。即便按贷款利率计付，目前也不一定能对债务人起到实际制约作用，只是考虑到法律规定加倍支付，可以起到一定的平衡作用。"③

而考察当时的社会经济背景，1991年《民事诉讼法》确立迟延履行利息制度时，我国刚刚渡过了一个通货膨胀时期，④ 当时的执行手段也较为匮乏，没有更好的威慑机制，考虑到当时的贷款利率不足以制约当

---

① 中国社会科学院语言研究所词典编辑室编：《现代汉语词典》，商务印书馆2012年版，第618页。

②③ 参见马原主编：《〈民事诉讼法适用意见〉释疑》，中国检察出版社1994年版，第193页。

④ 本世纪开始之前，我国建国以来有过四次较大的通货膨胀，第一次是建国初期通货膨胀；第二次是1959～1961年的通货膨胀；第三次是1988～1989年的通货膨胀；第四次是1993～1995年的通货膨胀。参见燕小青：《治理通货膨胀的金融对策初探》，载《宁波大学学报（人文科学版）》1995年9月30日。

事人,《民事诉讼法意见》便以 2 倍的贷款利率为标准,给被执行人施加经济上的压力,以期解决执行难题。

《民事诉讼法意见》从社会实际出发解释"加倍",并没有拘泥于"加倍"一词的第一种字面解释。这种做法摒弃了形而上学的形式主义,为我们制定《解释》时所借鉴。

第三,在没有支付一般债务利息的案件中,《解释》的利率标准能否补偿债权人的利息损失。

我们认为,《解释》的利率标准基本上能够补偿债权人的利息损失。对于何种利息能够补偿债权人的损失,我们在制定《解释》时考察了有关法律规定。① 这些法律规定对债权人的金钱债权明确了一定标准的利息给付义务,而按照这些标准计算利息的作用便是补偿债权人相应的损失。这些标准,分为以下两大类:

(1) 规定以银行同期存款利息作为补偿的:①认股人可以获得的利息:发行的股份超过招股说明书规定的截止期限尚未募足的,或者发行股份的股款缴足后,发起人在三十日内未召开创立大会的,认股人可以要求发起人返还所缴股款并加算银行同期存款利息。② ②股票、证券发行失败,债权人获得的利息:证券已经发行尚未上市的,撤销发行核准决定;股票发行失败的,发行人应当按照发行价并加算银行同期存款利息返还证券持有人或者股票认购人;未经法定机关核准,擅自公开或者变相公开发行证券的,责令停止发行,退还所募资金并加算银行同期存款利息。③ ③基金募集失败,投资人可获得的利息:基金募集期限届满,不能满足向国务院证券监督管理机构办理基金备案手续条件的,基金管理人应当返还投资人已交纳的款项,并加计银行同期存款利息;违反法律规定,擅自公开或者变相公开募集基金的,责令停止,返还所募资金

---

① 这些规定不限于民事法律中的规定,还包括行政法律中的规定。
② 《公司法》第 89 条第 2 款。
③ 《证券法》第 26 条、第 35 条、第 188 条。

和加计的银行同期存款利息。① ④多缴税款，纳税人可获得的利息：纳税人超过应纳税额缴纳的税款的，可以向税务机关要求退还多缴的税款并加算银行同期存款利息。② ⑤国家赔偿中的利息补偿：侵犯公民、法人和其他组织的财产权造成损害，返还执行的罚款或者罚金、追缴或者没收的金钱，解除冻结的存款或者汇款的，应当支付银行同期存款利息。③

（2）规定以银行贷款利息作为补偿的：①民间借贷：当事人仅约定借期内利率，未约定逾期利率，出借人以借期内的利率主张逾期还款利息的，依法予以支持。当事人既未约定借期内利率，也未约定逾期利率的，出借人参照中国人民银行同期同类贷款基准利率，主张自逾期还款之日起的利息损失的，依法予以支持。④ ②建设工程施工合同纠纷案件：当事人对垫资和垫资利息有约定，承包人请求按照约定返还垫资及其利息的，应予支持，但是约定的利息计算标准高于中国人民银行发布的同期同类贷款利率的部分除外；当事人对欠付工程价款利息计付标准有约定的，按照约定处理；没有约定的，按照中国人民银行发布的同期同类贷款利率计息。⑤ ③海事赔偿责任：责任人要求依照本法规定限制赔偿责任的，可以在有管辖权的法院设立责任限制基金。基金数额分别为法律规定的限额，加上自责任产生之日起至基金设立之日止的相应利息。相应的利息自海事事故发生之日起至基金设立之日止，按中国人民银行确定的金融机构同期一年期贷款基准利率计算。以担保方式设立海事赔

---

① 《证券投资基金法》第61条、第128条。
② 《税收征收管理法》第51条。
③ 《国家赔偿法》第36条。
④ 《最高人民法院关于依法妥善审理民间借贷纠纷案件促进经济发展维护社会稳定的通知》第6条规定："……当事人仅约定借期内利率，未约定逾期利率，出借人以借期内的利率主张逾期还款利息的，依法予以支持。当事人既未约定借期内利率，也未约定逾期利率的，出借人参照中国人民银行同期同类贷款基准利率，主张自逾期还款之日起的利息损失的，依法予以支持。"
⑤ 《最高人民法院关于审理建设工程施工合同纠纷案件适用法律问题的解释》第6条、第17条。

偿责任限制基金的，基金设立期间的利息按中国人民银行确定的金融机构同期一年期贷款基准利率计算。① ④融资租赁合同：承租人逾期履行支付租金义务或者迟延履行其他付款义务，出租人按照融资租赁合同的约定要求承租人支付逾期利息、相应违约金的，人民法院应予支持。②

可见，在这些法定利率标准中主要以存款利率或者贷款利率作为计算利息损失的标准。《解释》适用的利息率基本与贷款利率相近而高于存款利率，在没有一般债务利息的情况下也能够补偿债权人的利息损失。

第四，《解释》能否赋予执行法官一定的自由裁量权。

调研时，部分法院建议，相关规定应当体现原则性与灵活性相结合。迟延履行利息计算是原则性十分强的工作，同时也是法院执行工作中灵活性很大的事项，需要司法解释作出相应的原则性规定，也需要司法解释给执行人员留下足够的空间，以解决执行中的疑难问题。最高人民法院可否制定一个迟延履行利息的幅度，比如 1～3 倍，这样便于法院根据案件的实际情况以及被执行人的履行态度有针对性地决定迟延履行利息的数额，对被执行人形成威慑，以利于执行工作的开展。

我们认为，就当前的执行情况看，不宜赋予执行法官适用迟延履行利息幅度的自由裁量权。因此，《解释》没有规定变动的利息标准。

三、计算迟延履行利息的基数

计算迟延履行利息的基数都包含哪些内容。实践中的做法有以下几种：一是仅以原本之债③为基数；二是以原本之债及生效法律文书确定了数额的利息为基数；三是原本之债、利息、诉讼费用及鉴定费等之和为基数。

---

① 《最高人民法院关于审理海事赔偿责任限制相关纠纷案件的若干规定》第21条。
② 《最高人民法院关于审理融资租赁合同纠纷案件适用法律问题的解释》第20条。
③ 我们在调研初期并未使用"原本之债"一词，而是使用了"本金"。从语言使用的角度考虑，与"利息"对应的应当是"本金"，但是调研中有法院对该词的内涵和外延的理解产生了困惑。为防止产生歧义，在此使用原本之债这一概念。

部分法院认为，应以原本之债和履行期间届满前利息为基数。《民事诉讼法》第253条规定的"债务"，指的是法律文书确认的义务人应向权利人支付的金钱数额的整体，即基数包括原本之债和履行期间届满前的利息。由于诉讼费用等不属于严格意义的债务部分。因此，基数中不应包括诉讼费等费用。也有法院认为，基数还应当包括诉讼费用、鉴定费等，理由是申请执行人垫付了诉讼费等费用，被执行人不履行债务，此笔费用也会产生利息损失。

我们认为，诉讼费用等是否计算迟延履行利息是一个复杂的问题。对自2007年4月1日施行《诉讼费用交纳办法》后的案件，没有收取利息的理由。（1）《诉讼费用交纳办法》第29条第1款规定："诉讼费用由败诉方负担，胜诉方自愿承担的除外。"《最高人民法院关于适用〈诉讼费用交纳办法〉的通知》进一步规定，对原告胜诉的案件，诉讼费用由被告负担，人民法院应当将预收的诉讼费用退还原告，再由人民法院直接向被告收取。根据上述规定，如果预缴了诉讼费的原告胜诉，可以申请法院退回，执行程序中对于诉讼费的执行已经与其无关。（2）执行申请费由被执行人负担，在《诉讼费用交纳办法》施行前，由申请执行人预缴。《诉讼费用交纳办法》改变了这一做法，规定在执行后缴纳。这样执行申请费是否计收利息也不再影响申请执行人的利益。（3）实践中有的法院并没有及时退还申请执行人诉讼费用，这是因为部分法院没有严格执行有关规定，不应由被执行人承担这项责任。（4）拍卖费主要涉及佣金与拍卖中实际发生的费用，《最高人民法院关于人民法院民事执行中拍卖、变卖财产的规定》（以下简称《拍卖变卖规定》）对此有规定。佣金由拍卖机构于拍卖成交后按照一定的比例向买受人收取；拍卖未成交或者非因拍卖机构的原因撤回拍卖委托的，拍卖机构为本次拍卖已经支出的合理费用，应当由被执行人负担。只有在极少数情况下拍卖费用由申请执行人负担，就申请执行人来说，拍卖费用也一般不会涉及利息的计算问题。

四、需要注意的问题

对《解释》有这样一种担心，《解释》是不是改变了立法规定，采用的计算方法是否使迟延履行期间的债务利息较之前规定的低，是否损害债权人的利益。

笔者认为，第一，明确的规定本身就对债权人有利。之前的规定较为原则，双方当事人往往会对利息计算产生争议，各种算法无法统一，这就使得计算迟延履行期间债务利息的自由裁量权较大。一些案件的迟延履行期间的债务利息计算较高，而另一些案件的迟延履行期间的债务利息很低，甚至很多案件没有计算迟延履行期间的债务利息。对于迟延履行期间债务利息，无论法院如何计算，总有一方当事人不满意，认为不公平。对此，当事人和法官多有怨忿，要求明确计算标准的呼声很高。《解释》首先从限制法官自由裁量权入手，明确了各项内容，消除法律适用的模糊地带，这种明确本身就有利于维护债权人的合法权益。

第二，之前的规定以2倍的金融机构贷款基准利率计算迟延履行期间的债务利息，而《解释》规定加倍部分债务利息的利率标准基本与金融机构贷款基准利率相同，单从利率的倍数上看是降低了标准。但迟延履行期间债务利息的多少不仅与利率标准有关，而且与迟延履行期间债务利息的构成内容有关。实际上，根据本解释的方法计算的迟延履行期间债务利息并不一定比之前规定的少，相当一部分案件的结果反而会高。

在有给付一般债务利息内容的案件中，之前的规定较为原则，没有明确一般债务利息与加倍部分债务利息的关系，处理两者关系，成为法官自由裁量的范围。相当一部分执行案件在计算迟延履行期间的债务利息时，要么根据两者"就高不就低"的原则不计算加倍部分债务利息，要么以2倍金融机构贷款基准利率计算的利息代替一般债务利息。而《解释》明确了加倍部分债务利息具有独立性，该利息不影响一般债务利息的计算。债权人最终取得的利息，除了一般债务利息，还有加倍部分债务利息，这样就比之前规定的方法计算的利息多。

而在没有一般债务利息的案件中，有一种观点认为《解释》违背了立法规定，债权人得到的利息相比之前会缩水。对此，笔者认为，《民事诉讼法》并未规定没有一般债务利息的案件就要以 2 倍贷款利率计算迟延履行期间的债务利息，规定以 2 倍贷款利率计算的是司法解释而不是法律。我们看，《民事诉讼法》规定的是"加倍支付迟延履行期间的债务利息"，如果要严格按照文义解释，原来执行依据中没有一般利息，就根本没有加倍之后的利息，换句话说，一般债务利息数额为 0，加倍之后还应当是 0。而从法律条文表述方式去理解，该条的主要目的就是保护有一般债务利息的债权。第一次明确规定以 2 倍贷款利率计算迟延履行期间债务利息的是《民事诉讼法意见》。《民事诉讼法意见》规定以 2 倍贷款利率计算也并不是从"加倍"的角度去解释，而是根据当时的社会经济情况作出了符合实践的规定。《民事诉讼法意见》在制定时，对利率标准考虑过是存款利率还是贷款利率，对"加倍"的理解也考虑过是"一倍多还是多倍"，并没有必然理解为贷款利率以及 2 倍。《民事诉讼法意见》在制定时根据当时的经济情况确定了 2 倍的贷款利率作为标准，而不是死板地从字面去理解法律规定。而对于没有履行能力，生活困难的被执行人，制定者认为可以降低计算迟延履行利息的标准，也可以通过执行和解解决这一问题。[①] 2009 年的《批复》是对《民事诉讼法意见》的完善，是在《民事诉讼法意见》的基础上进行的解释。《批复》在制定时，我国利率市场化改革已经进行了一段时间，实践中对《民事诉讼法意见》中的"银行最高贷款利率"有不同理解，无法确定明确的标准，为解决这一问题，最高人民法院便出台了《批复》。

可见，《解释》并未改变法律规定，原来执行依据中没有利息，现在计算一定标准的利息，这也是"加倍"。确切地说，《解释》在利率标

---

① 参见马原主编：《〈民事诉讼法适用意见〉释疑》，中国检察出版社 1994 年版。

准方面只是根据实践情况对之前的司法解释作了调整。这种调整也是根据执行工作的发展情况作出的。首先，在制定之前的解释时，法院的执行措施和手段太少，在有限的措施中，就只能增加惩罚幅度来实现执行目标。像迟延履行利息制度就只能提高计算的数额来督促被执行人履行义务。而近年，随着最高法院各项制度和措施的出台，这一情况已经发生了巨大改变。限制高消费制度、网络查控机制、失信被执行人名单制度具有很强的威慑力，成为打击"老赖"的力器。其次，《解释》规定的迟延履行责任是严格责任，不问债务人是否有履行能力，只要其迟延履行了，其就应支付迟延履行利息。被执行人总体可以分两类，一类有履行能力（其中一部分是我们所称的"老赖"），一类没有履行能力。这两类被执行人迟延履行的，都应承担迟延履行利息责任。而对于确无履行能力的被执行人来说，即使令其承担更多的利息也难以实现债权，过高的利息反而成为另一种"法律白条"，对债权人来说也没有任何意义。可能有这样一种疑问，为什么《解释》没有区分对待？没有履行能力的被执行人可以减少或者免除迟延履行利息。笔者认为，这种想法很好，但是，如此规定，则对有无履行能力的判断又会成为自由裁量的范围，《解释》的作用就会被消解，效果也会大打折扣，债权人的合法权益也必将受到影响。因此，我们在确定加倍部分利息幅度时就不能只考虑"下猛药"，应当各种情况兼顾，确定合理的利率标准。而对"老赖"，我们有失信被执行人名单制度、限制高消费制度等有针对性的措施，同时，我们也在完善其他各项措施，这些都将使"老赖"无处可逃。

第三，不能笼统地说根据《解释》计算的利息就肯定多或者少。有的案件的迟延履行期间债务利息比之前规定计算的可能少一些，有的案件则可能多一些。因为计算迟延履行利息的要素不光是利率，还与责任定性、计算构成和计算时间等要素有密切联系。首先，如前所述，《解释》坚持了计付迟延履行利息是一项严格责任，这本身就保障了债权人的权益。其次，《解释》明确一般债务利息按照执行依据确定的方法计算，债权人的这部分利息就不会减少，也不会出现执行阶段只计算加倍部分债务利息而不计算一般债务利息的情况。再次，《解释》确定的计算期间有利于债权人。在有保全的案件中，《解释》明确为财产变价完成之日而不是保全之日，这种计算期间远比以保全为截止时间的期间长。

综上，《解释》严格依照法律作出了解释，对之前的规定进行了调整，《解释》有利于切实保护债权人的合法权益。

对于本解释第1条规定的计算方法，举例说明。

例一：2015年6月30日生效的法律文书确定，债务人应在三日内支付债权人借款本金10 000元；支付自2015年1月1日始至借款付清之日止以日万分之五计算的利息；债务人迟延履行的，应当根据《中华人民共和国民事诉讼法》第二百五十三条的规定加倍支付迟延履行期间的债务利息。债务人于2015年9月1日清偿所有债务。

迟延履行期间的债务利息＝借款本金×生效法律文书确定的一般债务利息率×迟延履行期间的实际天数＋借款本金×日万分之一点七五×迟延履行期间的实际天数＝10 000×0.05%×60＋10 000×0.0175%×60＝405元

迟延履行期间开始前的一般债务利息＝借款本金×生效法律文书确定的一般债务利息率×迟延履行期间开始前的实际天数＝10 000×0.05%×183＝915元

债务人应当支付的金钱债务为11 320元（11 320元＝10 000元＋405元＋915元）。

例二：2015年6月30日生效的法律文书确定，债务人应在三日内支付债权人侵权损害赔偿10 000元；债务人迟延履行的，应当根据《中华人民共和国民事诉讼法》第二百五十三条的规定加倍支付迟延履行期间的债务利息。债务人在2015年9月1日清偿所有债务。

迟延履行期间的债务利息＝损害赔偿数额×日万分之一点七五×迟延履行期间的实际天数＝10 000×0.0175%×60＝105元

债务人应当支付的金钱债务为 10 105 元（10 105 元 = 10 000 元 + 105 元）。

【有关数据】

金融机构人民币贷款基准利率[①]

单位：年利率%

调整时间	6个月以内（含6个月）	6个月至1年（含1年）	1~3年（含3年）	3~5年（含5年）	5年以上
1991.04.21	8.10	8.64	9.00	9.54	9.72
1993.05.15	8.82	9.36	10.80	12.06	12.24
1993.07.11	9.00	10.98	12.24	13.86	14.04
1995.01.01	9.00	10.98	12.96	14.58	14.76
1995.07.01	10.08	12.06	13.50	15.12	15.30
1996.05.01	9.72	10.98	13.14	14.94	15.12
1996.08.23	9.18	10.08	10.98	11.70	12.42
1997.10.23	7.65	8.64	9.36	9.90	10.53
1998.03.25	7.02	7.92	9.00	9.72	10.35
1998.07.01	6.57	6.93	7.11	7.65	8.01
1998.12.07	6.12	6.39	6.66	7.20	7.56
1999.06.10	5.58	5.85	5.94	6.03	6.21

---

① 数据来源：http://www.pbc.gov.cn/publish/zhengcehuobisi/631/2012/20120706181352694274852/20120706181352694274852_.html，最后访问时间：2013 年 7 月。

续上表

2002.02.21	5.04	5.31	5.49	5.58	5.76
2004.10.29	5.22	5.58	5.76	5.85	6.12
2006.04.28	5.40	5.85	6.03	6.12	6.39
2006.08.19	5.58	6.12	6.30	6.48	6.84
2007.03.18	5.67	6.39	6.57	6.75	7.11
2007.05.19	5.85	6.57	6.75	6.93	7.20
2007.07.21	6.03	6.84	7.02	7.20	7.38
2007.08.22	6.21	7.02	7.20	7.38	7.56
2007.09.15	6.48	7.29	7.47	7.65	7.83
2007.12.21	6.57	7.47	7.56	7.74	7.83
2008.09.16	6.21	7.20	7.29	7.56	7.74
2008.10.09	6.12	6.93	7.02	7.29	7.47
2008.10.30	6.03	6.66	6.75	7.02	7.20
2008.11.27	5.04	5.58	5.67	5.94	6.12
2008.12.23	4.86	5.31	5.40	5.76	5.94
2010.10.20	5.10	5.56	5.60	5.96	6.14
2010.12.26	5.35	5.81	5.85	6.22	6.40
2011.02.09	5.60	6.06	6.10	6.45	6.60
2011.04.06	5.85	6.31	6.40	6.65	6.80
2011.07.07	6.10	6.56	6.65	6.90	7.05
2012.06.08	5.85	6.31	6.40	6.65	6.80
2012.07.06	5.60	6.00	6.15	6.40	6.55

【相关法律法规】

最高人民法院
关于人民法院民事调解工作若干问题的规定（节录）

2004 年 9 月 16 日　　　　　　　　　　　法释〔2004〕12 号

第十条　人民法院对于调解协议约定一方不履行协议应当承担民事责任的，应予准许。

调解协议约定一方不履行协议，另一方可以请求人民法院对案件作出裁判的条款，人民法院不予准许。

最高人民法院
关于在民事判决书中增加向当事人告知
民事诉讼法第二百三十二条规定内容的通知

2007 年 2 月 7 日　　　　　　　　　　　法〔2007〕19 号

全国地方各级人民法院、各级军事法院、各铁路运输中级法院和基层法院、各海事法院，新疆生产建设兵团各级法院：

根据《中共中央关于构建社会主义和谐社会若干重大问题的决定》有关"落实当事人权利义务告知制度"的要求，为使胜诉的当事人及时获得诉讼成果，促使败诉的当事人及时履行义务，经研究决定，在具有金钱给付内容的民事判决书中增加向当事人告知民事诉讼法第二百三十二条规定的内容。现将在民事判决书中具体表述方式通知如下：

一、一审判决中具有金钱给付义务的，应当在所有判项之后另起一行写明：如果未按本判决指定的期间履行给付金钱义务，应当依照《中华人民共和国民事诉讼法》第二百三十二条之规定，加倍支付迟延履行期间的债务利息。

二、二审判决作出改判的案件，无论一审判决是否写入了上述告知内容，均应在所有判项之后另起一行写明第一条的告知内容。

三、如一审判决已经写明上述告知内容，二审维持原判的判决，可不再重复告知。

中华人民共和国税收征收管理法（节录）
（2001 年 4 月 28 日）

第三十二条 纳税人未按照规定期限缴纳税款的，扣缴义务人未按照规定期限解缴税款的，税务机关除责令限期缴纳外，从滞纳税款之日起，按日加收滞纳税款万分之五的滞纳金。

第二条 加倍部分债务利息自生效法律文书确定的履行期间届满之日起计算；生效法律文书确定分期履行的，自每次履行期间届满之日起计算；生效法律文书未确定履行期间的，自法律文书生效之日起计算。

【条文主旨】

本条是关于迟延履行期间加倍部分债务利息起算时间的规定。

【条文理解】

本条解释规定的起算时间，是对计算迟延履行期间加倍部分债务利息的规定，不涉及迟延履行期间的一般债务利息。根据本解释第1条，一般债务利息根据生效法律文书确定的方法计算，不适用本条解释确定起算时间。《民事诉讼法》第253条规定的迟延履行期间债务利息，虽然是由债务人向债权人支付，对债权人来说起到一定的补偿作用，但同时也属于《民事诉讼法》对被执行人不按生效法律文书要求履行金钱给付义务而科以公法上的制裁，带有一定的公法性和惩罚性。生效法律文书确定的履行期间届满，或者未确定履行期间的法律文书已经生效，债务人未按生效法律文书要求履行金钱给付义务，即符合该公法上责任的构成要件，应当根据《民事诉讼法》第253条承担迟延履行责任。也就是说，该条规定以债务人不履行债务作为责任承担的判断标准。但如果债务人按照生效法律文书要求主动履行债务，在限定期间内提出合法给付，因为债权人受领迟延或无正当理由拒绝受领，导致履行受阻或者履行难以完成的，则不应要求债务人承担迟延履行责任。

迟延履行包括全部迟延和部分迟延，截至生效法律文书确定的履行期间届满之日或法律文书生效之日，债务人仅履行了部分债务的，剩余部分仍然构成迟延履行，应当按照本条解释规定，计算尚未履行部分债务的加倍部分债务利息，但计算基数应做相应扣减。加倍部分债务利息应向债权人支付，因此如果债权人向执行法院明确表示放弃部分债权或同意债务人延期履行等减轻债务人给付义务的，根据民事诉讼处分原则，执行法院可以根据法律规定做相应处理。

本条解释规定的内容主要包括以下方面：

一、起算时间的理解

履行期间届满之日，是指履行期间的最后一日。法律文书生效之日，是指法律文书生效的当日。根据《民事诉讼法》和《民事诉讼法意见》的相关规定，本条解释规定的自"届满之日起计算"和自"生效之日起计算"，均不包括本日在内。例如，履行期间届满之日或法律文书生效之日为本月5日的，加倍部分债务利息起算时间均不包括本月5日，而是从次日，即6日计算。如果债务人于本月5日全部履行债务的，则不计算加倍部分债务利息；如果债务人于本月6日全部履行债务的，则加倍部分债务利息计算期间为1天。《民事诉讼法》第82条第2款规定：期间开始的时和日，不计算在期间内。《民事诉讼法意见》第79条对该款规定的解释为民事诉讼中以日计算的各种期间均从次日起算。根据本解释第1条第3款规定的计算方法，加倍部分债务利息的计算期间以日为基本计算单位，所以"履行期间届满之日"和"法律文书生效之日"作为期间开始日，均不计算在期间内，而是从次日计算加倍部分债务利息。《民事诉讼法意见》第293条对迟延履行期间利息起算时间的规定也是自判决、裁定和其他法律文书指定的履行期间届满的次日起计算。本条解释规定的加倍部分债务利息起算时间，与《民事诉讼法》和《民事诉讼法意见》的上述规定是一致的，均以"届满之日"和"生效之日"的次日作为迟延履行的第 1 天计算加倍部分债务利息。

二、生效法律文书的理解

（一）生效法律文书的范围

本条解释所称生效法律文书，是指人民法院判决书、裁定书、调解书，仲裁机构作出的裁决书、调解书，公证机关依法赋予强制执行效力的债权文书等具有给付内容、作为执行依据的生效法律文书。其他生效法律文书原则上不属于本条解释所称执行依据意义上的法律文书。执行通知书、确认判决、形成判决等不属于执行依据或不具有给付内容的法律文书，不能作为计算迟延履行期间债务利息的"生效法律文书"。

确认判决，是指人民法院依法作出的确认当事人主张的民事法律关系、民事权益存在或不存在的判决。形成判决，是指人民法院依法作出的变动、消灭既存民事法律关系或民事权益的判决。两者均无给付内容。给付判决，是指确定当事人之间实体权利义务关系，责令负有义务的当事人履行一定义务的判决。给付判决的特点，是使当事人一方产生实体义务，如果负有义务的当事人不履行义务，享有权利的一方当事人可以申请人民法院强制执行。《民事诉讼法》第 253 条规定，被执行人未按判决、裁定和其他法律文书指定的期间履行给付金钱义务的，应当加倍支付迟延履行期间的债务利息。据此，加倍部分债务利息系因被执行人迟延履行给付金钱义务而生，只能基于给付判决等具有金钱给付内容的生效法律文书计算。确认判决和形成判决不具有给付内容，自判决生效即确定或变更、消灭既存的民事法律关系或民事权益，并没有执行力，不能作为计算迟延履行期间债务利息的依据。认为确认判决和形成判决也有执行力的观点，或者因为判决本身不属于纯粹的确认判决和形成判决，或者由于通过解释判决，人为地向判决中"添加"了给付内容，改变了判决原本的裁判范围，才误认为确认判决和形成判决也有"执行力"。

实践中还有观点将执行通知书要求的履行期间届满之日，或者以申请执行之日作为迟延履行期间债务利息的起算时间。这种观点违反《民事诉讼法》第253条和执行程序相关司法解释规定，应予摒弃。

首先，申请执行之日与《民事诉讼法》第253条规定的判决、裁定和其他法律文书指定的履行期间没有必然关系。申请执行之日是履行期间届满或法律文书生效后的某一天，债权人不申请执行并不代表债务人不负履行义务，债务人迟延履行义务才导致债权人申请执行。换言之，是债务人迟延履行在先，债权人申请执行在后。因此，将申请执行之日作为加倍部分债务利息的起算时间，是一种本末倒置的观点，也违反了《民事诉讼法》第253条规定。

其次，执行通知书虽然属于法律文书，但只是执行程序中告知当事人履行债务的通知，人民法院向被执行人发出执行通知书，并不意味着此时被执行人才应当开始履行给付义务，执行通知书不可能取代执行依据已经确定的履行期间重新为被执行人确定履行期间，只是在被执行人未按生效法律文书要求履行给付义务情况下，督促其履行的方式。换言之，执行通知书不具有变更执行依据确定的履行期间的效力，生效判决、裁定等执行依据已经确定债务人履行期间的，执行通知书只能按照执行依据确定的履行期间要求被执行人承担加倍部分债务利息。如果以执行通知书确定的履行期间作为计算加倍部分债务利息的开始时间，则无疑是以执行通知书改变了执行依据的内容，严重缺乏法律依据。另外，执行通知书在当事人申请执行后才能发出，如果以执行通知书确定的履行期间作为计算加倍部分债务利息的开始时间，则无异于认为债权人申请执行后、执行通知书发出前，债务人不存在迟延履行的问题，既然债务人不存在迟延履行，债权人为什么要申请执行？法院又如何能对不存在迟延履行的债务启动强制执行程序？这种自相矛盾的结果已经证实：将执行通知书要求的履行期间届满之日作为迟延履行期间债务利息的起算时间是不能成立的。

(二) 法律文书生效的理解

确定法律文书何时生效，不仅关系到法律文书未确定履行期间的案件加倍部分债务利息何时起算，还关系到部分法律文书确定了履行期间的案件加倍部分债务利息的起算。例如，判决书主文判令债务人自判决生效后 10 日内向债权人履行金钱给付义务，仍然需要确定法律文书的生效时间。司法实践中，人民法院在受理申请执行案件时，一般要求申请人提交作出执行依据的机构出具的法律文书生效证明，并根据《执行规定》第 20 条，要求申请人提交生效法律文书副本。有生效证明的案件，通常以生效证明载明的法律文书生效时间为依据。

1. 不同法律文书的生效时间

根据法律规定，不同机构作出的法律文书以及相同机构作出的不同法律文书，生效时间会有所差别。具体而言：

（1）人民法院作出的法律文书生效时间根据《民事诉讼法》规定确定。例如，民事调解书的生效时间。根据《民事诉讼法》第 97 条规定，民事调解书由审判人员、书记员署名，加盖人民法院印章，送达双方当事人；调解书经双方当事人签收后，即具有法律效力。《最高人民法院关于人民法院民事调解工作若干问题的规定》第 13 条规定：根据《民事诉讼法》第 98 条第 1 款第（4）项规定，当事人各方同意在调解协议上签名或者盖章后生效，经人民法院审查确认后，应当记入笔录或者将协议附卷，并由当事人、审判人员、书记员签名或者盖章后即具有法律效力。当事人请求制作调解书的，人民法院应当制作调解书送交当事人。当事人拒收调解书的，不影响调解协议的效力。一方不履行调解协议的，另一方可以持调解书向人民法院申请执行。

再如，法院判决、裁定的生效时间。地方法院一审判决送达后，当事人不服的，根据《民事诉讼法》第 164 条规定，有权在判决书送达之日起 15 日内向上一级人民法院提起上诉。当事人上诉后，一审判决不生效。当事人在法定期间均不上诉的，一审判决自上诉期间届满之日的次日生效。期间届满的最后一日是节假日的,以节假日后的第一日为期间届满的日期。《民事诉讼法》第175条规定:"第二审人民法院的判决、裁定,是终审的判决、裁定。"二审判决、裁定送达当事人后生效。二审驳回上诉,维持原判的,应从二审判决生效之日起计算一审判决确定的履行期间(例如,一审判决责令债务人于本判决生效后10日内向债权人履行债务)。在指定的履行期间内,债务人不履行债务的,加倍部分债务利息自该履行期间届满之日起计算;一审判决没有确定履行期间的,自一审判决生效之日(即二审判决生效之日)起计算。二审改判的,加倍部分债务利息应自二审判决确定的履行期间届满之日起计算,二审判决未确定履行期间的,自二审判决生效之日起计算。根据《民事诉讼法》第207条的规定,人民法院按照审判监督程序再审的案件,发生法律效力的判决、裁定是由第一审法院作出的,按照第一审程序审理,所作的判决、裁定,当事人可以上诉;发生法律效力的判决、裁定是由第二审法院作出的,按照第二审程序审理,所作的判决、裁定,是发生法律效力的判决、裁定;上级人民法院按照审判监督程序提审的,按照第二审程序审理,所作的判决、裁定是发生法律效力的判决、裁定。据此,再审判决、裁定的生效时间,应当根据再审案件所适用的审理程序,分别按照一审、二审裁判的生效规则确定。

(2)根据《仲裁法》第57条的规定,仲裁裁决书自作出之日起发生法律效力。

(3)根据《仲裁法》第52条的规定,仲裁调解书由仲裁员签名,加盖仲裁委员会印章,送达双方当事人;调解书经双方当事人签收后,即发生法律效力。

(4)根据司法部《公证程序规则》第44条的规定,公证书自出具之日起生效;需要审批的公证事项,审批人的批准日期为公证书的出具日期;不需要审批的公证事项,承办公证员的签发日期为公证书的出具日期。根据《公证程序规则》第55条的规定,债务人不履行或者不适当履行经公证的具有强制执行效力的债权文书的，公证机构可以根据债权人的申请，依照有关规定出具执行证书。

2. 法律文书送达时间的确定

送达不仅是很多法律文书生效的条件，而且也是确定某些期间起算的重要标准。在法律规定的多种送达方式中，直接送达为原则，其他方式为补充。受送达人在送达回证上的签收日期为送达日期。根据《民事诉讼法》和相关司法解释规定，送达日期的确定依送达方式不同遵循不同的规则：

（1）直接送达。直接送达，是指法院送达人员将法律文书直接交给受送达人签收。根据《民事诉讼法》第84~85条的规定，受送达人、受送达人的同住成年家属、法人或者其他组织负责收件的人、诉讼代理人或者代收人在送达回证上的签收日期，为送达日期。

（2）留置送达。留置送达，是指受送达人拒绝签收向其送达的法律文书，法院送达人员将该法律文书留置于受送达人住所或从业场所。《民事诉讼法》第86条规定："受送达人或者同住成年家属拒绝接收诉讼文书的，送达人可以邀请有关基层组织或者所在单位的代表到场，说明情况，在送达回证上记明拒收事由和日期，由送达人、见证人签名或者盖章，把诉讼文书留在受送达人的住所；也可以把诉讼文书留在受送达人的住所，并采用拍照、录像等方式记录送达过程，即视为送达。"该留置日期即为送达日期。

（3）委托送达。委托送达，是指受送达人不在受案法院辖区内，该法院委托受送达人所在地的法院代为送达。根据《民事诉讼法意见》第86条的规定，委托其他人民法院代为送达的，委托法院应当出具委托函，并附需要送达的诉讼文书和送达回证，以受送达人在送达回证上签收的日期为送达日期。

（4）邮寄送达。邮寄送达，是指法院直接送达诉讼文书有困难，可以交由国家邮政机构以法院专递方式邮寄送达。根据《民事诉讼法》第

88条、《民事诉讼法意见》第85条的规定，邮寄送达，以回执上注明的收件日期为送达日期；邮寄送达，应当附有送达回证；回执上注明的收件日期与送达回证上注明的收件日期不一致的，或者送达回证没有寄回的，以回执上注明的收件日期，为送达日期。

（5）转交送达。转交送达，是指在特定情况下，不宜或不便直接送达时，法院将诉讼文书通过受送达人所在单位转交受送达人。转交送达，以受送达人在送达回证上的签收日期，为送达日期。

（6）公告送达。公告送达，是指在受送达人下落不明，或者以其他方式无法送达的情况下，法院将诉讼文书的内容予以公告。自发出公告之日起60日法定公告期限届满，即视为送达。

需要说明的是，2012年《民事诉讼法》修改增加一条规定：经受送达人同意，人民法院可以采用传真、电子邮件等能够确认其收悉的方式送达诉讼文书，但判决书、裁定书、调解书除外。该条关于其他送达方式的规定，明确将作为执行依据的法院民事判决书、裁定书、调解书排除在外，因此法院民事判决书、裁定书、调解书不能通过传真、电子邮件等其他方式送达。

三、根据生效法律文书具体内容确定起算时间

生效法律文书确定的债务履行期间，实践中情况各异，有的文书指定了固定的履行期日，有的文书确定了一定的履行期限，有的文书没有确定履行期间。因此，司法解释有必要针对各类具体情况，确定加倍部分债务利息的起算时间。本条解释分三种情况对加倍部分债务利息的起算作了规定：

（一）生效法律文书确定了履行期间

生效法律文书确定了债务履行期间，是指据以执行的法律文书主文对债务人履行债务的期限作了明确限定。加倍部分债务利息自确定的履行期间届满之日起计算。例如，生效法律文书责令债务人于××年××

月××日前履行金钱给付义务，截至该日，债务人仍未履行，则加倍部分债务利息自该届满之日起计算。届满之日当日不计算在内，而是从次日计算。举例说明：法院生效调解书确定债务人于××年7月31日前向债权人支付欠款100万元。债务人于同年10月31日将100万元支付债权人，则加倍部分债务利息的计算期间为92天（7月31日不包括在内，从8月1日至10月31日，迟延履行期间为92天，8月1日和10月31均计算在内）。

再如，生效法律文书责令债务人于该文书生效之日起（或生效后）10日内履行债务，截至该文书生效之日起第10天，债务人仍未履行，则应承担迟延履行责任。法律文书生效之日起第10天为履行期间届满之日，自该日起计算加倍部分债务利息。第10天当日不计算在内，而是从第10天的次日计算。举例说明：法院判决判令债务人自判决生效之日起10日内支付债权人100万元；该判决于××年7月2日生效，7月12日为履行期间届满之日。债务人于2013年7月30日将100万元支付债权人，则加倍部分债务利息的计算期间为18天（7月12日不包括在内，从7月13日至7月30日，迟延履行期间为18天，7月13日和7月30日均计算在内）。

（二）生效法律文书确定债务分期履行

生效法律文书确定债务分期履行的，应根据每笔债务的履行期间，确定各笔债务加倍部分债务利息的起算时间。债务分期履行的，加倍部分债务利息自每期债务各自的履行期间届满之日起计算。分期履行的债务，履行期间存在时间间隔，应以生效法律文书确定的每笔债务的履行期间为准计算加倍部分债务利息。举例说明：法院生效调解书确认债务人于××年7月31日前向债权人支付欠款10万元；同年10月31日前支付20万元；同年11月20日前支付30万元。上述10万元、20万元、30万元款项迟延履行期间应分别从××年8月1日、11月1日、11月21日计算，作为履行期间届满之日的7月31日、10月31日、11月20

日当日均不计入迟延履行期间。

需要说明的是，生效法律文书确定分期履行债务，在整个履行期间内，如果债务人履行部分债务的，执行法院要注意区分债务人实际履行的是哪一笔债务或哪一部分债务。这个问题在部分案件中，将对加倍部分债务利息的计算产生相应影响。

（三）生效法律文书未确定履行期间

生效法律文书未确定履行期间，是指执行依据只责令债务人履行给付义务，但未指明履行期间。这类情形由于无执行依据确定的履行期间可循，法律文书生效后即具有执行力，因此以法律文书生效之日作为加倍部分债务利息起算时间是最为合理的做法。法律文书生效之日作为期间的开始日，不计算在期间内，从法律文书生效之日的次日计算加倍部分债务利息。不同法律文书生效时间，应根据相关法律规定确定。

举例说明：人民法院民事调解书××年7月31日生效，该调解书确定债务人向债权人支付100万元。债务人于同年12月31日向债权人支付100万元，则迟延履行期间为153天（7月31日作为法律文书生效之日不计入期间，自8月1日至12月31日，迟延履行期间为153天，8月1日和12月31日均计算在内）。

（四）其他需要说明的问题

生效法律文书确定双方当事人互负对待给付义务，如果履行顺序没有先后，应根据生效法律文书确定的履行期间或法律文书的生效时间，确定被执行人迟延履行期间的起算时间；如果履行顺序有先后，且需要申请执行人先行完成相应义务，被执行人的履行条件才能成就的，被执行人迟延履行期间的起算，应以申请执行人完成相应义务的时间，结合生效法律文书主文对被执行人履行期限的要求确定。

【实践中应注意的问题】

适用本条解释需要注意再审案件中债务人加倍部分债务利息的起算问题。

当事人不服已经发生法律效力的民事判决、裁定、调解书，可以根据《民事诉讼法》审判监督程序及相关司法解释规定申请再审。法院对当事人再审申请的处理结果，将对加倍部分债务利息的计算产生相应影响，需要根据再审裁判结果的不同情况，确定加倍部分债务利息的起算时间。具体分述如下：

一、驳回再审申请、再审维持原生效法律文书或原生效法律文书部分判项

人民法院裁定驳回再审申请的，原生效法律文书效力不受影响，加倍部分债务利息仍按原生效法律文书确定的履行期间届满之日或法律文书生效之日起计算。例如，甲基层人民法院审判决责令债务人于判决生效之日起10日内向债权人支付30万元，债务人不服，向乙中级人民法院上诉。乙中级人民法院二审判决驳回上诉，维持原判。二审判决于××年8月6日生效，债务人不服，向丙高级人民法院申请再审。丙高级人民法院审查后作出裁定，驳回债务人再审申请。在此期间债务人一直未履行一审判决确定的债务。本案加倍部分债务利息应从二审判决生效之日（也是一审判决生效之日）起经过10天，从第11天，即同年8月17日开始计算，履行期间届满之日（8月16日）不计入迟延履行期间内。

人民法院经再审审理，认为原生效法律文书裁判结果正确，予以维持的，加倍部分债务利息按原生效法律文书确定的履行期间届满之日或法律文书生效之日起计算，再审中止执行期间的加倍部分债务利息，根据本解释第3条的规定处理。例如，甲基层人民法院一审判决责令债务人于判决生效之日起10日内向债权人支付30万元，债务人不服，向乙中级人民法院上诉。乙中级人民法院二审判决驳回上诉，维持原判。二审判决于××年7月2日生效，债务人不服，向丙高级人民法院申请再审。丙高级人民法院审查后作出裁定：（1）指令乙中级人民法院再审；（2）再审期间，中止原判决的执行。乙中级人民法院审理后作出再审判决，维持二审判决。在此期间债务人一直未履行一审判决确定的债务。本案加倍部分债务利息应从二审判决生效之日（也是一审判决生效之日）起经过10天，从第11天，即同年7月13日开始计算，履行期间届满之日（7月12日）不计入迟延履行期间内。再审中止执行的期间系因债务人申请引起，根据本解释第3条第3款规定，应当计算加倍部分债务利息。

人民法院经再审审理，维持了部分判项的，该维持部分判项确定义务的加倍部分债务利息，按原判决确定的履行期间届满之日或原判决生效之日起计算，再审中止执行的期间，根据本解释第3条规定处理。

人民法院裁定驳回再审申请、经再审审理维持原生效法律文书或维持部分判项的，系对原生效法律文书效力或相关判项效力的肯定。原法律文书属于已经生效的文书，再审维持的判项属于已经生效的判项，在没有其他裁判文书否定其效力的情况下，债务人应当按照原生效法律文书要求或者再审予以维持的相关判项要求履行债务，并计付加倍部分债务利息，对于符合本解释规定的扣除计算期间情形的，在规定期间内不计算加倍部分债务利息。

需要说明的是，本部分所述再审维持的是原生效法律文书或原生效判决的部分判项，而非维持法律效力已经被否定的法律文书或其判项。关于再审撤销已经生效的二审判决，维持被二审否定的一审判决，或维持被二审否定的一审判决部分判项的情形，将在下文详述。

二、再审撤销原生效法律文书或原生效法律文书部分判项

再审撤销原生效法律文书，驳回债权人诉讼请求或驳回债权人起诉的，则表明被执行人的债务自始不存在，原执行案件加倍部分债务利息不应计算，符合执行回转条件的，按本解释第6条的规定处理。人民法院再审撤销原生效法律文书，使该文书的法律效力归于消灭，并且对债权人的诉讼请求或起诉不予支持，此时要求债务人支付加倍部分债务利息的基础不复存在，故不应对债务人计算加倍部分债务利息。如果原被执行人已经向原申请执行人部分履行或全部履行债务的，可以依法申请执行回转，并根据本解释第6条的规定，要求原申请执行人承担加倍部分债务利息。

再审撤销原生效法律文书部分判项的，被撤销部分判项确定义务的加倍部分债务利息不予计算。

三、再审重新作出判决或判项、变更判项

再审撤销原生效法律文书重新作出判决，或撤销部分判项重新作出判项的，应当按照再审判决重新确定的给付内容和履行期间，结合债务人实际履行的情况，确定债务人是否还需要履行给付义务，以及是否存在迟延履行。再审判决变更原生效法律文书判项的，债务人应当按照变更后的判项履行给付义务，同时应考虑债务人已经履行债务的情况，确定债务人是否还需要继续履行，以及是否构成迟延履行。

再审重新作出判决或判项、变更判项的，在再审判决生效前，这些判决或判项内容并不属于生效法律文书确定的给付内容，债务人没有履行这些判项的义务，随着再审判决的生效，这些判项确定的给付义务才被赋予强制履行的效力。原生效法律文书或原生效法律文书的相关判项，因被再审判决撤销、变更而不再具有法律效力，债务人只能根据再审判决重新作出的判项或变更后的判项履行义务。因此，在这种情况下，债

务人应按照再审判决重新确定的给付内容和履行期间履行义务，被执行人加倍部分债务利息应从再审判决或相关判项确定的履行期间届满之日起计算。再审判决或相关判项未确定履行期间的，自再审判决生效之日起计算。

例如，甲基层人民法院一审判决责令债务人于判决生效之日起10日内向债权人支付50万元，债务人不服，向乙中级人民法院上诉。乙中级人民法院二审判决驳回上诉，维持原判。债务人不服，向丙高级人民法院申请再审。丙高级人民法院审查后作出裁定：（1）本案由丙高级人民法院提审；（2）再审期间，中止原判决的执行。丙高级人民法院审理后作出再审判决，撤销二审判决和一审判决，判令债务人于判决生效后10日内向债权人支付30万元。再审判决于××年11月15日生效。再审判决生效后，债务人一直未按判决要求履行义务，本案迟延履行期间的加倍部分债务利息应从再审判决生效之日起经过10天，从第11天，即同年11月26日开始计算，履行期间届满之日（11月25日）不计入迟延履行期间内。

再审重新作出判决或变更原判项后，债务人的给付义务既可能超过原生效法律文书确定的义务，也可能较原生效法律文书有所减少。对此，应当区分不同情况分别讨论：

1. 再审判决确定的给付内容超过原生效法律文书：债务人应根据再审判决确定的履行期间履行给付义务，超过该履行期间未履行的，则构成迟延履行，应根据本条解释规定，自再审判决确定的履行届满之日起计算加倍部分债务利息，已经履行的部分，从计算基数中作相应扣减；再审判决未确定履行期间的，加倍部分债务利息自再审判决生效之日起计算，已经履行的部分，从计算基数中作相应扣减。

2. 再审判决确定的给付内容少于原生效法律文书：债务人尚未按原生效法律文书履行的，或已经履行的数额尚不足再审判决确定的数额，则债务人应根据再审判决确定的给付义务和履行期间履行，逾期不履行的，构成迟延履行，自再审判决确定的履行期间届满之日起计算加倍部分债务利息，已经履行的部分，应从计算基数中作相应扣减；再审判决未确定履行期间的，加倍部分债务利息自再审判决生效之日起计算，已经履行的部分，从计算基数中作相应扣减；若债务人已经按原生效法律文书履行完毕，或已经履行的数额超过再审判决确定的数额，则将涉及执行回转的问题。

四、再审撤销二审判决，维持被二审否定的一审判决或维持被二审否定的一审部分判项

二审如果撤销一审判决重新作出裁判的，再审判决生效前，对债务人来说，其履行义务的内容和履行期间是由二审判决确定的，并非依据一审判决。再审判决如果撤销二审判决，维持一审判决的，二审判决的效力被否定，一审判决由于再审判决的生效才成为有效判决，其法律效力源于再审的生效。换言之，一审判决的生效时间由再审判决的生效时间确定，再审判决生效时间即为一审判决的生效时间。因此应根据再审判决生效时间，结合一审判决确定的给付义务内容和履行期间，计算债务人迟延履行期间的加倍部分债务利息。一审判决未确定履行期间的，自再审判决生效之日起计算。

同理，再审维持被二审否定的一审部分判项，也应根据再审判决生效时间，结合一审判决被维持的判项内容及履行期间，计算债务人迟延履行期间的加倍部分债务利息。相关判项未确定履行期间的，自再审判决生效之日起计算。

例如，甲基层人民法院一审判决责令债务人于判决生效之日起10日内向债权人支付50万元，债务人不服，向乙中级人民法院上诉。乙中级人民法院二审判决撤销一审判决，驳回债权人的诉讼请求。债权人不服，向丙高级人民法院申请再审。丙高级人民法院审查后作出裁定：（1）本案由丙高级人民法院提审；（2）再审期间，中止原判决的执行。丙高级人民法院审理后作出再审判决,撤销二审判决,维持一审判决。再审判决于××年10月21日生效。再审判决生效后,债务人一直未按判决要求履行债务,本案迟延履行期间的加倍部分债务利息应从再审判决生效之日起经过10天,从第11天,即同年11月1日开始计算,履行期间届满之日(10月31日)不计入迟延履行期间内。

【相关法律法规】

中华人民共和国民事诉讼法(节录)
(2012年8月31日)

第九十七条 调解达成协议,人民法院应当制作调解书。调解书应当写明诉讼请求、案件的事实和调解结果。

调解书由审判人员、书记员署名,加盖人民法院印章,送达双方当事人。

调解书经双方当事人签收后,即具有法律效力。

第九十八条 下列案件调解达成协议,人民法院可以不制作调解书:

(一)调解和好的离婚案件;

(二)调解维持收养关系的案件;

(三)能够即时履行的案件;

(四)其他不需要制作调解书的案件。

对不需要制作调解书的协议,应当记入笔录,由双方当事人、审判人员、书记员签名或者盖章后,即具有法律效力。

第一百七十五条 第二审人民法院的判决、裁定,是终审的判决、裁定。

最高人民法院
关于人民法院民事调解工作若干问题的规定（节录）

2004 年 9 月 16 日　　　　　　　　　　法释〔2004〕12 号

第十三条　根据民事诉讼法第九十八条第一款第（四）项规定，当事人各方同意在调解协议上签名或者盖章后生效，经人民法院审查确认后，应当记入笔录或者将协议附卷，并由当事人、审判人员、书记员签名或者盖章后即具有法律效力。当事人请求制作调解书的，人民法院应当制作调解书送交当事人。当事人拒收调解书的，不影响调解协议的效力。一方不履行调解协议的，另一方可以持调解书向人民法院申请执行。

中华人民共和国仲裁法（节录）
（1994 年 8 月 31 日）

第五十二条　调解书应当写明仲裁请求和当事人协议的结果。调解书由仲裁员签名，加盖仲裁委员会印章，送达双方当事人。

调解书经双方当事人签收后，即发生法律效力。

在调解书签收前当事人反悔的，仲裁庭应当及时作出裁决。

第五十七条　裁决书自作出之日起发生法律效力。

公证程序规则（节录）
（2006 年 5 月 18 日）

第四十四条　公证书自出具之日起生效。

需要审批的公证事项，审批人的批准日期为公证书的出具日期；不需要审批的公证事项，承办公证员的签发日期为公证书的出具日期；现场监督类公证需要现场宣读公证证词的，宣读日期为公证书的出具日期。

第五十五条 债务人不履行或者不适当履行经公证的具有强制执行效力的债权文书的,公证机构可以根据债权人的申请,依照有关规定出具执行证书。执行证书应当在法律规定的执行期限内出具。

执行证书应当载明申请人、被申请执行人、申请执行标的和申请执行的期限。债务人已经履行的部分,应当在申请执行标的中予以扣除。因债务人不履行或者不适当履行而发生的违约金、滞纳金、利息等,可以应债权人的要求列入申请执行标的。

第三条 加倍部分债务利息计算至被执行人履行完毕之日；被执行人分次履行的，相应部分的加倍部分债务利息计算至每次履行完毕之日。

人民法院划拨、提取被执行人的存款、收入、股息、红利等财产的，相应部分的加倍部分债务利息计算至划拨、提取之日；人民法院对被执行人财产拍卖、变卖或以物抵债的，计算至成交裁定或抵债裁定生效之日；人民法院对被执行人财产通过其他方式变价的，计算至财产变价完成之日。

非因被执行人的申请，对生效法律文书审查而中止或暂缓执行的期间及再审中止执行的期间，不计算加倍部分债务利息。

【条文主旨】

本条是关于迟延履行期间的加倍部分债务利息计算的截止时间，以及不计算加倍部分债务利息期间的规定。

【条文理解】

本条解释主要包括三部分：一是被执行人主动履行债务的，加倍部分债务利息计算到何时截止；二是法院强制执行的，加倍部分债务利息计算的截止时间；三是不计算加倍部分债务利息的期间。具体内容分述如下：

一、被执行人主动履行债务时加倍部分债务利息计算的截止时间

案件进入执行程序后，如果被执行人主动履行债务，将直接引起生效法律文书确定的债务消灭,与已经履行的债务相对应的加倍部分债务利息,也应随着基础债务的消灭而计算至该部分债务履行完毕之日。被执行人履行债务包括全部履行和部分履行。被执行人一次履行全部债务的,债务全部消灭,加倍部分债务利息计算至债务全部履行完毕之日;被执行人履行部分债务的,仅产生债务部分消灭的结果,已经履行的部分所对应的加倍部分债务利息,计算至这部分债务履行完毕之日,剩余未履行部分的债务,仍需按照本解释规定,继续计算加倍部分债务利息,直到被执行人将全部债务履行完毕。本条解释在第1款中,对被执行人主动履行债务的情形,确立了加倍部分债务利息以债务履行完毕之日为截止日的计算原则,并且区分了债务全部履行完毕和被执行人分多次履行债务两种情况,规定了加倍部分债务利息计算的截止时间。

判断债务是否履行完毕,应根据民事实体法的标准确定。本条解释规定的"履行完毕之日",通常情况下应理解为,债务人履行债务的行为在民事实体法上产生了债务消灭效果的期日。债务人为履行债务进行准备、创造条件的行为,不能认为债务履行完毕。根据民事实体法规定,债务人的行为能够产生债务消灭效果的,对于加倍部分债务利息的计算,也应产生与债务履行同样的结果。例如,当事人依法主张抵消或债务人依法提存款项等行为。如果债务人主动履行债务,而债权人受领迟延或者拒绝受领,则应根据案件具体情况,判断债务人是否应当承担履行日之后的加倍部分债务利息。若债务人提出合法给付,债权人无正当理由受领迟延或拒绝受领,则不应再要求债务人承担此后的迟延履行期间债务利息,债务人可以通过合法方式自行消灭其债务。例如,以提存方式消灭债务。如果债务人通过法院指定账户履行金钱给付义务的,应以款项到账日作为相应部分债务的履行完毕之日。

被执行人将债务一次履行完毕的,加倍部分债务利息计算的截止时间容易确定;分次履行的,每次债务履行完毕之日为相应部分债务迟延履行期间的截止时间,人民法院应根据被执行人每次履行债务的数额和时间，并结合不同债务的清偿顺序及本次清偿的应计息债务额，确定该次履行部分的债务应当计付多少加倍部分债务利息。例如，法院判决书责令债务人于判决生效后十日内向债权人支付100万元。该判决书于××年5月20日生效，债务人的履行期间于5月30日届满，从5月31日计算加倍部分债务利息。因债务人不履行判决书确定的给付义务，债权人向有管辖权的人民法院申请强制执行。案件进入执行程序后，被执行人于同年7月31日向申请执行人支付30万元（为表述方便，不考虑诉讼费用等其他案件相关费用问题），该30万元债务的加倍部分债务利息计算期间为62天（从5月31日至7月31日，5月31日和7月31日当日均计算在内），利息数额＝300 000元×1.75‰×62＝3255元。此后，被执行人又于同年9月30日向申请执行人履行50万元。由于50万元尚不足以清偿本案剩余债务，根据本解释第4条规定，执行款不足以清偿全部债务的，应当先清偿生效法律文书确定的金钱债务，再清偿加倍部分债务利息，但当事人对清偿顺序另有约定的除外。该案双方当事人未对债务清偿顺序达成一致，被执行人履行的50万元应当先清偿判决书确定的金钱给付义务，故第二次履行的50万元，加倍部分债务利息计算期间为123天（从5月31日至9月30日，5月31日和9月30日当日均计算在内），利息数额＝500 000元×1.75‰×123＝10 762.5元。同年10月25日，被执行人向申请执行人支付20万元，将判决书确定的100万元金钱给付义务全部履行完毕。第三次履行的20万元，加倍部分债务利息计算期间为148天（从5月31日至10月25日，5月31日和10月25日均计算在内），利息数额＝200 000元×1.75‰×148＝5180元。至此，被执行人虽然已经将判决书确定的义务履行完毕，但仍应当承担上述迟延履行期间的加倍部分债务利息，利息数额＝3255＋10 762.5＋5180＝19 197.5元。被执行人不履行的，人民法院强制执行。

二、人民法院强制执行时加倍部分债务利息计算的截止时间

被执行人不履行生效法律文书确定的金钱给付义务，人民法院通过

强制执行被执行人财产实现申请执行人金钱债权的,迟延履行期间加倍部分债务利息计算的截止时间根据被执行人财产性质的差异,适用不同的日期。本条解释第 2 款根据执行财产的不同属性,将加倍部分债务利息计算的截止时间分为三种情况分别规定:(1)执行财产为各种形式的金钱;(2)被执行人财产为动产、不动产、其他财产权利,人民法院需通过拍卖、变卖、以物抵债措施进行变价;(3)被执行人财产需通过拍卖、变卖、以物抵债以外的其他方式变价。关于被执行人迟延履行期间的截止日期如何确定的问题,在本解释制定过程中,存在多种不同观点。

(一)关于迟延履行期间截止日期的争论

人民法院强制执行时迟延履行期间截止日期如何确定,概括起来主要有以下几种观点:

第一种观点主张,以法院查封、扣押、冻结被执行人财产之日为截止日。主要理由为:被执行人此时已失去了对被查封、扣押财产的控制,即使不想履行义务都因法院的强制执行而失去了可能,因此被执行人的义务只是配合法院的执行,如果再以拒不履行行为为由给予其承担迟延履行期间债务利息的制裁显然是不合理的。[①] 法院查封、扣押、冻结了被执行人的财产,申请人的权利已经获得了保障,财产保全后至变价完成的期间,是法院处理财产所必需的合理时间,不应再归责于被执行人,所以应当以法院对被执行人财产进行保全的时间为截止日。

第二种观点主张,以申请执行人领取执行款的日期为截止日。主要理由为:金钱给付义务应以被执行人向申请执行人实际交付金钱的当日,为迟延履行期间债务利息计算的截止日。以申请执行人收到款项之日截止,最为合理。

第三种观点主张,以执行款到达法院指定账户的日期为截止日。主要理由为:执行法院在已足额扣划被执行人存款或收取拍卖变价款后,

[①] 李明君:《扣押财产案件中迟延履行期间债务利息的计算》,载《人民法院报》2009 年 7 月 10 日。

被执行人在主观与客观上均不能控制案款的支付进程,其迟延履行状态已不再继续。若将止期向前确定则不利于申请人,而若将止期向后确定则不利于被执行人,因此应以法院实际足额控制案款或拍卖价款之日作为计算迟延履行期间的止期。① 无论是以扣划存款方式、当事人自动履行或和解方式,或者是拍卖变卖方式结案等,均以执行款到达法院执行账户日为截止日,既可排除非因被执行人的原因而产生的利息损失,也能充分保障申请执行人的利息收益。②

第四种观点主张,迟延履行期间的截止日应以被执行人的财产足以偿还申请执行人全部金钱义务之日。这个期日需要根据执行的具体情况而由执行人员自由裁量,法律不能设定。为避免争议,执行人员在执行的过程中,可以主持双方当事人就这一日期分别陈述意见,经合议庭合议后再以执行裁定的形式确定。③

第五种观点主张,应分不同情形,分别自被执行人履行付款义务或人民法院扣划被执行人的银行存款之到账日、人民法院拍卖、变卖过户裁定或以物抵债裁定生效之日开始停止计算。④

(二) 关于迟延履行期间截止日期各种观点的评述

1. 对第一种观点的评价

关于上述第一种观点,在本解释制定过程中,持此观点的人不在少数。这种观点存在以下缺陷:

第一,以法院查封、扣押、冻结被执行人财产之日作为加倍部分债务利息计算的截止日,与《民事诉讼法》第 253 条的规定相矛盾。根据该条的规定,被执行人未按生效法律文书要求履行给付金钱义务的,应

---

① 张太亮、蒋佳委:《执行迟延履行责任的司法困境及实践完善》,载《人民司法·案例》2013 年第 4 期。
② 卢君、袁列彬、肖瑶:《基数、标准、期间:迟延履行期间利息计算的三个维度》,载《人民司法·案例》2013 年第 2 期。
③ 许前川:《论迟延履行期间的债务利息(下)》,载《经理日报》2011 年 7 月 7 日。
④ 刘卓江:《执行程序中迟延履行期间利息计算的要点》,载《人民司法·案例》2013 年第 2 期。

当加倍支付迟延履行期间的债务利息。该条规定的落脚点是债务是否实际履行，关注的是被执行人未履行生效法律文书确定义务的事实，债务未履行的，被执行人就应当加倍支付迟延履行期间的债务利息。法院仅查封、扣押、冻结了被执行人财产的，被执行人的债务仍然处于未实际履行的状态，根据上述规定，被执行人应当承担迟延履行责任。因此，以法院保全被执行人财产之日作为截止日，不符合《民事诉讼法》第253条的规定。

第二，法院保全被执行人财产后，并不能免除被执行人履行债务的法律义务，对于债务不履行的状态，被执行人仍然应当承担责任。虽然被执行人的相关财产被法院保全，但财产保全并不代表被执行人就此失去主动履行债务的能力，更不表示被执行人的履行义务及对债务不履行应当承担的责任得以免除。很多执行案件中，除被法院保全的财产外，被执行人还有其他财产，仍可用于清偿债务，但其仍然拒绝履行。更有甚者，有的被执行人通过各种途径转移财产、在其可以处分的财产上设定权利负担等，规避、对抗法院的执行。认为保全被执行人财产后，被执行人无法继续履行债务的观点，有一定的片面性。实践中，部分案件在法院查封、扣押、冻结被执行人财产后，被执行人迫于强制执行的压力，主动用其他财产履行债务。而且，法院后续进行的评估、拍卖程序，皆因被执行人不履行义务而启动，如果被执行人履行了债务，则后续强制变现措施将不会实施，申请执行人的权利也将尽快实现，因此被执行人对债务不履行仍然负有责任，评估、拍卖程序中产生的费用由被执行人承担。

第三，在存在诉讼财产保全和诉前财产保全的案件中，根据第一种观点确定的迟延履行期间截止日期，与执行依据确定的履行期间相矛盾。诉讼财产保全和诉前财产保全，法院在执行依据生效前即对债务人财产实施查封、扣押、冻结措施，根据第一种观点的结论，此时就应停止计算迟延履行期间的债务利息。而事实是保全财产时执行依据尚未作出，债务人是否需要履行债务未经生效法律文书确定，何谈履行债务？债务尚且未确定，又何谈履行期间和迟延履行的问题？也就是说，在债务尚未确定的情况下，迟延履行期间就已经截止。在诉前财产保全中，法院保全相关财产时，诉讼尚未开始，要求债务人履行债务更无从谈起，在诉讼还未启动的情况下，迟延履行期间却已经截止。这种自相矛盾的结果，已经说明第一种观点的缺陷。因为法院保全被执行人财产的时间并不是都在执行依据生效之后，或执行依据确定的履行期间届满后，很多情况下是在执行依据生效前。根据第一种观点的结论，在已经实施诉讼财产保全和诉前财产保全的案件中，理论上不存在迟延履行的问题，但实际上，大量有诉讼财产保全和诉前财产保全的案件，债权人在执行依据生效后都不能即时实现债权，如果以财产保全之日作为迟延履行期间的截止日，那么执行依据确定的履行期间又有何意义？这是第一种观点无法克服的问题，也是本条解释没有采纳第一种观点的理由之一。

第四，以法院保全被执行人财产之日为截止日，与被执行人主动履行情况下计算加倍部分债务利息的截止日相冲突，且容易助长债务人拖延履行的行为。法院保全被执行人财产后，财产并未完成变现，被执行人还存在主动履行债务的可能，如果被执行人主动履行债务的，相应部分债务的加倍部分债务利息应计算至该部分债务履行完毕之日，这就产生了与法院保全被执行人财产之日为截止日相冲突的问题。此时，被执行人主动履行债务需要支付的加倍部分债务利息，反而多于不主动履行时应当承担的加倍部分债务利息，明显不合理。另外，以法院保全财产之日为截止日，将意味着被执行人在法院保全其财产后，即使不履行债务，也无需再承担加倍部分债务利息，不利于从制度上起到督促被执行人积极履行债务的作用，反而为被执行人拖延履行债务提供了制度上的便利，在一定程度上增加了法院对被执行人财产采取拍卖、变卖措施的压力。

第五，以法院保全被执行人财产之日为截止日，减损了《民事诉讼法》迟延履行期间债务利息制度对被执行人的惩罚性和促使其履行债务的威慑力。如上文所述,按照第一种观点的主张,法院保全财产后,被执行人即使不履行债务也不再承担加倍部分债务利息,该项制度对被执行人的制裁效果将大打折扣,难以充分发挥督促被执行人主动履行债务的作用,《民事诉讼法》规定这一制度的目的也难以完全实现。

综上,以法院查封、扣押、冻结被执行人财产之日停止计算加倍部分债务利息的观点存在诸多问题。问题的根源在于,这一观点脱离了《民事诉讼法》第253条确立的以债务的实际履行作为标准计算迟延履行期间债务利息的基本规则,司法解释也未予采纳。

2. 对第二种观点的评价

关于上述第二种观点,司法实践中也有很多人主张。从理想状态来讲,被执行人履行金钱给付义务,申请执行人直接领受款项,自申请执行人得到款项之日停止计算加倍部分债务利息,是比较顺利的债务履行过程,被执行人既履行了债务,申请执行人也实现了债权。但实践中,债务的履行和债权的实现出现分离的情形也在所难免。例如,申请执行人迟延受领或拒绝受领,其中的原因多种多样,但对被执行人的影响是不容忽视的。特别是,申请执行人无正当理由拒绝受领的,如果再让被执行人承担迟延履行责任,对被执行人有失公平。再如,多个债权人申请参与分配的案件,人民法院收到执行款后,应先行制定分配方案,这也需要一个过程。正如有的法官认为,债务的履行和债权的实现是两个不同的概念,履行债务并不完全等同于实现债权。人民法院在处理完毕执行物后仍然存在分配执行款的问题,特别是针对多个债权人请求参与分配的情形。强制执行从本质上讲,是以国家的强制力剥夺被执行人对其财产的所有权并以其名义清偿申请执行人债权的行为,即无论被执行人是否主动履行或是被执行,只要生效法律文书的内容得以有效履行,就应停止计息。相应迟延履行期间的利息应计算至履行之日止而不是计算到申请执行人完全实现其债权之日止。另外,从防止申请执行人怠于行使权利而人为扩大迟延履行利息的角度出发,也不宜将该利息计算至申请执行人收到执行款或执行物之日止。① 考虑到以上理由,司法解释也未采纳以申请执行人收到款项之日作为迟延履行期间截止日的观点。

3. 对第三种观点的评价

关于上述第三种观点,以执行款到达法院指定账户的日期为截止日,具有一定合理性。特别是法院直接划拨被执行人的存款等金钱财产的,以执行款到达法院账户之日作为计算加倍部分债务利息的截止日是最为恰当的。但在被执行人财产为动产、不动产、其他财产权利等需对相关财产进行拍卖、变卖等变价处理的案件中,是否也应以拍卖款、变卖款等执行款到账之日作为截止日,则存在很大争议。因为这部分执行案件对被执行人财产的变价程序还需要法院作出拍卖、变卖成交裁定。符合法律、司法解释规定的以物抵债条件的,执行法院可以裁定以被执行人财产作价交申请执行人抵偿债务。这些情形与法院直接划拨被执行人金钱财产的情形有所不同,是否也应以款项到账日为截止日,还需综合考虑其他因素。这一问题,将在下文详述,此处不赘述。

4. 对第四种观点的评价

上述第四种观点认为,迟延履行期间的截止日需要根据执行的具体情况由执行人员自由裁量,法律不能设定。这一论点与制定本解释的目的背道而驰。出台本解释的目的就是对迟延履行期间的债务利息问题明确相关规则,确立实施规范,统一法律适用,约束执行法官的自由裁量权。而且,该观点所述的"被执行人的财产足以偿还申请执行人全部金钱义务之日",本身不具有可操作性和确定性,何为被执行人的财产足以偿还全部债务,又可以做出多种不同理解。该观点在理论和实务中的追随者不多。

经过反复调研论证,本解释最终采纳了上述第五种观点的基本立场,

---

① 刘卓江:《执行程序中迟延履行期间利息计算的要点》,载《人民司法·案例》2013年第2期。

并根据各类执行案件具体情况,对加倍部分债务利息的计算确定了不同的截止时间:执行财产为金钱形式的,计算至划拨、提取之日;对被执行人财产拍卖、变卖或以物抵债的,计算至成交裁定或抵债裁定生效之日。同时为防止遗漏实践中的其他情形,规定了对被执行人财产通过其他方式变价的,计算至财产变价完成之日。

(三) 本款解释的理解与适用

本款解释主要包括以下内容:

1. 法院直接对被执行人的金钱财产进行划拨、提取的,相应部分的加倍部分债务利息计算至划拨、提取之日。金钱财产主要包括被执行人的存款、收入、股息、红利等能够表现为金钱形式,法院可以直接划拨、提取的财产。相应部分的加倍部分债务利息,是指法院已经执行到的金钱财产能够清偿的那部分计息债务所应当计算的加倍部分债务利息,这部分应计息债务的加倍部分债务利息计算至划拨、提取之日,而尚未执行的剩余债务,还应继续计算加倍部分债务利息,直到全部执行完毕为止。划拨、提取之日,是指法院将金钱财产划拨或提取到指定账户之日。执行款到账后,法院就可以对款项直接进行实际分配,执行款到账即视为生效法律文书的内容得以有效履行,相应部分应计息债务的加倍部分债务利息停止计算。至此,法院对已划拨、提取的被执行人财产能够采取的执行措施已经进行完毕,就该部分财产而言,无需再采取强制执行措施,不宜再令被执行人对该部分债务继续承担迟延履行责任。同时,即使申请执行人拒绝受领或迟延受领执行款,也不会影响被执行人加倍部分债务利息的计算。执行标的为金钱财产的案件,以款项到账日为加倍部分债务利息计算的截止日,在申请执行人和被执行人之间实现了责任的公正分配,兼顾了双方当事人利益。

需要说明的是,划拨、提取之日并不完全等同于划拨、提取裁定生效之日。实践中,法院划拨、提取裁定送达后,执行款无法到账的情况时有发生,不能以划拨、提取裁定生效之日作为计算加倍部分债务利息的截止日期。本款解释也未采用划拨、提取裁定生效之日的表述，而是直接表述为划拨、提取之日，应以执行款划拨、提取至法院指定账户之日作为截止日。例如，法院划拨被执行人存款的裁定生效后，协助执行义务人不履行协助扣划义务并提出各种理由，在这种情况下，划拨裁定生效之日与实际扣划款项之日出现分离，划拨裁定虽然生效，但法院并未实际扣划到执行款，不能认为法院划拨行为已经完成，不负责后续事项的处理，法院仍然应采取执行措施，促使协助执行人履行协助扣划义务。特别是在法院冻结被执行人存款后裁定划拨的，协助执行义务人擅自将存款支付他人，人民法院还应根据《执行规定》第33条的规定责令协助执行义务人限期追回，在限期内未能追回的，应当裁定协助执行义务人在转移的款项范围内以自己的财产向申请执行人承担责任。这种情况下，划拨裁定生效之日与执行款到账之日可能相距更远。如果以划拨裁定生效之日为止停止计算加倍部分债务利息，在此期间的加倍部分债务利息损失实际上由申请执行人承担，而此时法院并不具备向申请执行人支付执行款的客观条件，停止计算加倍部分债务利息，损害申请执行人利益。再如，两地人民法院在执行同一笔款项中发生执行争议，均作出划拨裁定，要求协助执行义务人向其扣划该款项，协助执行义务人因两地法院出现执行争议，未向任何一家法院扣划该款项，而是坚持要求两地法院报共同上级法院协调处理。经共同上级法院协调，支持了其中一家法院的划拨行为，那么另一家法院的划拨行为落空，其不能再对该款项实施划拨。如果以划拨裁定生效之日停止计算加倍部分债务利息，那么不能实际划拨款项法院的申请执行人既无法就该存款实现债权，又损失了加倍部分债务利息，对该申请执行人显失公正。综上所述，法院划拨、提取被执行人金钱财产的，以执行款到账日作为相应部分债务的迟延履行期间截止日，是最为妥当的选择。

严格地讲，被执行人的收入、股息、红利属于被执行人对相关单位或企业的债权，应按照对待到期债权的执行程序处理。在法院具体执行过程中，相关单位或企业也会提出收入不存在、企业尚不具备分红条件等理由。但《执行规定》对这些财产权益的执行作了明确规定，没有按照执行到期债权的程序赋予第三人异议权，而是直接由执行法院予以裁定扣留、冻结和提取，进行了类似于执行金钱财产的处理。从本质上讲，这些权益与存款等金钱财产并不完全相同，但在以这些财产权益为执行标的的案件中，如果财产形式表现为金钱的，被执行人相应部分债务的加倍部分债务利息应计算至法院提取之日；财产形式表现为实物的，应进行变价处理，适用拍卖、变卖、以物抵债等情形下迟延履行期间的截止时间。具体分述如下：

（1）划拨存款，是指人民法院将被执行人的存款强制转移给有关权利人，或划到人民法院执行款专户的执行措施。划拨存款可以在冻结的基础上进行，也可以不经过冻结直接划拨。人民法院划拨被执行人的存款，应当作出裁定，并向有关银行、信用合作社和其他有储蓄业务的单位发出协助执行通知书。人民法院无法将存款直接划拨给权利人的，可以划入人民法院执行款专户，日后转交有关权利人。

（2）提取收入，是指人民法院依法从有关单位支取被执行人应当履行义务部分的收入，以便交付给申请执行人的执行措施。收入主要是指金钱收入，也不排除实物收入，主要表现为工资、奖金、劳务报酬、稿费、咨询费、利息、投资收益等。房屋租金也可以认为是收入的一种表现形式。收入是一个外延相对宽泛的概念。从广义上讲，股息、红利也属于收入，但《执行规定》将执行收入和执行股息、红利分别设置了相应的条款，因此在具体操作中，应适用各自不同的规定。根据《民事诉讼法》第243条的规定，被执行人未按执行通知履行法律文书确定的义务，人民法院有权扣留、提取被执行人应当履行义务部分的收入。但应当保留被执行人及其所扶养家属的生活必需费用。人民法院扣留、提取收入时，应当作出裁定，并发出协助执行通知书，被执行人所在单位、银行、信用合作社和其他有储蓄业务的单位必须办理。根据《执行规定》第 36 条，被执行人在有关单位的收入尚未支取的，人民法院应当作出裁定，向该单位发出协助执行通知书，由其协助扣留或提取。扣留是指人民法院通知有关单位，禁止被执行人领取其收入的执行措施。扣留属于控制性措施，其目的在于：一方面可以促使被执行人主动履行义务；另一方面为提取收入做好准备。提取属于处分性执行措施，既可以在扣留的基础上进行也可以直接实施，由执行法院根据具体案情确定。如果执行法院扣留了被执行人的收入后，被执行人履行义务的，应当及时解除扣留；拒不履行的，可以裁定提取。

扣留、提取收入的执行措施，从理论上说，也属于对到期债权执行的范畴。但鉴于《民事诉讼法》单独规定了这一方法，而且按照这一思路执行比按照到期债权的思路执行，更有利于执行的进行，因此实践中没有必要再按照到期债权的方法执行。[①] 收入既可以表现为金钱，也可以表现为实物，例如，电脑生产企业以发放其生产的电脑作为对表现优异员工的奖励。在收入表现为金钱的情况下，应适用提取之日作为计算加倍部分债务利息的截止日，本款解释主要立足于收入通常情况下表现为金钱的形式，对加倍部分债务利息计算的截止日作出规定。在收入表现为实物的情况下，还需要执行法院对其进行变价处理，此时应适用拍卖、变卖或以物抵债情形下迟延履行期间截止日的规定。

（3）提取股息、红利，是指人民法院对被执行人从有关企业中应得的已到期股息或红利等收益，直接裁定从有关企业提取，或要求有关企业直接向申请执行人支付的执行措施。实践中执行收益存在很大的困难。严格来说，被执行人在其他公司企业中应得的收益也属于一种债权，应按照对到期债权的执行程序来执行。但考虑到投资收益权与一般债权有所不同，《执行规定》基本沿用类似于执行收入的做法，没有设定第三人提出异议的程序。但如果经查实，被执行人在有关企业中确实没有收

[①] 黄金龙：《关于人民法院执行工作若干问题的规定实用解析》，中国法制出版社 2000 年版，第 101 页。

益的，就不能执行。① 根据《执行规定》第 51 条的规定，对被执行人从有关企业中应得的已到期的股息或红利等收益，人民法院有权裁定禁止被执行人提取和有关企业向被执行人支付，并要求有关企业直接向申请执行人支付。对被执行人预期从有关企业中应得的股息或红利等收益，人民法院可以采取冻结措施，禁止到期后被执行人提取和有关企业向被执行人支付。到期后人民法院可从有关企业中提取，并出具提取收据。如果有关单位在收到法院冻结、提取被执行人股息或红利的裁定书和协助执行通知书后，擅自向被执行人支付的，人民法院可以根据《执行规定》第 56 条的规定，责令该单位限期追回款项，逾期未追回的，应裁定其在支付的数额内向申请执行人承担责任。

股息、红利亦合称为股利。根据其表现形式，可以分为现金股利、股份股利和其他财产股利。现金股利亦称"派现"，是以货币形式分配给股东的股利。股份股利亦称"送股"，是以增发本公司股份的方式来代替现金向股东分配股利，通常是按股份的比例分配给股东，公司章程或全体股东另有约定的除外。股东得到的股份股利，实际上是向公司增加投资。财产股利是以实物或有价证券等其他财产形式向股东分配的股利。公司向股东支付股利的方式一般有两种，即现金支付和股份分派（也称为分配红股），由股东会或者股东大会决定具体采取哪种方式。现金支付和分配红股可以同时使用。分配股利必须以公司利润的存在为前提。股利分配的资金来源不能求诸公司资本，而只能求诸公司的利润。此即无利润即无红利原则。在公司出现亏损的情况下，不存在利润的分配问题。

《公司法》第 166 条规定：公司分配当年税后利润时，应当提取利润的 10% 列入公司法定公积金。公司法定公积金累计额为公司注册资本的 50% 以上的，可以不再提取。公司的法定公积金不足以弥补以前年度

---

① 参见黄金龙：《关于人民法院执行工作若干问题的规定实用解析》，中国法制出版社 2000 年版，第 157 页。

亏损的，在依照前款规定提取法定公积金之前，应当先用当年利润弥补亏损。公司从税后利润中提取法定公积金后，经股东会或者股东大会决议，还可以从税后利润中提取任意公积金。公司弥补亏损和提取公积金后所余税后利润，有限责任公司依照《公司法》第34条的规定分配；股份有限公司按照股东持有的股份比例分配，但股份有限公司章程规定不按持股比例分配的除外。股东会、股东大会或者董事会违反前款规定，在公司弥补亏损和提取法定公积金之前向股东分配利润的，股东必须将违反规定分配的利润退还公司。公司持有的本公司股份不得分配利润。据此，股利分配的资金来源为公司当年税后利润弥补亏损、提取法定公积金与任意公积金后的余额。只有在符合法定的股利分配要件时，方能分配股利，否则，没有利润却仍然分配股利的，构成违法行为，应将分得的利润退还。

现金股利是以货币形式支付的股息和红利，是最普通、最基本的形式。本款规定的加倍部分债务利息计算至划拨、提取之日，主要是指对现金支付的股息、红利进行提取，如果被执行人的股息、红利以股权、实物等非现金形式分配的，人民法院应对被执行人分得的股权、实物等进行拍卖、变卖等变价措施，加倍部分债务利息应计算至成交裁定或抵债裁定生效之日，而非提取之日。

（4）除存款、收入、股息、红利以外，被执行人的金钱财产还有其他表现形式，在执行其他金钱财产的案件中，相应应计息部分债务的加倍部分债务利息应计算至人民法院划拨、提取被执行人金钱财产之日。例如，人民法院根据《最高人民法院、最高人民检察院、公安部、中国证券监督管理委员会关于查询、冻结、扣划证券和证券交易结算资金有关问题的通知》要求，在执行案件中扣划被执行人证券交易结算资金的，相应部分的加倍部分债务利息计算至扣划之日。

2. 法院对被执行人财产进行拍卖、变卖或以物抵债的，相应部分的加倍部分债务利息计算至成交裁定或抵债裁定生效之日。相应部分的加倍部分债务利息，是指法院经拍卖、变卖已经执行到的拍卖款、变卖款能够清偿的那部分应计息债务，或者通过以物抵债抵偿的计息债务所应当计算的加倍部分债务利息，尚未执行完毕的剩余债务，还应继续计算加倍部分债务利息，直到全部执行完毕为止。成交裁定或抵债裁定生效之日，是指法院拍卖、变卖成交裁定或以物抵债裁定送达买受人或承受人之日。

被执行人财产为动产、不动产或其他财产权利的，人民法院需要对这些财产进行变价处理。在进行变价的过程中产生一个问题：迟延履行期间如何确定？是以变价款汇至法院指定账户之日，还是拍卖、变卖成交裁定或以物抵债成交裁定生效之日？在《解释》制定过程中，两种观点产生了激烈争论。本款最终从有利于债权人的角度出发，将迟延履行期间的截止日期界定为人民法院处理涉案财产的变现之日，即拍卖、变卖成交裁定或以物抵债裁定生效之日。

以物抵债由于直接以财产价值抵偿了债务，申请执行人债权的实现省略了交付金钱的环节，以抵债裁定生效之日作为计算加倍部分债务利息的截止日争议不大。争议的焦点在于拍卖、变卖程序中，需要买受人支付价款，这就产生了变价款到账之日与成交裁定生效之日如何选择的问题。根据《拍卖变卖规定》第23~25条的规定，拍卖成交后，买受人应当在拍卖公告确定的期限或者人民法院指定的期限内将价款交付到人民法院或者汇入人民法院指定的账户；拍卖成交或者以流拍的财产抵债后，买受人逾期未支付价款或者承受人未补交差价而使拍卖、抵债的目的难以实现的，人民法院可以裁定重新拍卖；拍卖成交或者以流拍的财产抵债的，人民法院应当作出裁定，并于价款或者需要补交的差价全额交付后10日内，送达买受人或者承受人。据此，拍卖成交裁定和以物抵债裁定是在拍卖款和补交的差价款到账后10日内送达相关权利人，裁定生效日在变价款到账日之后。同样，执行法院依法变卖被执行人财产的，也应在变卖款到账后，才能送达变卖成交裁定。本款解释规定以拍卖、变卖成交裁定生效之日为截止日，除了从有利于债权人立场出发以外，还考虑到拍卖、变卖成交裁定生效才表示财产变价过程结束，为了防止在拍卖、变卖成交裁定生效前，变价过程出现问题，导致变价行为被撤销，变价款需要返还买受人等情况出现，采用拍卖、变卖成交裁定生效之日为截止日，不失为一种更为稳妥的做法。

另外，还有两个问题需要说明：

（1）法院未作变卖成交裁定的，如何确定迟延履行期间的截止日。变卖程序中，法院不一定都会作出变卖成交裁定。《拍卖变卖规定》及相关司法解释中没有明确提到"变卖成交裁定"。根据《民事诉讼法》第247条的规定，不适于拍卖或者当事人双方同意进行拍卖的，人民法院可以委托有关单位变卖或者自行变卖；国家禁止自由买卖的物品，交有关单位按照国家规定的价格收购。根据《民事诉讼法意见》第281条规定，人民法院在执行中需要变卖被执行人财产的，可以交有关单位变卖，也可以由人民法院直接变卖。根据《执行规定》第46条第2款、第48条的规定，财产无法委托拍卖、不适于拍卖或者当事人双方同意不需要拍卖的，人民法院可以交由有关单位变卖或自行组织变卖；被执行人申请对人民法院查封的财产自行变卖的，人民法院可以准许，但应当监督其按照合理价格在指定的期限内进行，并控制变卖的价款。据此，执行程序中变卖被执行人财产主要有三种方式：一是执行法院交有关单位变卖；二是执行法院自行变卖；三是准许被执行人自行变卖。执行法院可以根据案件具体情况选择变卖方式。就执行法院委托变卖、执行法院自行变卖以及三次流拍后公告变卖而言，执行法院不仅能够有效地监督变卖程序，而且相关的规定和程序也较为完善，一般不会出现损害执行当事人、第三人合法权益的情形，变卖成交的除即时交易、财产价值较小不需要制作裁定书予以确认以外，执行法院应当制作变卖成交裁定书对变卖的成交予以确认，对于不需要制作变卖裁定书的也应当在执行笔录中予以记明并由相关人员签章确认。而就被执行人自行变卖而言，其实质上就是由被执行人将查封、扣押财产自行转换成一定数额的金钱用以履行义务，由于这种变卖的实施是由被执行人自行完成的，不排除会出现损害申请执行人或者第三人合法权益的情形，因此执行法院不应对之制作变卖成交裁定书予以确认，而且有些变卖是在执行法院未到场的情况下即时完成的，也无制作变卖成交裁定书的必要。[①] 法院不需要制作变卖成交裁定的案件，参照本款规定，相应部分应计息债务的加倍部分债务利息计算至变卖行为完成之日。以此标准计算加倍部分债务利息，在法院准许被执行人自行变卖财产的案件中，有利于促使被执行人与买受人在变卖成交后，即时钱物两清。

（2）以物抵债的相关问题。本款中的以物抵债，既包括根据《拍卖变卖规定》在流拍或财产变卖不成的情况下，经申请执行人或者其他执行债权人申请或同意，法院裁定将被执行人财产交申请执行人或其他执行债权人抵债，也包括根据《民事诉讼法意见》第301条规定的经双方当事人同意，不经拍卖、变卖，直接将被执行人财产作价交申请执行人抵债的情形。虽然对于在适用《民事诉讼法意见》第301条经双方当事人同意直接进行以物抵债的案件中，法院是否应当作出以物抵债裁定，实践中存在广泛争议，各地做法也不尽相同。但只要法院依法作出以物抵债裁定，且不损害其他权利人利益，以物抵债行为本身不存在合法性瑕疵的，应当根据本款规定，以抵债裁定生效之日作为相应部分应计息债务迟延履行期间的截止日。在执行标的为国有出让土地使用权及其地上房屋的情况下，根据《最高人民法院、国土资源部、建设部关于依法规范人民法院执行和国土资源房地产管理部门协助执行若干问题的通知》第26条的规定，经申请执行人和被执行人协商同意，可以不经拍卖、变卖，直接裁定将被执行人以出让方式取得的国有土地使用权及其地上房屋经评估作价后交由申请执行人抵偿债务，但应当依法向国土资

[①] 江必新主编：《新民事诉讼法理解适用与实务指南》，法律出版社2012年版，第951页。

源和房地产管理部门办理土地、房屋权属变更、转移登记手续。在法院没有作出以物抵债裁定，而是由当事人自行完成以物抵债行为的案件中，可以参照本款规定，相应部分应计息债务的加倍部分债务利息计算至以物抵债行为完成之日。

3. 人民法院对被执行人财产通过拍卖、变卖、以物抵债之外的其他方式变价的，相应部分的加倍部分债务利息计算至变价完成之日。相应部分的加倍部分债务利息，是指法院已经变价完成的执行款能够清偿的那部分应计息债务所应当计算的加倍部分债务利息，尚未执行完毕的剩余债务，还应继续计算加倍部分债务利息，直到全部执行完毕为止。变价完成之日，是指根据财产变价的具体方式，能够认为变价已经实现之日。其他变价方式，是司法解释为执行实践中存在的其他实现财产金钱价值的方法所作的兜底性规定，为执行法院积极探索各种财产变价方法预留了制度空间。例如，执行实践中，法院对不动产进行强制管理提取收益的方式。虽然强制管理目前尚未成为《民事诉讼法》规定的执行措施，《民事诉讼法意见》第302条对强制管理的规定也极为笼统和片面。但执行实践中，已经有很多法院尝试采用强制管理的方式实现债权，也取得了一定的积极效果。通过对被执行人财产在一定期限内实施强制管理所取得的金钱收益，可以认为是对该部分债务已经完成变价，相应部分的加倍部分债务利息计算至法院对该款项提取之日。

三、不计算加倍部分债务利息的期间

本条解释的第3款针对实践中争议较多的问题，明确了非因被执行人的申请，人民法院对执行依据进行审查而中止执行或暂缓执行的期间，以及非因被执行人的申请启动再审程序中止原生效法律文书执行的期间，不计算加倍部分债务利息。本款主要针对中止执行、暂缓执行，以及再审程序的启动等执行实践重点关注和讨论的因素，对迟延履行期间的扣除做出回应。现对该款规定做以下说明：

（一）关于不计算加倍部分债务利息期间的几种观点

对于执行过程中出现特定情况，可能对被执行人履行义务造成妨碍的，作为例外情形，也应允许在某些特定期间内不计算加倍部分债务利息，切实维护被执行人的合法权益。关于执行过程中哪些期间不应计算加倍部分债务利息，实践中争议很大，概括起来主要有以下几种观点：

有观点认为，执行中止期间不应当计算迟延履行期间的债务利息。在中止执行的情况下，被执行人不履行法律文书确定的相关义务属于"事出有因"，而并非主观上故意迟延履行。被执行人虽然未履行法律文书确定的义务，但基于法律规定的例外原因，不能认为被执行人迟延履行，责令其承担迟延履行期间的债务利息也就勉为其难了。[①] 还有观点认为，对暂缓执行或中止执行的原因应区别对待：因被执行人的原因而暂缓执行或中止执行的，暂缓执行或中止执行期间计入迟延履行期间；非因被执行人的原因而暂缓执行或中止执行的，此期间不计入迟延履行期间。[②]

另有观点认为，司法实践中，中止执行和中止履行两个概念容易被混淆，继而对迟延履行期间的认定产生诸多争议，最典型的是审判监督阶段是否计算迟延履行利息。全面履行生效的法律文书是被执行人的法定义务，并不以其意志为转移。虽然进入审监程序后，法院应当中止对原判决的执行，但是该规定仅仅是人民法院中止判决执行的法定理由，并不是中止履行的法定理由，法律并没有赋予被执行人停止履行生效判决、裁定的权利，被执行人仍有将执行款交由负责执行的人民法院代管或者在公证部门进行提存公证等多种途径来履行债务。不管原生效的判决、裁定是否最终变更，被执行人采用必要的方式继续履行原生效判决、裁定，实践中有多种回避风险和损失的措施，如其合法权益被侵犯仍有

[①] 许前川：《论迟延履行期间的债务利息（下）》，载《经理日报》2011年7月7日。
[②] 卢君、袁列彬、肖瑶：《基数、标准、期间：迟延履行期间利息计算的三个维度》，载《人民司法·案例》2013年第2期。

救济途径，故被执行人无中止履行的合法理由。① 案件提起再审时，法院会裁定"中止原判决的执行"，"中止执行"应理解为中止法院的强制执行，并不包含"中止被执行人自觉主动履行义务"的含义。因此，被执行人按照生效法律文书确定的内容和期间自觉主动履行，仍然是生效判决确定的义务，其履行义务的责任并不被免除。一旦再审作出判决，应恢复执行程序。如果申诉理由不成立，再审判决维持的判项（或维持原生效判决），在再审判决生效后，由于被执行人未能自觉主动履行，仍然要承担"中止执行期间"的迟延履行利息，"中止执行期间"应当计入"迟延履行期间"。如果申诉理由成立，再审判决会减轻被执行人的义务或免除其义务。被减轻或免除的义务，当然自二审判决生效时就不必履行，不发生"中止执行期间"是否计入"迟延履行期间"的问题。② 相反观点认为，之所以进行再审是因为原判决可能存在错误。一旦进入再审程序后，双方的权利义务处于不确定的状态，因此进入再审程序，就会裁定中止原判决的执行。申请人不能依据原生效判决主张权利，被执行人也无法依据原判决履行义务。只有在存在法定事由时才能启动再审程序，也即执行中止的原因是出现了法定事由，并非是被执行人的主观故意所造成的，所以不应该对被执行人进行惩罚。再审期间不应计入迟延履行期间。③

纵观上述观点，影响执行程序中加倍部分债务利息计算期间的因素主要包括中止执行和暂缓执行的期间如何定位、如何看待再审程序对迟延履行期间的影响、是否因被执行人的原因等。

---

① 参见刘卓江：《执行程序中迟延履行期间利息计算的要点》，载《人民司法·案例》2013年第2期。

② 王喜军：《迟延履行期间债务利息相关问题的探讨》，载奚晓明主编：《执行工作指导》（总第46辑），人民法院出版社2013年版，第187~188页。

③ 陈卉灵：《分析与构建：迟延履行金的立法规制与应用》，载江必新主编：《执行工作指导》（总第43辑），人民法院出版社2012年版，第189页。

（二）本款解释的理解与适用

履行债务是生效法律文书确定的被执行人应当承担的义务，如果执行依据的法律效力不被推翻，被执行人就应当依法履行债务。中止执行、暂缓执行是关于法院暂时停止强制执行行为的规定，并不代表执行依据的法律效力被否定，也不等于被执行人不需要履行义务。因此，中止执行、暂缓执行与被执行人主动履行债务并无必然联系。即使法院裁定中止执行、决定暂缓执行，如果不涉及生效法律文书的效力，被执行人仍负有履行义务。中止执行、暂缓执行有多种原因，并非执行法院裁定中止执行或决定暂缓执行的所有情形都能影响被执行人迟延履行期间加倍部分债务利息的计算。若执行依据的法律效力不受任何影响，只是因为执行过程中出现法定事由或其他原因，导致执行程序暂无法继续进行的，生效法律文书确定的金钱给付义务没有受到有效挑战，被执行人仍应依法承担迟延履行责任。被执行人履行义务的依据在于生效法律文书，在执行依据的法律效力没有受到相关诉讼程序审查的情况下，中止执行、暂缓执行的期间原则上应当计入迟延履行期间，不能仅仅因为法院裁定中止执行、决定暂缓执行而免除被执行人的迟延履行责任。

任何原则都有例外，原则的例外构成新的原则。原则上中止执行、暂缓执行的期间仍应计算加倍部分债务利息，但在执行依据的法律效力受到质疑，人民法院已经启动对执行依据的审查或再审程序时，确定金钱给付义务的法律文书效力处于不确定的状态，存在被撤销或改变的可能，法院裁定中止执行或决定暂缓执行系为了避免给当事人造成更大的损失，当事人也可能基于执行依据法律效力的不确定，而对债务的履行及履行数额陷于观望。此时也例外地允许在部分情况下，中止执行或暂缓执行的期间不再计算加倍部分债务利息。但本款解释对不计算加倍部分债务利息的中止执行、暂缓执行期间做了严格限定，具体包括以下方面：

1. 非因被执行人的申请。法院启动对执行依据审查程序的事由有多种情形，既可能因被执行人申请，也可能因申请执行人申请，还可能由于双方当事人以外的原因启动对执行依据的审查程序。如果不对启动审查程序的原因进行区分，容易导致一方当事人因对方行为承担不利后果，因此有必要对引起对执行依据进行审查的原因区别对待。申请法院对执行依据进行审查是当事人的诉讼权利，不能对当事人在法律规定范围内行使诉讼权利的行为进行限制，而当事人行使此项诉讼权利的后果，可能会导致法院对执行依据裁定中止执行或者决定暂缓执行，由此将给双方当事人带来不同影响。在加倍部分债务利息的计算上，权责统一也应成为处理这一问题的基本立场。

不计算加倍部分债务利息，属于对被执行人有利、对申请执行人不利的法律后果，应当根据双方当事人对启动执行依据审查程序的作用和影响，确定中止、暂缓执行期间的加倍部分债务利息是否计算，不能让一方当事人承担对方行为造成的不利后果。如果被执行人不服生效法律文书确定内容，向法院提出再审、撤销仲裁裁决、不予执行仲裁裁决等要求推翻执行依据的申请，法院对执行依据进行审查而中止、暂缓执行或者裁定再审中止执行的，申请执行人的债权暂时难以通过强制执行程序实现，这种情形系由于被执行人原因给申请执行人带来的不利后果，不能由申请执行人承担加倍部分债务利息的损失。因此，如果法院审查或审理后，驳回被执行人申请，维持原生效法律文书的，被执行人仍应承担中止、暂缓执行期间的加倍部分债务利息，中止、暂缓执行期间计入迟延履行期间。如果法院审查或审理后，支持了被执行人的请求，则意味着执行依据存在错误，被执行人依据原生效法律文书承担加倍部分债务利息失去合法基础，应当根据法院审查或审理的结果做相应处理。

相反，如果由于被执行人申请以外的原因导致法院对执行依据进行审查而中止、暂缓执行的，以及法院非因被执行人的申请裁定再审中止执行的，被执行人可能因为审查或审理程序的启动对履行债务持观望态度，或者对执行依据被否定存有"合理"预期，抑或担心按原生效法律文书履行后遭受难以挽回的损失。对此，也不能让被执行人承担他人行为对其造成的不利结果，故本款解释作了例外规定，将非因被执行人申请引起的法院对生效法律文书审查而中止、暂缓执行的期间，以及非因被执行人申请导致的再审中止执行的期间，排除在加倍部分债务利息计算期间之外，这些期间不再计算加倍部分债务利息。

被执行人申请之外的原因存在多种事由，既可以是申请执行人的原因，也可能是第三人的原因或其他原因，难以全面一一列举。本款解释采用了排除性规定，只将被执行人的申请排除在外，其他非因被执行人申请的原因，均可成为本款解释适用的前提。需要说明的是，"对生效法律文书审查而中止或暂缓执行的期间"以及"再审中止执行的期间"，两种情形均以"非因被执行人的申请"为前提条件。

2. 对生效法律文书审查而中止或暂缓执行的期间。本款解释所称生效法律文书是指作为执行依据的法律文书。"对生效法律文书审查"，是指裁定再审之外其他对执行依据法律效力进行审查的情形。例如，按照审判监督程序对执行依据进行审查尚未裁定再审，法院依法决定暂缓执行的；再如，对当事人申请撤销仲裁裁决的审查、对仲裁裁决是否存在不予执行情形进行审查，等等。因对生效法律文书审查而中止或暂缓执行的，中止、暂缓执行期间，审查结果尚未确定，当事人关于执行依据的争议对债务履行会产生一定影响。本款解释对这种情形下加倍部分债务利息的计算期间作了除外规定：在非因被执行人申请的情况下，法院审查生效法律文书而中止、暂缓执行的期间，不计算加倍部分债务利息。也就是说，如果法院审查后仍然认可执行依据法律效力、驳回申请人请求的，因被执行人申请而对生效法律文书进行审查中止、暂缓执行的期间，仍应计算加倍部分债务利息；只有在被执行人申请之外的情况下，才能将中止、暂缓执行的期间予以扣除。如果法院审查后认为执行依据确有错误，作出裁定不予执行或裁定再审等处理的，则应根据相关规定，确定加倍部分债务利息的计算问题。

例如，法院裁定不予执行仲裁裁决的，根据《民事诉讼法》第237条第5款的规定，仲裁裁决被人民法院裁定不予执行的，当事人可以根据双方达成的书面仲裁协议重新申请仲裁，也可以向人民法院起诉。如果当事人据此起诉或重新申请仲裁的，将不再涉及原仲裁裁决确定义务的加倍部分债务利息计算问题，而应通过诉讼或新的仲裁程序重新确定当事人之间的实体权利义务关系。

根据目前法律、司法解释规定，对生效法律文书审查而中止或暂缓执行的期间主要有以下几类：

（1）根据《仲裁法》第64条的规定，一方当事人申请执行仲裁裁决，另一方当事人申请撤销裁决的，人民法院应当裁定中止执行。

（2）根据《最高人民法院关于审理劳动争议案件适用法律若干问题的解释（三）》第18条的规定，劳动人事争议仲裁委员会作出终局裁决，劳动者向人民法院申请执行，用人单位向劳动人事争议仲裁委员会所在地的中级人民法院申请撤销的，人民法院应当裁定中止执行。

（3）根据《执行规定》第102条第（4）~（5）项的规定，一方当事人申请执行仲裁裁决，另一方当事人申请撤销仲裁裁决的，人民法院应当裁定中止执行；仲裁裁决的被申请执行人依据《民事诉讼法》第237条第2款的规定向人民法院提出不予执行请求，并提供适当担保的，人民法院应当裁定中止执行。

（4）根据《最高人民法院关于正确适用暂缓执行措施若干问题的规定》第7~8条的规定，人民法院发现据以执行的生效法律文书确有错误，并正在按照审判监督程序进行审查的，可以依职权决定暂缓执行；审判机构应当向本院执行机构发出暂缓执行建议书，执行机构收到建议书后，应当办理暂缓相关执行措施的手续。

目前法律、司法解释规定的法院对生效法律文书审查而中止或暂缓执行的情形，主要是因被执行人申请引起，多数情况下，法院对生效法律文书审查而中止或暂缓执行的期间，都会计算加倍部分债务利息。但也不能据此排除非因被执行人申请引起的法院对执行依据审查而中止或暂缓执行的情形。《民事诉讼法》第 56 条规定了第三人撤销之诉制度，第三人因不能归责于本人的事由未参加诉讼，但有证据证明发生法律效力的判决、裁定、调解书的部分或者全部内容错误，损害其民事权益的，可以自知道或者应当知道其民事权益受到损害之日起 6 个月内，向作出该判决、裁定、调解书的人民法院提起诉讼。关于人民法院受理第三人撤销之诉后，是否应当裁定中止原生效法律文书的执行，存在"中止执行为原则、不中止执行为例外"，以及"不中止执行为原则、中止执行为例外"两种方案的争议。不论将来《民事诉讼法》司法解释采哪种做法，都会涉及第三人撤销之诉审理过程中法院中止执行的问题。而第三人撤销之诉的提起，则属于典型的非因被执行人申请的情形。本款解释既顾及到当前法律、司法解释的规定，同时又具有一定的前瞻性。

3. 再审中止执行的期间。本款解释所称再审中止执行的期间，是指非因被执行人的申请，法院按照审判监督程序裁定再审并中止原生效法律文书执行的期间。《民事诉讼法》第 206 条规定：按照审判监督程序决定再审的案件，裁定中止原判决、裁定、调解书的执行，但追索赡养费、扶养费、抚育费、抚恤金、医疗费用、劳动报酬等案件，可以不中止执行。《执行规定》第 103 条规定：按照审判监督程序提审或再审的案件，执行机构根据上级法院或本院作出的中止执行裁定书中止执行。再审中止执行的期间法律规定比较明确。受理再审申请的法院决定启动再审程序，说明该法院经再审审查认为原生效法律文书可能存在错误，当事人将在再审程序中对案件实体法律关系争议继续展开诉讼对抗，原执行依据的法律效力陷入不确定状态。因此，本款解释将非因被执行人申请引起的再审中止执行期间，从迟延履行期间中作了扣除。

【实践中应注意的问题】

执行实践中适用本条规定应注意以下问题：

一、除实际履行之外其他导致债务消灭的情形中加倍部分债务利息计算的截止时间

除债务履行完毕之外，还有其他原因导致债务消灭，对这些情形中加倍部分债务利息计算的截止时间应引起注意。例如，债权债务的抵销。抵销是指双方当事人互负债务时，各以其债权充当债务之清偿，而使其债务与对方的债务在对等额内相互消灭的制度。根据《合同法》第 99～100 条的规定，当事人互负到期债务，该债务的标的物种类、品质相同的，任何一方可以将自己的债务与对方的债务抵销，但依照法律规定或者按照合同性质不得抵销的除外。当事人主张抵销的，应当通知对方。通知自到达对方时生效。抵销不得附条件或者附期限。当事人互负债务，标的物种类、品质不相同的，经双方协商一致，也可以抵销。如果被执行人履行债务过程中，根据法律规定对债务进行抵销的，在实体法上也会产生债务消灭的结果，导致已经抵销部分的债务所对应的加倍部分债务利息，丧失继续计付的基础。但执行实践中，由于当事人主张债务抵销产生的纠纷，在很多案件中执行程序都难以妥善解决。我国目前尚未建立解决执行程序中债务人主张执行依据确定的实体权利已经发生消灭、妨碍等事由，要求停止执行或撤销执行行为的债务人异议之诉制度，导致执行依据生效后当事人之间实体权利义务发生变化的实体法纠纷无法通过债务人异议之诉程序解决，很多问题不得不在执行程序中处理。当事人主张债权债务抵销引发的纠纷中，相当一部分已经超出执行程序能够提供的程序保障，如何处理这些纠纷在实践中存在争议。如果执行程序处理此类纠纷确实存在事实和法律障碍，可以考虑引导当事人通过诉讼途径解决。

债务人在符合法律规定条件下，将应当履行的标的进行提存的行为，同样可以产生债务消灭的效果。根据《合同法》第101条第1款的规定，有下列情形之一，难以履行债务的，债务人可以将标的物提存：(1) 债权人无正当理由拒绝受领；(2) 债权人下落不明；(3) 债权人死亡未确定继承人或者丧失民事行为能力未确定监护人；(4) 法律规定的其他情形。《最高人民法院关于适用〈中华人民共和国合同法〉若干问题的解释（二）》第25条规定：依照《合同法》第101条的规定，债务人将合同标的物或者标的物拍卖、变卖所得价款交付提存部门时，人民法院应当认定提存成立。提存成立的，视为债务人在其提存范围内已经履行债务。据此，自依法提存之日起，提存部分的债务即归于消灭，其所对应的加倍部分债务利息也应计算至提存之日为止。

二、执行第三人到期债权过程中加倍部分债务利息计算的截止时间

关于被执行人对第三人到期债权（以下简称到期债权）的执行问题，应根据执行案件的具体情况，确定是以划拨、提取之日，还是以拍卖、变卖成交裁定或以物抵债裁定生效之日，作为迟延履行期间的截止日。到期债权的执行，既与金钱财产的执行不同，又和动产、不动产的执行有别。到期债权属于其他财产权的范畴，我国目前的司法解释对到期债权的执行规定了专门程序。根据《执行规定》第61~65条的规定，被执行人不能清偿债务，但对本案以外的第三人享有到期债权的，人民法院可以依申请执行人或被执行人的申请，向第三人发出履行到期债务的通知，履行通知必须直接送达第三人，第三人有权提出异议。第三人在履行通知指定的期限内没有提出异议，而又不履行的，执行法院有权裁定对其强制执行。如果到期债权经过生效法律文书确认，则执行法院可据此直接对第三人财产采取执行措施。这种情况与到期债权未经生效

法律文书确认不同，到期债权已经具有法律效力，可以直接作为执行标的。

法院在符合司法解释规定条件下对第三人财产强制执行，是将到期债权作为被执行人的责任财产处理。对第三人财产执行的范围应受两个因素制约：一是申请执行人的债权数额；二是被执行人对第三人的债权数额。在执行案件中，到期债权作为被执行人的责任财产而被强制执行，第三人承担责任的范围应受到期债权数额限制，人民法院不能超出到期债权的数额限制，要求第三人承担超出到期债权范围的义务。如果申请执行人的债权数额超过到期债权范围，法院对第三人强制执行应限制在到期债权的数额之内。在对第三人财产执行过程中，第三人承担的是被执行人不履行生效法律文书确定义务的迟延履行责任，法院通过执行第三人财产，清偿本执行案件债务和迟延履行期间债务利息，同时到期债权也在相应的数额范围内消灭。

人民法院依法对第三人强制执行，既可以执行第三人的存款、收入等金钱财产，也可以对第三人的动产、不动产，以及股权、专利权、商标权等其他财产权利强制执行。在划拨、提取第三人的金钱财产时，相应部分的加倍部分债务利息计算至划拨、提取之日；人民法院对第三人财产拍卖、变卖或以物抵债的，相应部分的加倍部分债务利息，计算至成交裁定或抵债裁定生效之日。

三、执行和解协议履行期间加倍部分债务利息的计算问题

根据《民事诉讼法》第230条、《民事诉讼法意见》第266条的规定，执行和解协议具有阻却执行程序的效力，从这些规定中"恢复原生效法律文书的执行"可以看出，执行和解可以产生令执行程序停止的效果。法院停止执行的这段期间，被执行人是否应当承担加倍部分债务利息？对此，需要根据案件具体情况讨论。

如果和解协议得以顺利履行，自不存在加倍部分债务利息计算的争

议问题，当事人只需按和解协议约定的内容履行给付义务。执行和解中加倍部分债务利息的计算，往往与当事人不履行和解协议，以及法院恢复原生效法律文书的执行相关。如果执行和解协议合法有效且已经履行完毕，根据《民事诉讼法意见》第266条、《执行规定》第87条，人民法院不予恢复执行。在这种情况下，即使当事人就执行和解协议履行期间的加倍部分债务利息产生争议，由于人民法院不予恢复执行，该争议不属于执行程序的处理范围，无需考虑加倍部分债务利息的计算问题。争议的问题，是在当事人不履行执行和解协议、人民法院恢复执行后加倍部分债务利息如何计算。根据《民事诉讼法》第230条第2款的规定，申请执行人因受欺诈、胁迫与被执行人达成和解协议，或者当事人不履行和解协议的，人民法院可以根据当事人的申请，恢复对原生效法律文书的执行。人民法院在符合法律规定条件下决定恢复执行的，执行和解协议的效力基本因执行程序的恢复而被废除，因此主要应根据被执行人实际履行债务的情况，判断其迟延履行责任的大小。《民事诉讼法》第253条规定被执行人承担迟延履行期间债务利息的条件是未履行债务，因此，只要法院恢复执行后，被执行人对生效法律文书确定债务仍未履行完毕的，就应当根据本解释规定承担加倍部分债务利息。由于执行和解协议已经被恢复后的执行程序取代，执行和解协议履行期间不能作为被执行人免除加倍部分债务利息的期间。案件恢复执行后，与正常进行的执行程序并无本质区别，被执行人未履行生效法律文书确定义务，导致申请执行人不能全面实现债权，应当和其他正常进行的执行案件一样计算加倍部分债务利息。但被执行人在履行和解协议过程中，已经实际履行部分的债务应当扣除，对此《民事诉讼法意见》第266条有明确规定。已经履行部分债务的加倍部分债务利息，应根据本条第1款的规定，计算至履行完毕之日。

四、公司长期不分配股利的，人民法院能否强制提取

有关公司长期不向股东分配股权收益的，执行法院能否直接强制提

取？股利分配与否，不仅取决于公司是否有可资分配的利润，还取决于公司的意思。公司分红政策极其复杂，属于公司自治和商业判断的范畴。既然公司分红与否、分红之多寡原则上是公司自治和股东自治的范畴，法院不宜越俎代庖。因为法院原则上缺乏对分红水准的妥当性进行司法审查的正当依据和专业判断能力，不宜干预公司的分红政策。但这并不等于说，股利分配行为完全游离于司法权的审查范围之外。当公司管理层或控制股东滥用资本多数决原则，故意过分提取公积金，而不分红或很少分红并以其作为压榨小股东手段时，受害股东有权向法院提出强制公司分派股利之诉。换言之，当股利分配政策沦为控制股东或经营者压榨或排挤中小股东的手段时，法院应破例对于遭受压榨或排挤之苦的中小股东提供法律救济。①

在执行程序中，如果作为被执行人的控股股东滥用资本多数决原则，在其投资的公司中长期不分红，影响申请执行人债权实现的，执行法院能否突破不干预公司分红的原则，直接强制提取股权收益呢？最高人民法院执行局曾在个案中支持了执行法院强制提取被执行人股权收益的做法：执行法院查明被执行人在其全资子公司的工商档案年检报告书中，有归属母公司所有者的、数额远大于执行案件债权数额的净利润。该净利润虽然没有决定分配，但可以将执行债权额范围内的部分视为作为被执行人的母公司在子公司应得的股权收益，为了保护债权人的利益，人民法院依法可以直接提取该应得的收益。执行法院扣划全资子公司的相关款项，符合《执行规定》第51条的规定。②

五、金融不良债权转让案件中迟延履行期间债务利息的计算问题

非金融机构受让经生效法律文书确定的金融不良债权后，能否在执

---

① 参见刘俊海：《公司法学》，北京大学出版社2008年版，第167~168页。
② 参见最高人民法院（2011）执监字第44号《驳回申诉通知书》。

行程序中，向非国有企业债务人主张受让日后迟延履行期间的债务利息？最高人民法院执行局曾针对湖北高院关于个案的请示作出（2013）执他字第4号答复函，主要内容如下：（1）非金融机构受让经生效法律文书确定的金融不良债权能否在执行程序中向非国有企业债务人主张受让日后利息的问题，应当参照《最高人民法院关于审理涉及金融不良债权转让案件工作座谈会纪要》（以下简称《纪要》）的精神处理。（2）根据《纪要》第12条的规定，《纪要》不具有溯及力。《纪要》发布前，非金融资产管理公司的机构或个人受让经生效法律文书确定的金融不良债权，或者受让的金融不良债权经生效法律文书确定的，发布日之前的利息按照相关法律规定计算；发布日之后不再计付利息。《纪要》发布后，非金融资产管理公司的机构或个人受让经生效法律文书确定的金融不良债权的，受让日之前的利息按照相关法律规定计算；受让日之后不再计付利息。根据上述规定，本案中的利息（包括《民事诉讼法》第253条规定的迟延履行利息）应按照法律规定计算至《纪要》发布之日。①

该复函的要点主要包括：

1. 《纪要》既适用于未经生效法律文书确定的金融不良债权转让，也适用于经生效法律文书确定的金融不良债权转让。由于《纪要》并未区分已经生效法律文书确定的金融不良债权与未经生效法律文书确定的金融不良债权，因此，《纪要》也应适用于经生效法律文书确定的金融不良债权转让案件。根据《纪要》第9条，对受让人受让的经过生效法律文书确定的金融不良债权，停止计算该债权在受让日之后的利息，有利于规范金融不良债权转让行为，统一贯彻《纪要》确立的金融不良债权转让规则。

2. 《纪要》亦可参照适用于非国有企业债务人。根据《纪要》的内容，其主要适用于国有企业为债务人的金融不良债权转让，非国有企业

---

① 该案受让人受让金融不良债权的时间在《纪要》发布之前，故迟延履行利息计算至《纪要》发布之日。

债务人的案件能否也适用《纪要》的规定？最高人民法院对此问题有过明确的答复意见。根据最高人民法院民二庭答复云南省高级人民法院（2009）民二他字第21号答复，涉及非国有企业债务人的金融不良债权转让纠纷案件，亦应参照适用《纪要》的规定。故涉及非国有企业债务人的金融不良债权转让案件中利息的计算问题，也应参照适用《纪要》第9条。毕竟金融不良债权转让具有较强的政策性，即使债务人为非国有企业，其所涉债权转让行为也不能完全等同于一般民事主体之间的普通债权让与行为，具有高风险、高收益的特点，与等价交换的市场规律有明显区别。虽然防止国有资产流失的政策性保护在非国有企业债务人案件中体现得不明显，但《纪要》关于金融不良债权转让的其他精神和目的，也应体现于涉及非国有企业债务人的金融不良债权转让案件中。

3. 迟延履行期间债务利息的计算应参照《纪要》的精神处理。根据《民事诉讼法》第253条的规定，被执行人未按生效法律文书要求履行金钱给付义务，应向申请执行人加倍支付迟延履行期间的债务利息。迟延履行期间的债务利息带有对被执行人不履行金钱给付义务进行制裁的公法性质，系基于《民事诉讼法》规定由被执行人承担的诉讼法上的责任，与民事实体法上利息的法律属性并不完全相同。迟延履行期间的债务利息是否也应参照《纪要》第9条的规定计算？鉴于金融不良债权转让的政策性和特殊性，这类案件与普通民事执行案件有别，执行程序中迟延履行期间的债务利息也统一参照《纪要》第9条的规定计算。

4. 迟延履行期间债务利息计算的截止日。根据《纪要》第12条的规定，《纪要》不具有溯及力。

（1）《纪要》发布前，非金融资产管理公司法人、自然人受让金融不良债权的，由于受让债权时《纪要》尚未发布，因此以《纪要》发布日为分界时间点。发布日之前的利息按照相关法律规定计算；发布日之后的利息根据《纪要》第9条的规定，不再计付。

（2）《纪要》发布后，非金融资产管理公司法人、自然人受让金融不良债权的，由于受让债权时《纪要》已经发布，因此应以《纪要》第9条规定的受让日为分界时间点。受让日之前的利息按照相关法律规定计算；受让日之后不再计付利息。

迟延履行期间债务利息的计算也参照上述规则。

【相关法律法规】

中华人民共和国仲裁法（节录）
（1994年8月31日）

第六十四条 一方当事人申请执行裁决，另一方当事人申请撤销裁决的，人民法院应当裁定中止执行。

人民法院裁定撤销裁决的，应当裁定终结执行。撤销裁决的申请被裁定驳回的，人民法院应当裁定恢复执行。

最高人民法院
关于人民法院执行工作若干问题的规定（试行）（节录）

1998年7月8日　　　　　　　　　　法释〔1998〕15号

32. 查询、冻结、划拨被执行人在银行（含其分理处、营业所和储蓄所）、非银行金融机构、其他有储蓄业务的单位（以下简称金融机构）的存款，依照中国人民银行、最高人民法院、最高人民检察院、公安部《关于查询、冻结、扣划企业事业单位、机关、团体银行存款的通知》的规定办理。

34. 被执行人为金融机构的，对其交存在人民银行的存款准备金和备付金不得冻结和扣划，但对其在本机构、其他金融机构的存款，及其在人民银行的其他存款可以冻结、划拨，并可对被执行人的其他财产采取执行措施，但不得查封其营业场所。

35. 作为被执行人的公民，其收入转为储蓄存款的，应当责令其交出存单。拒不交出的，人民法院应当作出提取其存款的裁定，向金融机构发出协助执行通知书，并附生效法律文书，由金融机构提取被执行人的存款交人民法院或存入人民法院指定的账户。

36. 被执行人在有关单位的收入尚未支取的，人民法院应当作出裁定，向该单位发出协助执行通知书，由其协助扣留或提取。

51. 对被执行人从有关企业中应得的已到期的股息或红利等收益，人民法院有权裁定禁止被执行人提取和有关企业向被执行人支付，并要求有关企业直接向申请执行人支付。

对被执行人预期从有关企业中应得的股息或红利等收益，人民法院可以采取冻结措施，禁止到期后被执行人提取和有关企业向被执行人支付。到期后人民法院可从有关企业中提取，并出具提取收据。

63. 第三人在履行通知指定的期间内提出异议的，人民法院不得对第三人强制执行，对提出的异议不进行审查。

102. 有下列情形之一的，人民法院应当依照《民事诉讼法》第二百三十四条第一款第五项的规定裁定中止执行：

（1）人民法院已受理以被执行人为债务人的破产申请的；

（2）被执行人确无财产可供执行的；

（3）执行的标的物是其他法院或仲裁机构正在审理的案件争议标的物，需要等待该案件审理完毕确定权属的；

（4）一方当事人申请执行仲裁裁决，另一方当事人申请撤销仲裁裁决的；

（5）仲裁裁决的被申请执行人依据《民事诉讼法》第二百一十七条第二款的规定向人民法院提出不予执行请求，并提供适当担保的。

103. 按照审判监督程序提审或再审的案件，执行机构根据上级法院或本院作出的中止执行裁定书中止执行。

最高人民法院
关于人民法院民事执行中拍卖、变卖财产的规定（节录）
2004年11月15日　　　　　　　　　　　　法释〔2004〕16号

第二十三条　拍卖成交或者以流拍的财产抵债的，人民法院应当作出裁定，并于价款或者需要补交的差价全额交付后十日内，送达买受人或者承受人。

第二十四条　拍卖成交后，买受人应当在拍卖公告确定的期限或者人民法院指定的期限内将价款交付到人民法院或者汇入人民法院指定的账户。

第二十五条　拍卖成交或者以流拍的财产抵债后，买受人逾期未支付价款或者承受人逾期未补交差价而使拍卖、抵债的目的难以实现的，人民法院可以裁定重新拍卖。重新拍卖时，原买受人不得参加竞买。

重新拍卖的价款低于原拍卖价款造成的差价、费用损失及原拍卖中的佣金，由原买受人承担。人民法院可以直接从其预交的保证金中扣除。扣除后保证金有剩余的，应当退还原买受人；保证金数额不足的，可以责令原买受人补交；拒不补交的，强制执行。

最高人民法院　最高人民检察院　公安部　中国证券监督管理委员会
关于查询、冻结、扣划证券和证券交易结算资金
有关问题的通知（节录）
2008年1月10日　　　　　　　　　　　　法发〔2008〕4号

一、人民法院、人民检察院、公安机关在办理案件过程中，按照法定权限需要通过证券登记结算机构或者证券公司查询、冻结、扣划证券和证券交易结算资金的，证券登记结算机构或者证券公司应当依法予以协助。

二、人民法院要求证券登记结算机构或者证券公司协助查询、冻结、扣划证券和证券交易结算资金，人民检察院、公安机关要求证券登记结算机构或者证券公司协助查询、冻结证券和证券交易结算资金时，有关执法人员应当依法出具相关证件和有效法律文书。

执法人员证件齐全、手续完备的，证券登记结算机构或者证券公司应当签收有关法律文书并协助办理有关事项。

拒绝签收人民法院生效法律文书的，可以留置送达。

八、证券公司在银行开立的自营资金账户内的资金可以冻结、扣划。

最高人民法院　国土资源部　建设部
关于依法规范人民法院执行和国土资源房地产管理部门协助执行若干问题的通知（节录）

2004年2月10日　　　　　　　　　法发〔2004〕5号

二十六、经申请执行人和被执行人协商同意，可以不经拍卖、变卖，直接裁定将被执行人以出让方式取得的国有土地使用权及其地上房屋经评估作价后交由申请执行人抵偿债务，但应当依法向国土资源和房地产管理部门办理土地、房屋权属变更、转移登记手续。

最高人民法院
关于正确适用暂缓执行措施若干问题的规定（节录）

2002年9月28日　　　　　　　　　法发〔2002〕16号

第七条　有下列情形之一的，人民法院可以依职权决定暂缓执行：

（一）上级人民法院已经受理执行争议案件并正在处理的；

（二）人民法院发现据以执行的生效法律文书确有错误，并正在按照审判监督程序进行审查的。

人民法院依照前款规定决定暂缓执行的，一般应由申请执行人或者被执行人提供相应的担保。

第八条 依照本规定第七条第一款第（一）项决定暂缓执行的，由上级人民法院作出决定。依照本规定第七条第一款第（二）项决定暂缓执行的，审判机构应当向本院执行机构发出暂缓执行建议书，执行机构收到建议书后，应当办理暂缓相关执行措施的手续。

中华人民共和国合同法（节录）
（1999年3月15日）

第九十九条 当事人互负到期债务，该债务的标的物种类、品质相同的，任何一方可以将自己的债务与对方的债务抵销，但依照法律规定或者按照合同性质不得抵消的除外。

当事人主张抵消的，应当通知对方。通知自到达对方时生效。抵消不得附条件或者附期限。

第一百条 当事人互负债务，标的物种类、品质不相同的，经双方协商一致，也可以抵消。

第一百零一条 有下列情形之一，难以履行债务的，债务人可以将标的物提存：

（一）债权人无正当理由拒绝受领；

（二）债权人下落不明；

（三）债权人死亡未确定继承人或者丧失民事行为能力未确定监护人；

（四）法律规定的其他情形。

标的物不适于提存或者提存费用过高的，债务人依法可以拍卖或者变卖标的物，提存所得的价款。

最高人民法院
关于适用《中华人民共和国合同法》若干问题的解释（二）（节录）

2009 年 4 月 24 日　　　　　　　　　　法释〔2009〕5 号

第二十五条　依照《合同法》第一百零一条的规定，债务人将合同标的物或者标的物拍卖、变卖所得价款交付提存部门时，人民法院应当认定提存成立。

提存成立的，视为债务人在其提存范围内已经履行债务。

最高人民法院
关于审理劳动争议案件适用法律若干问题的解释（三）（节录）

2010 年 9 月 13 日　　　　　　　　　　法释〔2010〕12 号

第十八条　劳动人事争议仲裁委员会作出终局裁决，劳动者向人民法院申请执行，用人单位向劳动人事争议仲裁委员会所在地的中级人民法院申请撤销的，人民法院应当裁定中止执行。

用人单位撤回撤销终局裁决申请或者其申请被驳回的，人民法院应当裁定恢复执行。仲裁裁决被撤销的，人民法院应当裁定终结执行。

用人单位向人民法院申请撤销仲裁裁决被驳回后，又在执行程序中以相同理由提出不予执行抗辩的，人民法院不予支持。

最高人民法院
关于审理涉及金融不良债权转让案件工作座谈会纪要（节录）

2009年4月3日　　　　　　　　法发〔2009〕19号

九、关于受让人收取利息的问题

会议认为，受让人向国有企业债务人主张利息的计算基数应以原借款合同本金为准；受让人向国有企业债务人主张不良债权受让日之后发生的利息的，人民法院不予支持。但不良债权转让合同被认定无效的，出让人在向受让人返还受让款本金的同时，应当按照中国人民银行规定的同期定期存款利率支付利息。

第四条 被执行人的财产不足以偿付全部债务的,应当先清偿生效法律文书确定的金钱债务,再清偿加倍部分的债务利息,但当事人对清偿顺序另有约定的除外。

【条文主旨】

本条是关于执行款不足以偿付全部债务的时候有关生效法律文书确定的金钱债务与迟延履行期间债务利息的清偿顺序问题的规定。

【条文理解】

迟延履行利息制度中,执行款不足以偿付全部债务时,生效法律文书确定的金钱债务与迟延履行期间债务利息的清偿顺序问题矛盾尤为突出,成为的执行实践中的热点与难点问题之一。

在执行司法实践中,执行款能够一次性到位的情况下,则根据已经确定的被执行人迟延履行期间和利率,就可以计算出迟延履行期间的债务利息的具体数额。然而,多数案件中的执行款并不能一次性到位,分次履行的情况极为普遍。而在分次履行的情况下,计算迟延履行期间的债务利息的具体数额,就不仅需要知道被执行人迟延履行期间和相应利率,还与清偿顺序问题密切相关。即人民法院在执行过程中对每一次执行款是应当先扣减生效法律文书确定的金钱债务,还是应当先扣减迟延履行期间的债务利息?不同的清偿顺序会导致被执行人的实际执行数额的差异,尤其在一些时间拖延较长、标的额较大的案件中,这种差异非常巨大。因此,清偿顺序问题直接关系到申请执行人和被执行人的根本利益,需引起高度重视,通过本解释予以妥善解决。

一、情况说明

执行司法实践中,法律文书确定的金钱债务和迟延履行期间的债务利息的清偿顺序如何确定的问题由来已久。对于分次履行的情况下应当先支付法律文书确定的债务还是先支付迟延履行期间的债务利息问题,由于法律、法规及司法解释未作具体规定,实践中认识和做法各不相同,长期以来各地法院对此问题理解不同、做法各异,影响了司法统一。因这一问题直接关系到申请执行人与被执行人的切身利益,法官自由裁量权过大,导致当事人产生争议也较多,引发了大量信访案件。实践中,各地法院主要做法有三种:一是先执行迟延履行期间的债务利息,再执行生效法律文书中确定的债务,即先息后本;二是先执行生效法律文书确定的债务,再执行迟延履行期间的债务利息,即先本后息;三是按照利随本清的原则,人民法院强制执行到位的执行款包括部分法律文书确定的金钱债务及该部分金钱债务的迟延履行期间的债务利息,即本息并还。

比较上述三种做法,各有其利弊。

首先,就第一种做法先息后本原则而言,采纳的主要理由是在最高人民法院关于《担保法》《合同法》等司法解释中,对于一般债权的清偿顺序都采纳了先息后本的原则,先清偿利息,再清偿主债权,利息应先于主债权受偿。同样,在生效法律文书确定的债务与迟延履行期间债务利息的清偿顺序问题上,也应当采纳同样原则,以示统一。此外,先息后本的方式符合银行一般的操作习惯,银行在收回借款时都是按先息后本原则进行操作的。采纳先息后本原则的好处是充分保障了申请执行人的利益。维护债权人利益原则是法院执行工作的应有之义。让执行程序中的债务人承担迟延履行期间债务利息的本旨,也是为了督促债务人及时履行义务,实现生效法律文书所确定的债权,从而维护债权人合法权益。因此,执行程序中在债务人与债权人两者的合法权益相冲突的情况下首要保护债权人的利益。虽然法院在执行过程中应当在法律允许的范围内最大限度地保护债权人的合法权益，但是对债权人利益的保护也不能走向极端，在迟延履行期间债务利息的计算上，不能运用强制手段让债权人获得超出法律允许范围的非法利益。如果迟延履行期间债务利息按照先息后本的原则兑现执行款，则存在对被执行人计算复利的因素，将会导致迟延履行期间的债务利息数额过高，过分加重对被执行人在经济方面的惩罚，且有可能使债权人获得超过法律保护范围的非法利益，有失公平，极易引发被执行人的抵触情绪。就这一角度看来，此种做法并不妥当。

此外，迟延履行利息制度与《担保法》《合同法》上的债权清偿顺序在性质、实现目的上存在根本差别。《担保法》《合同法》上的主债权与利息是依当事人之间的约定而设，而迟延履行利息制度是为督促被执行人尽快履行判决，防止被执行人因为迟延履行而享有额外利益。因此，也不能仅仅通过简单的类比就认为一般债务清偿顺序是先息后本，迟延履行期间债务利息的清偿顺序也应当采纳先息后本原则。

其次，采纳先本后息原则的主要理由，是实践中执行款支付顺序通常按照法院生效判决执行，判决没有明确规定的，应当根据具体情况，按照公平原则确定。在金钱债务纠纷中，借款本金作为主债权应当是当事人最主要也应当最先实现的权利，那么执行案款应当首先支付借款本金，在本金支付完毕后再支付利息。按照先本后息的方式兑现执行款，在计算上显然对被执行人有利，民间习俗也一般承认先本后息。而反对意见则认为如果按照先本后息的方式操作，在仅剩迟延履行期间的债务利息未执行时，容易造成迟延履行期间的债务利息不了了之，使该制度的设置失去意义。

再次，采纳本息并还原则，按照利随本清原则执行，使得执行到位的执行款包含部分法律文书确定的金钱债务及该部分金钱债务迟延履行期间的债务利息，其主要理由在于，本息并还原则能使被执行人真切地感受到迟延履行金制度的存在，从而想方设法尽快履行，同时也避免日后单独为迟延履行金而采取执行措施。本息并还原则的益处是参照了银行划款扣货时的通行做法，既能保障申请执行人及时兑现判决中确定的本金及相应的迟延履行利息，又能督促被执行人尽快履行判决，且这种计算方式对双方当事人来说更为公平。但是本息并还原则在实践操作方面的缺点也极其明显，相比于前两项计算方式而言，采纳本息并还原则不便于实际操作和计算。

只要执行款不能一次到位，就存在是先执行生效法律文书中确定的债务，还是先执行迟延履行期间的利息的问题，这一清偿顺序问题在执行司法实践中一直争执不下。为统一司法实践中的执行标准，最高人民法院颁布施行了《最高人民法院关于在执行工作中如何计算迟延履行期间的债务利息等问题的批复》，该《批复》采纳了本息并还原则，结束了实践中关于这一问题的争议。最高人民法院在该《批复》中指出："执行款不足以偿付全部债务的，应当根据并还原则按比例清偿法律文书确定的金钱债务与迟延履行期间的债务利息，但当事人在执行和解中对清偿顺序另有约定的除外。"即执行到位的执行款，既包含部分裁判标的，也包含该部分裁判标的因迟延履行应缴纳的迟延履行期间的利息，同时为统一司法实践中根据什么比例确定彼此的数额，在附件中列出了具体计算方法，可以根据该计算方法，计算出执行到位的财产中裁判标的及迟延履行期间债务利息分别所占比例及数额。本次执行款项扣减后，剩余的债务本金为生效裁判确定的债务数额减去本次执行清偿的本金，剩余利息为此前的迟延履行利息减去本次清偿的利息。剩余的债务本金继续计算迟延履行利息，而根据一事不再罚的原则，剩余的利息不应计算复利，直接纳入下次清偿时的债务总额。

自《批复》确定了执行款不足以偿付全部债务的，金钱债务与迟延履行期间的债务利息并还原则后，经过了多年实践检验，解决了部分问题的同时，也产生了许多新的问题。

许多法院反映由于缺乏专业性，没有相关的技术支持，执行实践中这一原则根本不具有可操作性。在此次司法解释制定征求意见过程中，多数法院对清偿顺序采纳本息并还原则意见很大，建议最高人民法院在新的司法解释中对此予以修正。如果不修改，则需要开发出一套软件，增强可操作性，同时也要上网公开，让当事人能看到、能使用，体现执行的公开、公正、高效和规范。但当时的主流意见认为，计算复杂不应成为否定并还原则的理由，本息并还原则是对债权人和债务人都较为公平的计算方法。因此，在本解释的初稿中对这一问题依然坚持了本息并还原则，规定执行款不足以清偿全部债务的，应当根据本息并还原则按比例清偿法律文书确定的金钱债务与迟延履行期间的债务利息。然而在司法解释稿反复征求意见过程中，随着对这一问题理解的不断深化，经过反复比较，就清偿顺序问题进行了重大变更。在司法解释第五稿中最终放弃了本息并还原则，转而确定了当前的先本后息的原则。

此外，从《批复》一直到本解释中，始终坚持清偿顺序问题上当事人约定优先的原则，但就如何构成"当事人的约定"本身也经历了一个重大变化。在上述《批复》中，还是将当事人另有约定限制于在执行和解中作出，而自本解释第六稿开始，当事人的约定就不再局限于执行和解程序中。也就是说对当事人就清偿顺序的约定不再有任何形式上的限制。

二、条文释义

本条规定了执行款不足以清偿全部债务的情况下，生效法律文书确定的金钱债务和迟延履行期间的债务利息的清偿顺序问题。在这一问题上，本解释采纳了约定优先和先本后息的清偿顺序，即除当事人对清偿顺序另有约定的外，要先清偿生效法律文书确定的金钱债务，再清偿加倍部分的债务利息。对本条规定应从以下几方面进行理解：

（一）本条解释确立了先本后息的清偿顺序，即在执行案款不足以清偿全部债务时，应当先支付生效法律文书确定的金钱债务，再支付迟延履行期间的债务利息。

这一清偿顺序的确立主要基于以下几点理由：

首先，按照先本后息的方式兑现执行款，符合约定俗成的民间交易惯例，在计算结果上坚持对被执行人迟延履行行为进行惩罚的同时也兼顾了被执行人的利益。

法院执行工作的基本原则之一就是维护债权人利益原则，在债务人与债权人两者的合法权益相冲突的情况下首要保护债权人的利益。让执行程序中的债务人承担迟延履行利息，就是为了督促债务人及时履行义务，实现生效法律文书所确定的债权，从而维护债权人合法权益，因此，在迟延履行期间债务利息制度的设计上，也应当从维护债权人合法权益、减少其损失的出发点来进行制度设计。然而，执行工作中在坚持维护债权人合法利益原则的同时还应当坚持比例原则。该原则要求执行工作应当坚持"生道执行"的观念。生命权、生存权重于债权，当两者发生冲突时，应当考虑保护被执行人的生存权，因此，我们在进行迟延履行期间债务利息制度的具体设计时也不能一味地加重被执行人的责任。我国自古以来就有对利息额进行上限管制的传统，历史久远。一般认为这种利息管制主要乃基于爱惜民生、体恤弱者的施政理念，是一定时期特定义利观的体现。[①] 如果设计的迟延履行利息的计算结果过重，会使被执行人因负担沉重而无法清偿债务，也会使债权人实际获取的利益超过其所应得的利益，更会使案件迟迟不能执结，加重"执行难"问题。另外，过重的负担，让被执行人偿债无望，致使其"破罐子破摔"，消极履行义务，反而违背了该项制度设计的初衷。按照先本后息的方式兑现执行款，与先息后本以及本息并还原则相比，同样情况下迟延履行期间

[①] 许德风：《论利息的法律管制——兼议司法中的社会化考量》，载《北大法律评论》（第11卷第1辑），北京大学出版社2010年版。

债务利息支付的最少，对被执行人最有利，在计算结果上坚持对被执行人迟延履行行为进行经济处罚的同时，也兼顾了被执行人的利益。因此，迟延履行期间债务利息制度的设计上，采纳先本后息原则有利于适度平衡债权人和被执行人的利益，追求执行措施的合理得当。

其次，采纳先本后息的清偿顺序更符合迟延履行期间债务利息的性质及该制度的立法本意。

《民事诉讼法》第 253 条规定的计付迟延履行期间的债务利息是法院主动实施的一种保障性执行措施，[①] 其目的在于敦促被执行人依法及时履行生效法律文书确定的义务，其性质上属于对迟延履行行为所采取的诉讼法上具有惩罚性的制裁行为。迟延履行期间债务利息制度具有如下两方面功能：

一是惩罚性。《民事诉讼法意见》第 294~295 条规定，被执行人迟延履行义务无论是否给申请人造成损失都应当支付迟延履行期间债务利息或迟延履行金。可见，法律规定执行迟延履行期间债务利息，目的在于通过增加拒不履行或拖延履行义务行为的不法成本，增大被执行人迟延履行的负担，加大对被执行人迟延履行给付金钱义务的行为的惩罚力度，促使被执行人尽快履行生效法律文书确定的义务，以维护生效法律文书的严肃性。运用国家强制力保护和实现民事主体的私权。因此，此项制度具有维护法律秩序和司法权威的重要作用。其主要特征在于其惩罚性。

二是补偿性。被执行人迟延履行生效法律文书确定的金钱给付义务，不但影响了申请人权利的实然取得或实现，而且影响了其对权利的合法预期。收款人本可凭借价款取得利息收益但因付款人逾期付款而未能取得，因而遭受了利息损失。从付款人角度来看，付款人迟延付款意味着延长了占用本金的时间，并可能因此多取得利息收益。被执行人支付迟

[①] 谭秋桂：《民事执行法学》，北京大学出版社 2010 年版，第 220 页。

延履行期间债务利息，是对申请人权利迟延实现的适当补偿，其目的在于最大限度地保护债权人的权利。迟延履行期间的债务利息具有民事责任的补偿性，补偿因被执行人迟延履行法律文书确定的给付金钱义务而给申请执行人造成的经济损失。

但迟延履行期间的债务利息的补偿性不同于一般民事补偿与"损失"相当的特性，迟延履行期间债务利息需要"加倍"支付，超越了一般补偿"填平"损失的本性。这是因为迟延履行期间债务利息并不专门具有对债权人的补偿性，生效法律文书所载明的一般债务利息、违约金等均是为满足债权人的债权，补偿其损失而设立，无需专门设立迟延履行利息制度来对债权人进行补偿，而迟延履行利息的主要目的在于惩罚和制裁被执行人的过错行为，并借以警戒其他人不再发生类似的违法行为。因此，迟延履行期间债务利息虽然也有补偿性，但却更侧重惩戒、遏制功能。

因此，从现行立法来看，迟延履行期间债务利息主观上是对当事人不履行生效法律文书的惩罚，督促当事人及时履行生效法律文书所确定的义务，起威慑债务人的作用；客观上是对债权人在迟延履行期间所受物质损失、精神损失的赔偿。所以迟延履行利息兼具惩罚性和补偿性，其主要特性是其惩罚性。

按照本解释的规定，法律文书确定的一般债务利息条款应当适用到债务履行完毕为止，而不是判决生效之日止。因此，逾期履行期间申请执行人的损失，都由一般债务利息、违约金等制度予以弥补，而逾期履行期间债务利息制度其主要目的在于通过对被执行人施加经济上的惩罚，督促债务人尽快履行债务。法治发达国家生效法律文书主要靠当事人自己履行，而我国生效法律文书却经常需要法院强制执行。这一现象是由多方面原因造成的，其中一个重要原因就是由于相关法律制度设计上的缺陷，缺少增加被执行人赖债成本的规定，导致强制执行相对于自动履行，被执行人甚至普遍有利可图。在生效法律文书确定的利息之外，另行支付一笔迟延履行利息,能够最简便实现迟延履行期间债务利息制度制裁迟延履行的立法本意,确保迟延履行期间债务人承担的利息,在任何时候都高于双方约定的或者判决书判定的利息。

就先本后息的清偿顺序而言,其惩罚性较之先息后本与本息并还原则较弱,但是它绝不会导致债权人获得超出法律允许范围的非法利益;实际上,此种做法总体上在法律允许的范围内已最大限度地保护了债权人的合法权益,债务人已承担了法律允许范围内的较重的利息负担,在一定意义上,也起到了经济方面的惩罚作用。

相对生效法律文书所确定的债权来说,迟延履行利息毕竟只是一项执行措施,其目的是为实现生效法律文书所确定的债权,相比生效法律文书确定的金钱债务较为次要。所以,生效法律文书所确定的债权应当优先于迟延履行利息受偿。因此,本条司法解释中采用了先本后息的计算方式。

再次,采纳先本后息的清偿顺序,在计算方式上较为简便,有利于实践操作。

如前所述,《批复》自2009年颁布实施之日起,理论上终结了执行司法实践中关于清偿顺序问题的争议,统一为本息并还原则。然而,在经过数年实践检验,这一清偿顺序的弊端暴露越来越明显,最大问题就是计算方式复杂,不具有可操作性。而执行法院人员非金融专业人员,没有相关的技术支持,自己计算迟延履行期间债务利息极其困难,只能委托相关金融机构进行计算,增大了执行成本。因此,在此次司法解释制定征求意见过程中,多数法院建议最高人民法院在新的司法解释中对清偿顺序采纳本息并还原则进行修正。自《批复》颁布之初,计算方式极其复杂的问题就引起人们的关注,有呼声认为为方便操作,提高执行工作效率,应对迟延履行利息,应尽快设计一个计算公式,并编入全国法院执行案件信息管理系统中,执行过程中只要输入生效裁判确定的债务数额、迟延履行期间、基准利率、本次执行到的款项等必要的数据,即可自动生成本次清偿时的债务数额、迟延履行利息、本次清偿的本金、剩余的迟延履行利息等数据。但多年来，这一任务始终无法完成。

此次司法解释中采纳先本后息的清偿顺序，在计算方式上最为简便，极大地增强可操作性。通过一个简单举例对比，这种计算方式的简便就能体现出来。

举例：甲法院于2010年10月10日作出某一终审民事判决，判令义务人向权利人支付赔偿金额30万元，履行期间为判决生效后10日内，双方当事人均于10月20日签收了该判决书。因义务人未自觉履行义务，权利人于11月5日申请强制执行，法院立案执行后，被执行人于2010年11月30日履行10万元，同年12月25日履行15万元，2011年1月20日给付最后一笔执行款，此时需要被执行人需要支付多少执行款能一次结清？

在这一案例中，涉及多次给付的计算问题。在此前所采本息并还原则下，如果遇到分次履行的情况，多次清偿要计算的先是部分还款按比例时判决书确定的金钱债务与迟延履行期间债务利息各自的额度。再计算出最后一次还款的判决书确定的金钱债务数额，然后推导出最后一次还款的金额。而如果采纳本条司法解释中规定的先本后息的清偿顺序，在计算上则简便许多。

采纳本息并还原则时的履行情况：

根据案件事实，本判决于2010年10月20日生效，履行期间至于同年10月30日，其后履行则为迟延履行。被执行人第一次于2010年11月30日履行10万元，其迟延履行期间债务利息利率为6个月内，2010年10月20日央行调整利率为5.10%。部分偿还额＝本金＋本金×同期贷款基准利率×2×迟延履行期间，假设此次部分履行中本金数额为X_1，则$100\,000 = X_1 + X_1 \times 30\,天 \times 2 \times 5.1/100/360$，由此计算出$X_1 = 100\,000/(1+0.0085) = 99\,157.16$元。

被执行人第二次于2010年12月25日履行15万元，其迟延履行期间债务利息利率为 6 个月内 5.10%。假设此次部分履行中本金数额为 X2，则计算结果为：150 000 ＝ X2 ＋ X2×55 天×2×5.1／100／360X2 ＝ 150 000（1 ＋0.01 558）＝ 147 698.85 元。

第三次在 2011 年 1 月 20 日一次还清，迟延履行期间债务利息利率依然为 6 个月内，期间经过人民银行进行过一次贷款基准利率调整，为 2010 年 12 月 26 日，利率调整为 5.35%，则假设此次履行中支付的金额为 X3，则计算结果为：X3 ＝（300 000 ﹣99 157.16 ﹣147 698.85）＋（300 000 ﹣99 157.16 ﹣147 698.85）（55 天×2×5.1 ＋ 26 天×2× 5.35）／100／360 ＝ 54 382.84 元。

根据上述计算结果，采本息并还原则，被执行人如果在 2011 年 1 月 20 日一次性支付 54 382.84 元，能清偿完毕所有债务，本案才能执行完毕。

对比之下，如果采纳现司法解释规定的迟延履行利息计算方式及先本后息的清偿顺序进行计算，则被执行人的履行情况为：

同样根据案件事实，本判决于 2010 年 10 月 20 日生效，履行期间至于同年 10 月 30 日，其后履行则为迟延履行。被执行人第一次于 2010 年 11 月 30 日履行 10 万元，全部清偿判决确定的金钱债务；被执行人第二次于 2010 年 12 月 25 日履行 15 万元，同样全部清偿了判决确定的金钱债务。如果其希望于 2011 年 1 月 20 日第三次给付时一次还清，则需要支付剩余的判决确定的金钱债务，以及全部的迟延履行期间债务利息。剩余的判决确定的金钱债务为两次偿还后剩余的债务，为 5 万元。而根据本解释第 1 条的规定，加倍部分债务利息的计算方法为：加倍部分债务利息 ＝ 债务人尚未清偿的生效法律文书确定的除一般债务利息之外的金钱债务×日万分之一点七五×迟延履行期间。人民银行款基准利率的调整将不再影响迟延履行期间债务利息的利率。假设第三次履行中支付的金额为 X3，则计算结果为：X3 ＝ 50 000 ＋ 100 000×30 天×1.75/10 000 ＋ 150 000×55 天×1.75/10 000 ＋ 50 000×81 天×1.75/10 000

= 52 677.5 元。

根据上述计算结果，如果采取本解释规定的先本后息的清偿顺序以及相应迟延履行期间债务利息的计算方式，则被执行人如果在2011年1月20日一次性支付52 677.5元，则能清偿完毕所有债务，本案执行完毕。

经过上述对比，可以很容易地看出，先本后息的清偿原则在计算方式上大为简化，而在计算结果上也有利于减轻被执行人承受的利息负担。

最后，先本后息的清偿顺序不存在迟延履行期间债务利息执行不了了之的问题。

反对先本后息清偿顺序的主要理由是认为，先本后息的清偿顺序很容易造成迟延履行期间债务利息的执行不了了之，特别是在只剩下迟延履行期间债务利息尚未清偿的时候更是如此，该制度也就失去意义。然而，这一担心并无必要，主要基于以下两点理由：其一，迟延履行期间债务利息计算时实行法定原则，即计算迟延履行利息是《民事诉讼法》第253条明确规定的。该条规定明确了债务人迟延履行的，"应当"加倍支付迟延履行期间的债务利息。通过文义解释的方法，无论申请执行人是否申请，法院都应当依职权计算。根据《执行规定》第24条的规定，法院在执行前的准备过程中应向被执行人发出执行通知书，责令被执行人承担迟延履行利息或迟延履行金。这也说明迟延履行利息是法院必须采取的一项执行措施，并不以当事人申请为启动要件。其二，迟延履行期间债务利息的给付具有强制性。从《民事诉讼法意见》第279条和《执行规定》第24条有关人民法院在执行案件送达执行通知书时，除责令被执行人在指定的期间内履行生效法律文书确定的义务，还明确被执行人要承担迟延履行期间的债务利息的有关规定来看，迟延履行利息的规定明显属于强制性规范。迟延履行责任与债务本身一样具有可强制执行性，如果被执行人不主动支付迟延履行利息，债权人有权申请人民法院强制执行。在执行程序中，人民法院可以依法采取查封、冻结、扣押、拍卖、变卖等措施，强制执行变现被执行人的财产清偿债务及迟延履行利息。

正因为执行迟延履行利息是执行法院的法定职责，其计付具有强制性，除非债权人有免除的意思表示，人民法院应当严格计算执行迟延履行利息。因此，认为先本后息的清偿顺序将造成迟延履行期间债务利息不了了之的担心是不必要的。

（二）正确理解本条司法解释中"金钱债务"的范畴

司法解释中规定，就清偿顺序而言，应当先清偿生效法律文书中确定的金钱债务，再清偿加倍部分的债务利息。对此处"金钱债务"范畴的正确理解，是准确适用该司法解释的关键之处。与本条前半句的"全部债务"相呼应，对金钱债务的理解，需按金钱的一般文义进行解释，即包括所有支付货币钱款的义务，因此无论是借款本金，还是因借款产生的利息，都属金钱债务的范畴中。需要强调的是，此处"金钱债务"包含了一般债务利息。而生效法律文书中确定应当收取的案件受理费、申请保全费、申请执行费、评估费、鉴定费、公告费、仲裁费等因诉讼或仲裁所支出的费用，则属于费用的范畴，不包括在金钱债务范围内，在计算迟延履行利息时要对这些案件受理费等诉讼或者仲裁费用先行扣除。

还需要注意的是，虽然一般债务利息与迟延履行利息都属于"利息"的范畴，但是两者在性质、功能等方面都存在重大差异。因此，在计算迟延履行利息时，一般债务利息不包括于基数之内，即一般债务利息不产生迟延履行利息，但是在确定清偿顺序时，一般债务利息应当优先于迟延履行，即加倍部分债务利息利息进行偿还。

（三）当事人对清偿顺序另有约定的，应当根据约定的顺序清偿，即在清偿顺序问题上，实行当事人约定优先

在清偿顺序问题上，我们实行约定优先，明确了迟延履行期间的债务利息可经当事人协议处分的例外情形。对于清偿顺序问题，当事人有

权进行约定，只有在当事人没有约定的情况下才按照法律规定的顺序进行清偿。约定优先是当事人处分原则在清偿顺序问题上的集中体现。处分原则是民事诉讼法的基本原则。迟延履行利息作为执行措施，不同于罚款、拘留等妨害民事诉讼的强制措施。[①] 其主要区别在于：第一，迟延履行利息要求被执行人加倍支付的金钱直接支付给当事人，而罚款则直接支付给国家，上缴国库。第二，迟延履行利息会成为被执行人债务的一部分，会随着时间的延长而增加，同时也没有最高数额限制。而一般来说，罚款和拘留并不会随着迟延履行时间的延长而增加，法律限制了其适用的最高数额和期限，[②] 不会直接增加被执行人的债务。可见，迟延履行利息和迟延履行金不仅仅是一项执行措施，也是当事人的权利，作为一项权利，当事人自然有权处分。当事人的意思自治原则在民事诉讼领域即表现为当事人的处分原则，在上述清偿顺序的问题上，当事人对清偿顺序可以进行约定，该约定既可采取明示方式，也可以采取默示方式，约定的时间既可以在执行款给付时，也可以在给付之前进行约定。只要当事人有此约定，则就应予以尊重，严格遵守当事人对于清偿顺序的约定优先适用的原则，此时就排除了本条司法解释中对于清偿顺序规定的适用。即只有在当事人对此没有约定的情况下，才适用本条规定的清偿顺序。

需要注意的是，此前《批复》中规定，当事人在执行和解中对清偿顺序另有约定的除外。将当事人对清偿顺序的约定限制在执行和解过程中。执行和解是指在执行程序中，当事人双方在自愿协商的基础上相互让步，就生效法律文书所确认的权利义务关系达成合意，以中止或终结执行程序的行为或制度。在执行过程中，许多当事人为保证生效法律文

[①] 迟延履行利息和迟延履行责任是《民事诉讼法》第 21 章 "执行措施" 中的规定；除当事人不如实报告财产中的罚款、拘留外，执行程序中的罚款、拘留的依据是《民事诉讼法》第十章 "对妨害民事诉讼的强制措施" 第 111 条第（6）项的规定。

[②] 《民事诉讼法》第 115 条规定：对个人的罚款金额为人民币 10 万元以下；对单位的罚款金额为人民币 5 万元以上 100 万元以下；拘留的期限为 15 日以下。

书确认的权利能够尽快、尽早实现，往往会进行磋商和解，其中就包括对迟延履行期间的债务利息的重新约定。如果当事人对生效法律文书确定的金钱债务与迟延履行利息的清偿顺序达成合意并列入和解协议的，则应当根据当事人之间的和解协议执行。当事人在执行和解过程中进行磋商达成合意并列入和解协议中，当然也属于当事人约定的一种方式。但对比批复中的规定，执行和解具有一定形式要求，只有符合法定形式才构成执行和解，而本解释中则对当事人的约定没有任何形式限制，只要当事人双方就此达成合意即可，形式更加灵活，也有利于当事人就此问题充分行使自己的处分权。

综上，迟延履行利息制度是法律规定的通过对被执行人施以经济处罚，给申请执行人一定的经济补偿的责任制度。对迟延履行的被执行人施以经济处罚，有利于提高人民法院强制执行的威慑力，起到促进债务人自动履行生效裁判、减少执行案件数量和降低执行难度的作用。给申请执行人一定的经济补偿，将有效避免胜诉当事人因对方的迟延履行而蒙受进一步的损失，也使败诉当事人难以通过迟延履行而获利。严格执行迟延履行利息制度是维护人民法院法律文书的权威性、解决执行难问题的重要举措。我国民事诉讼法中关于迟延履行利息的规定，是民事强制执行中对于迟延履行给付金钱义务确立的一项重要制度，是法院的一种督促履行债务的保障性执行措施和债权人获得相应补偿的一项权利。对于其的正确理解与执行是发挥该项制度实际效用的前提与基础。确定科学合理易于操作的清偿顺序原则，有利于司法实践中严格执行迟延履行期间的债务利息制度，有利于提高执行工作的威慑性，从而提高执行效率，保护申请执行人的合法权益，达到减少执行案件数量和降低执行难度的功效。

【案例】

简要案件事实:① 甲公司诉乙公司合资合作开发房地产纠纷一案，上海市高级人民法院于2007年作出终审判决。乙公司应支付甲公司赔偿款项82 450元及利息。2008年3月11日，甲公司向上海市第二中级人民法院申请执行。2008年3月14日，上海市第二中级人民法院向被执行人乙公司发出执行通知书，要求其立即支付甲公司82 450元，并承担相应的利息及诉讼费5534元、审计费5000元、评估费2 0000元。乙公司收到执行通知后，于同年3月24日向上海市第二中级人民法院支付10万元。扣除相关执行费用1136.75元，上海市第二中级人民法院于同年4月22日将98 863.25元发还给甲公司。

因甲公司不服生效判决，向最高人民检察院申诉。最高人民检察院向最高人民法院提出抗诉。2011年8月16日，最高人民法院作出（2010）民抗字第37号民事判决，判令撤销（2007）沪高民一（民）终字第75号民事判决、撤销（2006）沪二中民二（民）重字第2号民事判决；乙公司于本判决生效后15天内支付甲公司赔偿253 650元，已经执行的款项应予扣减。逾期履行依照《中华人民共和国民事诉讼法》（2007年修订）第229条的规定处理；驳回甲公司其他诉讼请求。案件受理费105 534元，双方各承担52 767元，审价费、评估费共计90 000元，甲公司承担70 000元，乙公司承担20 000元。甲公司和乙公司均于2011年10月27日收到该判决。

2011年11月28日，甲公司依据上述判决向上海市第二中级人民法院申请执行。上海市第二中级人民法院于当日向乙公司发出执行通知书，要求其立即履行生效判决确定的义务。乙公司于同年12月14日向上海

---

① 上述案例事实来自于真实案例，为论述需要做了适当修改。

二中院支付 144 200 元。扣除相关执行费用 2204 元，上海市第二中级人民法院于 2012 年 5 月 29 日将 141 996 元发还给甲公司。同年 7 月 10 日，上海市第二中级人民法院扣划了乙公司在上海农村商业银行真北支行的银行存款 26 万元。

根据上述事实，如果采纳本解释规定的计算方式，则第三次扣划的款项 26 万元中，需要向债权人发还多少执行款？

分析：这一案例特别之处在于因本案再审结案，分两次进入执行程序。第一次执行的款项应当相应予以扣除。本案中，甲公司已经取得了两笔执行款：第一笔为乙公司于 2008 年 3 月 24 日交付法院，法院于同年 4 月 22 日发还甲公司的款项 98 863.25 元；第二笔为乙公司于 2011 年 12 月 14 日交付法院，法院于 2012 年 5 月 29 日发还甲公司的 141 996 元。本案最终生效的（2010）民抗字第 37 号民事判决，其生效时间应为 2011 年 10 月 27 日。15 天履行期限应当至 2011 年 11 月 11 日届满。在乙公司两次共计支付了 240 859.25 元后，应当先扣减生效法律文书确定的金钱债务，支付后剩余 12 790.75 元。则在 26 万元执行款中，需要发还给申请执行人的执行款中应当包括剩余的债务本金 12 790.75 元、迟延履行期间债务利息，以及法律文书中判令乙公司应当承担的 20 000 元评估费用，该评估费用不产生迟延履行期间债务利息。

其中迟延履行期间债务利息包括两部分：第一部分为判决文书确定的债务本金 253 650 元扣除此前支付的 98 863.25 元后剩余的 154 786.75 元在 2011 年 11 月 12 日至同年 12 月 14 日期间产生的迟延履行期间债务利息。第二部分为扣除第二次给付的 141 996 元后剩余的债务本金 12 790.75 在 2011 年 12 月 15 日至 2012 年 7 月 10 日期间产生的迟延履行期间债务利息。

需要说明的是关于案件受理费的负担问题。终审裁判文书中判定"案件受理费 105 534 元，双方各承担 52 767 元"。本案中，申请执行人在诉讼过程中预交了 105 534 元案件受理费，应当退还 52 767 元受理费，应当如何处理？诉讼中，当事人预交的案件受理费超出了生效法律文书最终确定其应当承担的数额，根据人民法院诉讼费管理的相关规定，应当向有关法院申请退还超额部分。所以案件受理费退费事宜不属于本案执行事项，应当通过其他途径解决。本案中，被执行人也是按照人民法院诉讼费管理的相关规定，向法院另行缴纳了应当承担的案件受理费52 767元。案件受理费不作为执行标的计入本案执行款。

【实践中应注意的问题】

本条司法解释就执行款不足以清偿全部债务时的清偿顺序问题进行了重大变更，司法实践中适用这一条文时应当注意以下几个问题：

一、强制执行程序中参与分配时是否适用本条解释中规定的清偿顺序的问题

需要注意的是，执行程序中，被执行人履行了债务和申请执行人实现了债权有时并不同步。执行法院在处理完毕执行标的物后仍然存在分配执行款的问题，特别是针对多个债权人请求参与分配的情形。由此产生了一个问题，在执行中需要对多个债权人进行案款分配的情况下，是否应当适用该条司法解释中规定的清偿顺序？

我们认为，本解释关于清偿顺序的规定主要适用于被执行人分次履行时，但同时也适用于执行案款分配程序中。所谓被执行人财产不能清偿债务，既指被执行人分次履行的情形，也指被执行人的财产在参与分配程序中不能清偿多份债务时的情形。如前所述，责令被执行人支付迟延履行利息是保障性执行措施的一种，是民事执行机关对迟延履行义务的被执行人依法督促其履行义务，并追究其迟延履行责任的公法上的制裁行为。其对债权人因迟延履行而遭受的损失的补偿功能并非其主要功能，而是一种反射性功能，债权人的损失主要应当由生效法律文书中确

定的一般债务利息、违约金、赔偿金等进行弥补。对于债权人来说，实现生效法律文书确定的金钱债务是参与分配程序中最主要的任务。有鉴于此，参与分配程序中被执行人财产不足以清偿所有债务的，迟延履行利息的清偿顺序也应当适用本解释的规定，即优先保证生效法律文书确定的金钱债务得到清偿，剩余款项再偿还迟延履行利息。因此，在参与分配时，要按照先偿付生效法律文书确定的金钱债务，再支付迟延履行期间利息的原则进行分配，如果在执行款项不足以支付所有生效法律文书确认的金钱债务时，迟延履行利息则不应当记入债权数额中参与分配。

二、本解释规定的清偿顺序与一般民事债权清偿顺序的区别问题

当执行款不足以偿付全部债务的，就存在着清偿顺序的问题。而在一般民事债权的清偿中，则存在清偿抵充的规定，即指债务人对同一债权人负担数宗同种类债务，而债务人的履行不足以清偿全部债务时，决定该履行抵充某宗或某几宗债务的现象。[①] 各国民法普遍规定，在一般民事债权中，债务人的给付不足以清偿其全部债务时，当事人可以就给付抵充何宗债务进行约定；如果当事人之间没有约定，则债务人有权单方面指定其给付系清偿何宗债务，但应该依次按照费用、利息、原本债务的顺序进行抵充。这一原则在我国许多法律、司法解释中都有所体现。例如，《最高人民法院关于适用〈中华人民共和国合同法〉若干问题的解释（二）》第 21 条规定：债务人除主债务之外还应当支付利息和费用，当其给付不足以清偿全部债务时，并且当事人没有约定的，人民法院应当按照下列顺序抵充：(1) 实现债权的有关费用；(2) 利息；(3) 主债务。我国《担保法》第 68 条规定：质押合同无另外约定时，质权人收取的质物的孳息，先充抵收取孳息的费用，再充抵质权担保的债权。

---

① 崔健远主编：《合同法》（第三版），法律出版社 2003 年版，第 208 页。

而《最高人民法院关于适用〈中华人民共和国担保法〉若干问题的解释》第74条规定：抵押物折价或者拍卖、变卖所得价款，当事人没有约定的，按下列顺序清偿：（1）实现抵押权的费用；（2）主债权的利息；（3）主债权。上述规定无不体现了一般债权清偿时抵充顺序为费用、利息、原本债权。

一般民法债权的抵充顺序反映了公平的理念，同时也是为了保证债权的实现。但如前文所述，迟延履行利息，名为利息，实则具有一定公法性质，是对当事人迟延履行金钱债务的一种惩罚。所以司法解释中确定的法律文书确定的金钱债务与迟延履行利息清偿顺序不适用一般民法债权的清偿抵充顺序。首先，迟延履行属于罚息，是对不按期履行判决确定义务的惩罚方式，与普通债务主债务之利息有本质属性上的区别。其次，债的清偿抵充顺序的确立，在价值取向上更侧重于对债权人的利益保护，主要是对债权人经济损失的弥补；而迟延履行利息制度的设置目的在于给予申请执行人适当的经济补偿，对被执行人施以适当的经济惩罚，督促当事人尽快履行判决义务，维护法院判决的权威性。因此，本解释中确立的约定优先以及本金优先受偿的原则与合同法、担保法及相关民法领域中债的清偿抵充顺序并不存在矛盾和冲突。

因此，在执行款不足以清偿全部债务时，就生效法律文书确定的金钱债务与迟延履行利息的清偿顺序而言，应当先清偿生效法律文书确定的金钱债务，如果有剩余，再支付迟延履行利息。如果执行款尚不足以支付生效法律文书确定的全部金钱债务，则应当按照一般民法债权抵充顺序原则进行支付。

三、迟延履行利息与违约金等的清偿顺序问题

在司法实践中，因当事人明确约定了逾期履行的违约金的计算方式及时间，许多生效法律文书结论中直接写明"违约金计算至履行时止"，这样就产生了逾期履行违约金与迟延履行利息的选择执行问题。有人认

为，违约金是双方当事人对逾期履行合同所产生的损害赔偿额的预先约定，包含了对所有损失的判断，如果出现违约行为而迟延履行，且这一状况持续到执行程序中，此时当事人的合同约定优先于法定的迟延债务利息，只执行违约金即可。另有观点认为，约定违约金是双方当事人对逾期履行的违约责任约定，迟延履行利息是法律赋予申请执行人因被执行人迟延履行而享有的法定权利，两者可以同时适用。[①]

上述两种观点都有一定的法律和实践依据。然而，我们认为，对于这一问题的认识前提是充分认识到迟延履行期间债务利息的性质。而迟延履行期间债务利息性质是一项保障性的执行措施。从执行机关角度看，是民事执行机关迫使被执行人履行义务、实现申请执行人权利的方法与手段。该制度是为保障、辅助和配合实现权利人权利的执行措施。而迟延履行期间债务利息具有惩罚性，是民事执行机关针对被执行人迟延履行义务的行为强制其履行义务，并追究其迟延履行的责任，制裁其不履行法律文书确定义务的行为，以促使其自觉履行义务。从申请执行人的角度看，迟延履行利息属于申请执行人的法定权利范畴，是对申请执行人不能依据生效法律文书及时取得权利而获得的经济补偿，同时防止被执行人通过迟延履行获得不当利益。

迟延履行期间债务利息最主要的特征还是其具有的惩罚性，因此，迟延履行期间债务利息支付的总体原则应当是无论是否给申请执行人造成损失，都应当支付。虽然其具有对申请人因迟延履行期间受到损失的弥补功能，但却是因避免被执行人因迟延履行而获得额外利益而产生的效果，因此即使当事人对迟延履行造成的损失约定了违约金进行弥补，也不能因此排除法律赋予申请执行人收取迟延履行利息的权利。就我们的司法解释而言，如果生效法律文书中判明了违约金，则属于生效法律文书确定的金钱债务，在清偿顺序上，是优先于迟延履行利息而受偿。

[①] 黄文艺：《迟延履行利息执行制度研究》，载《清华法律评论》第5卷第1辑。

违约金之所以优先于迟延履行利息受偿，在于其是为满足债权人的债权，补偿其损失而存在的，而迟延履行利息则主要是为了惩罚和制裁被执行人的迟延履行行为，警戒他人不再发生类似行为，同时防止被执行人因迟延履行行为而获得不当利益。因此在执行款不足以清偿全部债务时，就清偿顺序而言，违约金优先于迟延履行利息而受偿。

四、迟延履行利息是否属于优先受偿权保护范围

在迟延履行利息相关领域，执行实践中存在诸多疑难问题。目前尚不能有确切答案，还需要我们不断深入探索。优先受偿的债权产生的迟延履行利息是否属于优先受偿的范围问题就是其中之一。在我国，优先受偿权的种类主要包括如下几种：物权法及担保法中规定的抵押权、质权、最高额抵押、最高额质押、留置权；合同法中规定的承包人建设工程款优先受偿权[①]以及海商法、民用航空法等法律中规定的船舶和民用航空器抵押权、船舶和民用航空器优先权等。如果生效法律文书确定的债权是享有上述优先受偿权的债权，则该生效法律文书迟延履行期间产生的加倍利息是否也属于优先受偿的范围，从而在存在债权竞争关系的情况下，能够优先于其他不享有优先受偿权的普通债权而受偿？

这个问题比较复杂，认为此种情况下的迟延履行利息属于优先受偿的范围或者不属于优先受偿的范围各有其道理。赞成的主要理由有两点：第一，以抵押权、质权等为例，我国法律中明确规定了除合同另有约定的情况以外，抵押担保以及质押担保等担保物权的担保范围均包括主债权及利息、违约金、损害赔偿金、保管担保财产和实现担保物权的费用。

---

① 《合同法》第286条规定："发包人未按照约定支付价款的，承包人可以催告发包人在合理期限内支付价款。发包人逾期不支付的，除按照建设工程的性质不宜折价、拍卖的以外，承包人可以与发包人协议将该工程折价，也可以申请人民法院将该工程依法拍卖。建设工程的价款就该工程折价或者拍卖的价款优先受偿。"有学者将其称为法定抵押权或法定留置权。

当事人另有约定的,按照约定。① 这里所谓的利息并未排除迟延履行利息。因此从文义解释的角度出发,迟延履行期间债务利息也属于优先受偿的范围;第二,迟延履行利息具有对债权人损失的弥补功能,应当受到优先受偿权的保护。

然而,目前我们倾向于优先受偿的债权产生的迟延履行利息不属于优先受偿的范围的观点。其主要理由如下:首先,迟延履行利息是法定的,其产生的基础是债务人不履行生效法律文书确定的金钱给付义务,而不是各种优先受偿的权利。其次,从迟延履行利息的特点考虑,计付迟延履行利息是法院主动实施的执行措施,其具有以惩戒和遏制为主,兼顾赔偿的性质。责令被执行人支付迟延履行利息是一种保障性执行措施,其目的在于督促被执行人依法及时履行其义务,其性质上属于对迟延履行行为所采取的诉讼法上的制裁行为。因其增大被执行人迟延履行的负担,防止被执行人因迟延履行行为而获得不当利益,因此,迟延履行利息主要是惩罚被执行人迟延履行给付金钱义务的行为,警戒他人不再发生类似行为,而不是为了弥补债权人的损失。即使其迟延履行利息客观上具有对债权人损失的弥补损失的功能,也是因为其为防止被执行人因不履行义务而具获得不当利益的反射功能的体现。总体说来,迟延履行期间债务利息主要作用并非为弥补优先受偿权人的损失。为此,作为促使当事人及时履行判决义务的一种手段,迟延履行利息也不应因生效法律文书确定的债务性质不同而采取不同的清偿顺序。再次,优先受偿权的种类不同,其范围也有差异,不能一概而论。例如,虽然担保物权担保的范围明确包括利息,但是在建筑工程款优先受偿权的范围方面,就有司法解释明确表示不包括债务利息。且法律中规定的主债权及利息

---

① 《担保法》第46条规定:"抵押担保的范围包括主债权及利息、违约金、损害赔偿金和实现抵押权的费用。抵押合同另有约定的,按照约定。"第67条规定:"质押担保的范围包括主债权及利息、违约金、损害赔偿金、质物保管费用和实现质权的费用。质押合同另有约定的,按照约定。"《物权法》第173条规定:"担保物权的担保范围包括主债权及其利息、违约金、损害赔偿金、保管担保财产和实现担保物权的费用。当事人另有约定的,按照约定。"

中所谓的利息，我们认为应当指的是主要为损失弥补功能的一般债务利息，而非迟延履行利息。

既然无论生效法律文书确定的金钱债务是否属于优先受偿权，则其相对应的迟延履行利息的权利基础以及特征等都是一致的，那么就没有区分的必要，应当平等对待。因此，优先受偿的债权产生的迟延履行利息不属于优先受偿的范围。当然，这只是初步意见，这一意见尚待实践的检验。

【相关法律法规】

最高人民法院
关于适用《中华人民共和国合同法》若干问题的解释（二）（节录）

2009年4月24日　　　　　　　　　　　　法释〔2009〕5号

第二十一条 债务人除主债务之外还应当支付利息和费用，当其给付不足以清偿全部债务时，并且当事人没有约定的，人民法院应当按照下列顺序抵充：

（一）实现债权的有关费用；

（二）利息；

（三）主债务。

中华人民共和国担保法（节录）
（1995年6月30日）

第六十八条 质权人有权收取质物所生的孳息。质押合同另有约定的，按照约定。

前款孳息应当先充抵收取孳息的费用。

最高人民法院
关于适用《中华人民共和国担保法》若干问题的解释（节录）

2000 年 12 月 8 日　　　　　　　　　　法释〔2000〕44 号

第七十四条　抵押物折价或者拍卖、变卖所得价款，当事人没有约定的，按下列顺序清偿：

（一）实现抵押权的费用；

（二）主债权的利息；

（三）主债权。

最高人民法院
关于建设工程价款优先受偿权问题的批复

2002 年 6 月 20 日　　　　　　　　　　法释〔2002〕16 号

上海市高级人民法院：

你院沪高法〔2001〕14 号《关于合同法第 286 条理解与适用问题的请示》收悉。经研究，答复如下：

一、人民法院在审理房地产纠纷案件和办理执行案件中，应当依照《中华人民共和国合同法》第二百八十六条的规定，认定建筑工程的承包人的优先受偿权优于抵押权和其他债权。

三、建筑工程价款包括承包人为建设工程应当支付的工作人员报酬、材料款等实际支出的费用，不包括承包人因发包人违约所造成的损失。

第五条 生效法律文书确定给付外币的，执行时以该种外币按日万分之一点七五计算加倍部分债务利息，但申请执行人主张以人民币计算的，人民法院应予准许。

以人民币计算加倍部分债务利息的，应当先将生效法律文书确定的外币折算或者套算为人民币后再进行计算。

外币折算或者套算为人民币的，按照加倍部分债务利息起算之日的中国外汇交易中心或者中国人民银行授权机构公布的人民币对该外币的中间价折合成人民币计算；中国外汇交易中心或者中国人民银行授权机构未公布汇率中间价的外币，按照该日境内银行人民币对该外币的中间价折算成人民币，或者该外币在境内银行、国际外汇市场对美元汇率，与人民币对美元汇率中间价进行套算。

【条文主旨】

本条是关于外币案件如何计算迟延履行期间债务利息的规定。

【条文理解】

在金钱给付案件中，有一部分涉及给付外币的案件，此类案件如何确定迟延履行利息，是一个更为复杂的问题。正确理解与适用本条规定，应当从以下几个方面把握。

一、相关概念的理解

（一）外币

外币的概念，应从货币及其范围说起。货币，从本质上讲，是随着商品经济的发展，从商品中分离出来的充当一般等价物的特殊商品。它具有价值尺度、流通手段、贮藏手段、支付手段和世界货币等职能。因此，凡具备上述职能的，均应列入货币的范围。但这只是对货币一般的解释，随着商品经济的发展，不同形式货币的职能均有一定变化，货币的范围也会发生变化，其趋势是不断扩大。

世界上多数国家接受了扩大货币范围，划分货币层次的理论主张，并在实践中开始运用。概括来讲，货币的定义有狭义与广义之分。狭义的货币是指现金（纸币和硬辅币）和活期存款。这是被人们普遍承认的货币。广义的货币一般是指银行体系以外流通中的现金、银行体系各种存款、非银行金融机构的存款、银行与非银行金融机构以外的所有短期信用工具。世界各个国家或地区都有自己的法定的货币，例如，美国的货币是美元，日本的货币是日元。根据法律规定，我国的法定货币是人民币[①]。相对于人民币来讲，其他国家或地区的货币都属于外币。

外汇是国际汇兑的简称。这一概念有动态和静态之分，其动态概念是：通过特定的金融机构，经过两种货币的换算，以汇款或托收方式，借助于各种信用工具对国际间债权债务关系进行结算的专门性的经营活动。其静态概念是由动态概念延伸出来的，有狭义和广义的两种解释。

狭义的外汇是指以外币表示的用于国际结算的支付手段。主要包括外币现钞和以外币表示的汇票、本票、支票等支付凭证。这一概念是从国际支付手段的角度来定义的，是外汇经常使用的一般性概念。狭义的

[①] 《中国人民银行法》第16条规定："中华人民共和国的法定货币是人民币。以人民币支付中华人民共和国境内的一切公共的和私人的债务，任何单位和人个不得拒收。"

外汇主要有以下三个方面的特点：第一，外汇是以外币表示的支付手段。支付手段是指能够直接用于清偿债务的金融工具和资产，它包括的范围较为广泛，但以本国货币表示的支付手段不能视为外汇，只有用外国货币表示的支付手段才是外汇。第二，外汇是在国外能够得到偿付的外币支付手段。外汇作为国际结算的支付手段，它的清偿能力不能仅是名义上的，必须是在国外能得到偿付的，空头支票、拒付汇票不能视为外汇。第三，外汇是可以兑换成其他支付手段的外币支付手段。这就是说外汇具有可兑换性，即，将一种外币兑换成其他国家货币的支付手段，如将美元换成日元等。这是外汇最重要的特点。上述三个特点相互联系、缺一不可，是狭义外汇的必要条件。

广义的外汇是指一切能用于偿付国际收支逆差的对外债权。它是从国际收支这一角度来下定义的，主要用于国家的管理规定。国际货币基金组织和我国外汇管理条例采用的都是广义的概念。① 广义的外汇概念强调的是以各种不同形式出现的能用于清偿国际收支逆差的国际债权，而不问它是用外币表示还是用本币表示。例如，在双边清算中用本国货币表示的债权；外国政府在本国发行的用本币表示的债券等，均属于广义的外汇。

综上所述，不论从狭义的外汇来说，还是从广义的外汇来讲，外币和外汇有明显区别，简单地将外币等同于外汇是不正确的。②

（二）汇率、套算

现在各国实行的是不兑现的信用货币制度，也就是纸币制度。各国都有自己独立的货币制度和货币，一般来说，一国的货币不能在另一国流通，从而国与国之间在债权和债务清偿时，需要进行本国货币与外币

---

① 《外汇管理条例》第3条规定："本条例所称外汇，是指下列以外币表示的可以用作国际清偿的支付手段和资产：（一）外币现钞，包括纸币、铸币；（二）外币支付凭证或者支付工具，包括票据、银行存款凭证、银行卡等；（三）外币有价证券，包括债券、股票等；（四）特别提款权；（五）其他外汇资产。"

② 参见公方伟：《浅谈外币与外汇的关系》，载《中国乡镇企业会计》1996年第12期。

的兑换。这一兑换比率就是汇率。也可以看做是用一货币表示的另一种货币的价格。[①]

基准汇率是指本国货币与基准货币或关键货币的汇率。

由于外币种类很多，各国在制定本国汇率时，通常选择某种货币作为关键货币，首先制定本币对此种货币的汇率，叫做基准汇率；然后根据基准汇率套算出本币对其他货币的汇率。关键货币一般是指一种在本国对外经济交往中最常使用的世界货币，被广泛用于计价、结算、储备货币，并可自由兑换，是国际上可普遍接受的货币。目前作为关键货币的通常是美元，把本国货币对美元的汇率作为基准汇率。

其他外国货币与本国货币之间的汇率，可以根据国际市场上该货币与关键货币之间的汇率和基准汇率套算出来。套算出来的汇率就是套算汇率，也称为交叉汇率。

买入价是指银行买入外汇时所使用的汇率。卖出价是指银行卖出外汇时所使用的汇率。中国人民银行于每个工作日闭市后公布当日银行间外汇市场美元等交易货币对人民币的收盘价，作为下一个工作日该货币对人民币交易的中间价。

（三）汇率风险

汇率风险主要是指由于本币与外币不匹配，因汇率变动而产生所得货币减少的风险。在强制执行中主要表现为债权人得到的外币贬值。

目前我国汇率风险主要体现在两方面：其一，汇率制度改革后人民币汇率市场化使得人民币汇率的波幅趋大趋频，整体汇率风险增加。市场化后的人民币汇率更容易受到国际、国内多方面因素的影响，波动的频率、幅度将进一步扩大，不确定性进一步增加，从而使汇率风险有所加大。其二，外币潜在风险大。相对于固定汇率制度而言，浮动汇率制度下汇率的波动幅度更大，增加了许多风险。而目前外汇市场汇率波动的特

---

① 李宝岩：《外汇与汇率教学难点解析》，载《经济研究导刊》2012年第35期。

点是汇率走向更加无序化，影响汇率变动的短期因素难以把握。对企业来说，因汇率变动而产生的风险有三种：一是换算风险；二是交易风险；三是营运风险。①

汇率风险一般包括本币、外币和时间三个因素。由于债务人实际清偿债务的时间与其应当清偿债务的时间经常不一致，这便产生了一个期间。在这个期间内，本币与外币的兑换比例可能发生变化，从而发生汇率风险。

债务人清偿债务的时间长短对汇率风险的大小具有直接影响。时间越长，则在此期间汇率波动的可能性就越大，汇率风险相对就越大；时间越短，在此期间内汇率波动的可能性就越小，汇率风险相对就越小。

二、外币案件的特殊之处

外币案件的迟延履行利息如何计算，这个问题远远复杂于本币案件。外币案件执行的特殊之处为：第一，以何种货币计算迟延履行利息；第二，汇率风险由谁承担。

为了直观地理解本条规定，下面举两个例子加以说明。

[例一] 一份生效的法律文书确定，债务人应支付债权人货款10 000

---

① 换算风险又称为会计风险，在每个会计年度结算时，公司必须编列合并财务报表，如果一家公司有子公司在国外，就得承受换算风险。公司须先将子公司以外币编制的财务报表转换成以母公司所在地货币编制的财务报表，再进行合并。由于合并报表的编制涉及汇率的换算，因此报表上的利润会因为汇率的变动而产生变化。由于换算风险是因为会计处理而产生的，因此同一公司在不同会计准则下，有可能承担不同程度的换算风险。目前世界各主要国家进行会计换算时基本上以现行汇率法与时点法并用。

交易风险是指公司以外币计价的合约现金流的本国货币价值可能会因汇率变化而产生变动。在企业的经营过程中，必定经常会与贸易伙伴或金融机构签订各种合约，不论签订的是哪一种合约，只要以外币作为计价单位，则此合约就会带给公司额外的交易风险。也就是说，只要公司有以外币计价的合约现金流，就要承担交易风险。

营运风险是指公司非合约现金流的本国货币价值有可能因非预期的实际汇率变化而产生变化，因而影响公司整体的价值。一家公司所承受营运风险的程度能够衡量实际汇率变化会影响公司整体价值到何种程度。营运风险的产生主要是因为两国经济基本面的相对变化而引起实际汇率变化，进而影响到公司在国际市场上的竞争力，因此营运风险又称竞争性风险。营运风险与交易风险合称为经济风险。

美元（此时汇率为1∶8，折算人民币为80 000元）。债务人迟延履行的，应当根据《民事诉讼法》第253条的规定加倍支付迟延履行期间的债务利息。法院在执行债务人财产时，美元贬值，汇率变为1∶6。（此时，10 000美元折算成人民币为60 000元）。债务人的财产有20 000美元及人民币90 000元。

[例二] 一份生效的法律文书确定，债务人应支付债权人货款10 000美元（此时的汇率为1∶6，折算成人民币为60 000元）。债务人迟延履行的，应当根据《民事诉讼法》第253条的规定加倍支付迟延履行期间的债务利息。法院在执行债务人财产时，美元升值，汇率变为1∶8（此时，10 000美元折算成人民币为80 000元）。债务人的财产有20 000美元及人民币90 000元。

第一个问题：以何种货币计算迟延履行利息。这个问题就是要解决以何种货币为给付金钱的标准，由于汇率的变动，以不同货币为给付金钱标准对债权人的影响也不一样。在例一中，如果以美元为给付标准，债务人要支付与10 000美元等值的货币（并不一定要执行美元，其它货币也可以）；如果以人民币为给付标准，就要支付与80 000元人民币等值的货币，在例一中，基本上以人民币作为给付标准对债权人更为有利；① 相反，在例二外币升值情况下，则以外币作为给付标准对债权人更为有利。② 而币种一旦确定，债务人以其财产中的20 000美元还是人民币90 000元支付，对债权人来说没有影响，只对债务人有影响。可见，以何种货币计算迟延履行利息，以及汇率风险由谁承担，两个问题不能截然分开。

外币案件的另一个难点在于采用何种利率计算迟延履行利息。这个问题比本币案件计算迟延履行利息选择何种利率复杂。2000年9月，我国放开外币贷款利率和300万美元（含300万）以上的大额外币存款利

---

① 此时，债权人将人民币80 000元兑换成美元就是13 333美元。
② 此时，债权人将10 000美元兑换成人民币就是80 000元。

率；300万美元以下的小额外币存款利率仍由人民银行统一管理。2002年3月，中国人民银行统一了中、外资金融机构外币利率管理政策，实现中外金融机构在外币利率政策上的公平待遇。2003年7月，我国放开了英镑、瑞士法郎和加拿大元的外币小额存款利率管理，由商业银行自主确定。2003年11月，中国人民银行对美元、日元、港币、欧元小额存款利率实行上限管理，商业银行可根据国际金融市场利率变化，在不超过上限的前提下自主确定。目前，中国人民银行公布的有指导性的外币利率只有小额外币存款利率（详见下表）。

现行小额外币存款利率水平表[①]

（年利率:%）

项　目	美元	欧元	日元	港币
活期	1.150	0.100	0.0001	1.000
七天通知	1.375	0.375	0.0005	1.250
一个月	2.250	0.750	0.0100	1.875
三个月	2.750	1.000	0.0100	2.375
六个月	2.875	1.125	0.0100	2.500
一年	3.000	1.250	0.0100	2.625

对上述问题，有两种综合意见。一种意见认为，法律文书确定给付外币的，就应当执行外币，计算迟延履行利息也是一样。理由是：（1）当事人对于币种的选择在合同签订时就已经有了预期，应当承担之后所发生的利率风险。（2）外币与本币换算涉及汇率问题，履行期间届满时的汇率与实际履行之日的汇率是变化的，外币的市场利率与本币的市场

---

① 数据来源：http://www.pbc.gov.cn/publish/zhengcehuobisi/630/1269/12690/12690_.html，最后访问时间：2013年7月20日。本表从2005年12月28日开始执行。

利率也不断变化。这四个变量导致利息直接按照外币的市场利率计算后的数额与经过人民币的折算最终确定的利息数额产生差距。因此，法律文书确定了什么币种，计算迟延履行利息也应使用什么币种。而对于被执行人只有人民币的情况，应当以执行时所应支付的外币数额为标准，执行相应的人民币。（3）外币与本币各自的利率市场化程度不同，外币利率变化速度比本币快。两者的资金成本不一样，日万分之一点七五，对本币和外币的影响不同，对当下国际市场上外币贷款的利率水平来说，是比较高的。

另外一种意见认为，本金及一般债务利息，应当以外币为标准支付；计算迟延履行利息，则可以先转化成人民币，按照日万分之一点七五的标准计算，再折算或者套算成外币。因为：（1）作为债务人不履行义务的惩罚，不管本币还是外币，标准应当统一，都使用日万分之一点七五计算。（2）适用日万分之一点七五计算的只是迟延履行利息部分，这个标准对外币来说虽然较高，但是这是基于中国法律规定确定的标准，迟延履行利息具有惩罚性，高一些也无可厚非。

我们认为，解决上述问题应当本着对债权人有利的原则综合考虑。计算迟延履行利息应当以人民币为标准计算，这是因为，迟延履行利息是因债务人未履行生效法律文书确定的义务而产生的，具有惩罚性，其性质不同于一般债权产生的利息孳息。对此，在我国法域内，人民法院作为司法机关有权依法对债务人拒绝履行判决的行为作出处罚。在此种情况下也应以我国法定货币——人民币作为计付标准，以此来维护法律文书的效力，彰显司法权威。因此，可以将外币债务折算成人民币，适用第1条万分之一点七五的标准计算。如此，在例一中，先将外币以迟延履行利息起算之日的汇率折算或者套算为人民币，再计算迟延履行利息。这对债权人有利，也符合以人民币计算迟延履行利息的思路。但是，由于迟延履行利息起算之日和被执行人实际履行之日两个节点汇率极有可能发生变动，就存在因汇率发生变动而导致债权缩水的风险。这时就应当令被执行人承担汇率风险。在例二中，先将外币以迟延履行利息起算之日的汇率折算或者套算为人民币，再计算迟延履行利息。这对申请执行人不利。此时可以考虑以被执行人实际履行之日的汇率折算或者套算为人民币后再计算迟延履行利息。而以被执行人实际履行之日的汇率折算或者套算为人民币后计算迟延履行利息与直接以外币计算迟延履行利息结果是一样的，因此，从表述和操作方便的角度考虑，《解释》首先规定以外币计算迟延履行利息，但债权人选择以人民币计算迟延履行利息的，人民法院应当准许。

三、执行实践中应当注意的问题

（一）本条特殊规定仅适用于外币案件的迟延履行期间债务利息中加倍部分债务利息的计算

对于迟延履行期间的一般债务利息如何计算，适用《解释》第1条第2款的规定，即"迟延履行期间的一般债务利息，根据生效法律文书确定的方法计算；生效法律文书未确定给付一般债务利息的，不予计算。"

（二）债务人以何种货币清偿债务，当前没有法律及司法解释的明确规定

我们可以先考察《最高人民法院关于人民法院审理借贷案件的若干意见》的有关规定。该意见第12条第1款规定："公民之间因借贷外币、台币发生纠纷，出借人要求以同类货币偿还的，可以准许。借款人确无同类货币的，可参照偿还时当地外汇调剂价折合人民币偿还。出借人要求偿付利息的，可参照偿还时中国银行外币储蓄利率计息。"该规定要求债务人原则上以外币或者台币偿还债务，只有在债务人没有同类货币的，才以折合后的人民币偿还债务。在执行实践中，可以先以与债权人选择的计算迟延履行利息的货币相同的货币清偿，不能全部清偿的，再考虑其他货币折算或者套算后清偿。如例一中，如果债权人选定以人民币作为计算迟延履行利息的货币，那么，应当先以债务人的人民币

90 000元清偿，如果不够，再将美元折算成人民币清偿。而例二中，如果债权人选定以美元作为计算迟延履行利息的货币，则应先以债务人的美元财产清偿债务，不足的，再以人民币财产折算成美元清偿。

（三）执行中币种的选择只限于迟延履行利息的执行

迟延履行利息之外的其他金钱债务以何种货币为给付标准，应当以生效法律文书确定的币种为给付标准。

第六条 执行回转程序中，原申请执行人迟延履行金钱给付义务的，应当按照本解释的规定承担加倍部分债务利息。

【条文主旨】

本条旨在进一步明确执行回转中也适用本解释的规定。

【条文理解】

本解释征求意见时，有法院提出，在执行回转的情况下，法院作出的执行回转的裁定书应当责令原申请执行人返还已取得的财产及其孳息，同时也应当明确迟延履行期间债务利息的承担问题。为公平保护当事人的合法权益，促使原申请执行人主动履行执行回转的义务，本解释对此予以明确。

该条在《解释》中，实际上是一条附随性的条款，正如我国《民事诉讼法》在执行编中，将执行回转作为执行程序的重复或延续一样，其立法本意在于强调执行回转程序也适用《民事诉讼法》有关执行程序的相关规定。关于执行程序中如何计算迟延履行期间债务利息有关案例和执行实践中应当注意的问题，前述已经很多，均可直接适用于执行回转，这里不再赘述。然而，执行回转在实践中的疑难复杂性以及因此而产生的问题是独立且庞杂的，如原生效法律文书为金钱给付的判决，执行时，却拍卖（或以物抵债）了被执行人的房产、股权（票）、车辆等，申请执行人或者竞买人（或善意第三人）取得财产后，待执行回转时，上述财产的权属和价值均发生变化；又如，执行回转时，原生效法律文书的债权人依法注销，如何确认新的义务主体；再如，已经执行分配完案外人的财产,且该财产已经被善意第三人依法取得,而案外人在异议之诉中胜诉,如何执行回转,等等。这些问题随着执行实践的深入发展,越来越突出地摆在现实面前,使得执行回转愈加难上加难。之所以这样难,关键在于法律制度上缺乏相应的规范。因此,在这里,与其讨论迟延履行债务利息的执行回转问题,莫如将重点放在讨论执行回转制度本身上。

在作进一步讨论前,有必要梳理一下执行回转的相关理论和法律规定。

一、执行回转制度概述

多年来,在解决执行难问题的过程中,讨论了很多有关执行的理论和实践问题,同时也衍生了很多新的执行规范。但是,关于执行回转的法理基础、规范设计以及对实践中的争议却鲜有研究。

通说认为,执行回转制度是我国执行法律制度的一个特色。因为在大陆法系国家和地区,没有执行回转的法律制度,因原生效法律文书错误而在执行时遭受损害的权利,通常要经过新的诉讼进行再确认,进而得到偿还或赔付。我国民事诉讼法在有关执行回转的立法上,之所以将执行回转作为原执行程序的附随或者补救程序,是过多地考虑到新生效的法律文书是对原生效法律文书认定的事实或者法律关系的纠正,以及对原有法律关系和给付内容进行调整之间的相互关联性,而没有充分地顾及到,在原生效法律文书执行过程中衍生出来的各种新的法律关系及新的争议。对执行回转中产生的新的法律关系和相关争议,并没有一个法定的解决机制,通常只能是在执行中通过纠正所谓的"执行错误",并责令取得财产的人返还的方式解决。其结果,不仅增加了执行难的客观因素,加剧了执行乱,同时也严重地损害了司法权威和当事人的诉讼权利。

关于执行回转的法理问题,国内少有域外实践的介绍和学理探讨。在法律规范方面,我国从1991年制定,到2007年修订,再到2012年修订的《民事诉讼法》，有关执行回转制度的条文只有一条。虽然条款序号有所调整，但内容没有任何变化。同时，有关执行回转的司法解释也少有规范，主要体现在《民事诉讼法意见》第275条，《执行规定》第109条、第110条等有限的几个条款。近些年来，执行实践中有关执行回转的争议愈来愈复杂难断，仅凭上述几个条款的规定，要解决执行回转中的所有现实问题，愈发空乏无力。因此，在整个执行理论中重新构筑执行回转理论，完善相关法律制度，已成为执行工作现实的当务之急。

二、执行回转的概念及其适用条件

所谓执行回转，是指人民法院根据权利人的申请，依法执行原生效法律文书完毕后，据以执行的原生效法律文书确有错误，被人民法院或者其他有权机关（构）撤销、变更的，对已被执行的财产，经执行裁定确认部分或全部恢复至原有的状态，并依据该执行裁定通过启动新的执行程序将财产再返还给原被申请执行人的程序制度。

执行回转是执行中的补救制度，立法本意在于纠正因法律文书错误或不当而导致执行工作的失误，以保障当事人的合法利益。

（一）执行回转的原因

在实践中，发生执行回转的原因，主要有以下三种：其一，人民法院作出的生效判决、裁定已经执行完毕以后，该判决、裁定被本院或者上级法院通过审判监督程序予以改判或者撤销，权利人根据发生法律效力的再审判决、裁定，申请执行回转。其二，人民法院作出送达即发生法律效力的先予执行裁定，在执行完毕以后被本院的生效裁判或者上级法院的终审裁判所撤销或者改判，由于先予执行的财物要返还给被执行人，因而发生执行回转。其三，其他机关制作的由人民法院强制执行的法律文书，在执行完毕以后被制作该法律文书的机关或者上级机关撤销或者改判，因返还被执行的财物而发生执行回转。

（二）执行回转的条件

《民事诉讼法》第 233 条规定："执行完毕后，据以执行的判决、裁定和其他法律文书确有错误，被人民法院撤销的，对已被执行的财产，人民法院应当作出裁定，责令取得财产的人返还；拒不返还的，强制执行。"根据该条规定，执行回转应当符合以下条件：

1. 原来生效的法律文书已经由人民法院执行完毕，这是执行回转的前提条件。如果原来生效的法律文书还没有被执行完毕，被执行的财产还没有发生转移，据以执行的法律文书就被撤销了或者改判（包括变更权利义务主体等情形）；或者前一个生效法律文书确定的权利义务尚未完全执行完毕，后一个生效法律文书又判令恢复原状，这时应当终结前一个生效法律文书的执行程序，而不再执行回转。

2. 原来据以执行的法律文书因为确有错误而被人民法院撤销或者改判（包括变更权利义务主体等情形）。原来据以执行的法律文书被撤销或者改判，使原来的执行失去根据，从而发生执行回转，这是发生执行回转的必要条件。这里值得注意的是，应当在改判文书中变更承担返还财产义务人的，如果改判文书没有变更主体，则需要在执行回转程序中依法审查，通过审查质证的结果，依法裁定变更承担履行执行回转义务的主体。在此基础上，裁定执行变更后主体的相关财产。①

3. 新的生效法律文书具有确定的返还财产或者给付金钱的内容，是发生执行回转的必要条件。如果新的生效法律文书确定返还的权益无法评估其财产属性的价值，亦不能实际执行回转。②

4. 根据新的生效法律文书作出执行回转的裁定后，进入执行回转程序，这是采取具体执行措施的必要条件。执行完毕后，据以执行的判决、裁定和其他法律文书确有错误，被人民法院撤销或者改判（包括部分改变原生效法律文书确定的财产内容）的，新的生效法律文书内容可能完

---

① 参见下文案例 1 "某公司申请复议案"。
② 参见下文案例 2 "张某某申请执行回转某银行分行案"。

全否定原法律文书，也可能部分推翻原法律文书的内容，而部分维持原来的内容，所以执行回转的范围应限制在被新的法律文书撤销或推翻的内容，而不是对所有已执行的财产一律执行回转。因此，人民法院应当根据新生效的法律文书作出全部或者部分返还财产的裁定，如果原申请执行人已取得被执行财产的孳息的，应当在裁定中责令原申请执行人返还。从而进入执行实施阶段。

执行回转也是民事诉讼权利的一种，相关权利人是否行使这项权利，有自己的选择。如果新的生效法律文书确定的权利，当事人放弃申请法院执行，或者被执行人已经自动履行，致使当事人不向法院申请执行回转，执行回转程序不能自行启动。因此，新的生效法律文书确定的权利人向人民法院提出执行回转的申请，也是执行回转程序开始的前提条件。当然，人民法院也可以依职权启动执行回转程序。

（三）执行回转程序

执行回转是一个法定的执行程序。尽管其与已经执结的案件有一定关联，而且到目前为止，在我国的立法上仍将其作为民事诉讼法执行程序中一个延续性的附随程序，但实际上，在人民法院的执行工作中，已经将它作为一个独立的执行程序来对待。执行回转程序通常应包括：申请立案、执行审查、执行实施、异议审查、执行中止以及终结（完毕）等程序或环节。

在执行程序中，执行审查问题一直深受诟病。原因是无法确定审查尺度，即到底应该是形式审查，还是应该实质审查，抑或说程序审还是实体审。一般认为，如果进行实质审查就可能因涉及到实体权利的处分而僭越审判权，但是如果不审查实质性问题，执行工作又将陷入僵局。特别是在执行回转程序中，这一矛盾体现得更加突出。关于执行审查的依据和审查的范围，主要体现在《执行规定》第 18 条规定中。[①] 从这个规定来看，执行审查仅限于形式（或称为格式要件）上的审查。但是，执行实践早已突破了这个界限，且个中情况大有不同。

目前，能够明确的是，执行机构对公正债权文书的审查可以是对形式的审查，也可以是对实体（或称为权利义务）的审查，且没有明确限定的范围。主要原因是，公正债权文书不是经过法定审判程序确认的，其因真实性、合法性引发的争议有待于通过实质性审查才能确认。《民事诉讼法》第 238 条第 2 款规定：公证债权文书确有错误的，人民法院裁定不予执行，并将裁定书送达双方当事人和公证机关。这条规定尽管没有明确如何认定公正债权文书确有错误，但至少可以做宽泛的理解，即无论是形式上的错误，还是对权利义务本身公证的错误，都可以进行审查，否则，所作裁定将是没有依据的。同时，这个裁定仅就公证债权文书的真实性、合法性以及能否执行做出裁断，虽触及实体问题，但并不对当事人的相关权利义务作进一步的判明和处分。当然，如果作出不予执行的裁定，将剥夺当事人申请执行公证债权文书的诉权。与公证债权文书审查类似的是，对仲裁裁决的有限实体性审查。之所以称之为有限的实体性的审查，是因为《民事诉讼法》第 237 条第 2 款和第 3 款作出了明确的列举式的规定。如第 2 款第(4)项"裁决所根据的证据是伪造的"、第(5)项"对方当事人向仲裁机构隐瞒了足以影响公正裁决的证据的"，以及第 3 款"人民法院认定执行该裁决违背社会公共利益的，裁定不予执行"。当然，对公证债权文书、仲裁裁决以及非诉行政案件的审查，极少涉及执行回转的问题，在此不作为重点讨论。

[①] 《执行规定》第 18 条规定：人民法院受理执行案件应当符合下列条件：（1）申请或移送执行的法律文书已经生效；（2）申请执行人是生效法律文书确定的权利人或其继承人、权利承受人；（3）申请执行人在法定期限内提出申请；（4）申请执行的法律文书有给付内容，且执行标的和被执行人明确；（5）义务人在生效法律文书确定的期限内未履行义务；（6）属于受申请执行的人民法院管辖。

人民法院对符合上述条件的申请，应当在 7 日内予以立案；不符合上述条件之一的，应当在 7 日内裁定不予受理。

执行中的实体审查，应该是对当事人、利害关系人、案外人等的实体权利义务关系之间发生的法律事实（行为）和证据以及适用法律等问题进行的审查及判断，进而作出产生、变更或消灭相关权利义务的裁判。法院对当事人、利害关系人提出的对执行行为异议的审查、对案外人提出的执行标的异议的审查，都属于实体审查，因为这些审查的结果，将直接影响到当事人、利害关系人、案外人的权利义务。在执行回转程序中，更多的可能是实体审查，甚至不限于审查的范围，有可能是改变现有法律关系类似于形成判决的执行裁定，比如实践中出现较多的改变承担执行回转责任主体的裁定等。因此说，在执行回转程序上，对有关因执行回转不能而产生的赔偿问题，应该通过诉讼来解决。随着执行实践的发展，建立独立的执行裁判制度以解决执行程序中特有的争议，将是执行制度改革发展的必由之路。

（四）执行回转中的特别规定

《执行规定》第109～110条应当说是有关执行回转的特别规定。除了前面已经论及到的情况，该两条规定较《民事诉讼法》的规定还明确了以下几个规则：

1. 执行回转程序可以依当事人申请启动，也可以由人民法院依职权启动，执行回转应重新立案，适用执行程序的有关规定。新的生效法律文书生效后，当事人如果需要法院强制执行，应当向有管辖权的人民法院提出执行回转的申请，申请执行回转的期限亦应当适用《民事诉讼法》第239条的规定，即申请执行的期间为2年。《民事诉讼法》第236条规定："发生法律效力的民事判决、裁定，当事人必须履行。一方拒绝履行的，对方当事人可以向人民法院申请执行，也可以由审判员移送执行员执行。"可见，新的生效裁判也可以由审判员移送执行员执行，但不是必须的，移送时，应当尊重当事人对自己民事权利的处分意愿。从另一个角度看，这条规定的内容，实际上自1991年以来两次修改《民事诉讼法》都没有发生任何变化，仍残留着审执不分的痕迹，没有将执行作为案件对待，而是附属于审判案件的，而执行回转更是附属于已执行完毕的原生效法律文书的那个案件的。这无论对司法统计还是对执行工作而言都是滞后的，不符合审判与执行工作分离后的现实情况。毫无疑问，执行回转的案件亦应单独立案审查执行，上述司法解释对此予以明确。

根据《民事诉讼法意见》第275条的规定，法律文书被有关机关依法撤销的，经当事人申请，适用《民事诉讼法》执行回转的规定。这个规定说明，法院之外的机关（构）作出的执行回转法律文书，当事人应当主动提出申请，否则法院不会自行立案执行。《执行规定》第19条明确，生效法律文书的执行，一般应当由当事人依法提出申请；发生法律效力的具有给付赡养费、扶养费、抚育费内容的法律文书、民事制裁决定书，以及刑事附带民事判决、裁定、调解书，由审判庭移送执行机构执行。人民法院依职权主动提起执行回转程序亦应限于上述几类特殊案件。

2. 责令原申请执行人返还已取得的财产及其孳息。这里规定责令返还财产的对象，与《民事诉讼法》的用语不一致，把《民事诉讼法》所说的"取得财产的人"明确解释为"原申请执行人"。如果原申请执行人又把该财产转让给了他人，或者执行中把财产拍卖变卖给了第三人，或者原申请执行人因欠他人债务而由其债权人直接从原被执行人处将该财产执行走了，这些是取得财产的其他人，都不能理解为取得原被执行人财产的人。在法律意义上只能理解为原申请执行人，而不应是其他事实上取得已执行财产的人。执行回转时不能从通过拍卖程序取得财产或者通过从被执行人处依法取得财产的人手中返还财产（当然，只是代替原申请执行人占有该财产的除外）。上述观点的基本理由是，一方面为维护法院拍卖程序的权威性和保护善意第三人利益；另一方面因为案外人取得原被执行人的财产是基于原申请人与原被执行人有经过法律文书确认的债权，原被执行人向案外人履行实质上是清偿其对原申请人的债务，应当视为原申请人取得了原被执行人的财产，执行回转时只能向原申请人请求返还标的物。① 上述观点在《执行规定》实施多年后颁布的《物权法》第106条关于善意取得制度中可以找到立法依据。但是，《物权法》的善意取得制度毕竟是基于一般买卖合同关系构建的一种物权取得方式，能否完全适用于执行回转这种特殊的法律程序中仍然值得商榷，在此不作展开讨论。

3. 在执行回转时，已执行的标的物系特定物的，原则上应当退还原物；如果原物灭失，不能退还原物的，可以折价抵偿。这个规定确立了特定物执行回转的原物返还原则和不能返还原物时的处理原则。② 特定物（也可称为不可替代物）是与种类物（可替代物）相对应的。种类物可以通过品种、质量、规格、型号或度量衡来确定。其价值可以由不同的物相互替代，如谷物、同类产品等，是否执行原物不具有实际意义。特定物则具有独立的特征，特定的价值，难以由其他物替代。如名画、专用的车辆等，归还原物具有实际意义。因此，执行回转时对已执行的物应返还原物；不能退还原物的，则只能折价赔偿或以他物抵偿。不能退还原物的情况，除了指因原物毁损、灭失等自然原因不能退还外，还应包括原物通过合法方式被转移了所有权的情况。②

【案例】

案例1　某公司申诉监督案

本案的执行依据为最高人民法院（2009）民提字第89号民事判决。根据该判决，承担执行回转责任的被执行人，原乙公司，因被工商部门核准注销，在执行回转过程中，甘肃省兰州市中级人民法院根据乙公司

---

① ② 参见黄金龙：《关于人民法院执行工作若干问题的规定实用解析》，中国法制出版社2000年版，第333页。

② 参见下文案例3"某公司申请复议案"。

向公司登记机关提供的清算文件中载明的"股东承诺，对清算后可能发生的不确定债务按股东出资比例承担清偿责任"，裁定追加了该公司两个自然人股东以及丙公司的法人股东丁集团为被执行人。被追加的三被执行人不服，向甘肃省高级人民法院申请复议。甘肃省高级人民法院复议认为，兰州市中级人民法院追加三被执行人错误，裁定撤销。甲公司不服甘肃省高级人民法院的撤销裁定，向最高人民法院申诉，请求：（1）撤销甘肃省高级人民法院执行复议裁定；（2）追加上述三股东为被执行人，承担执行回转的偿债责任。最高人民法院经审查，裁定支持了申诉人的请求，解决了执行回转过程中，因原申请执行人（法人）注销不能返还财产的问题。具体案情与分析意见如下：

1. 该案判决以及兰州市中级人民法院执行情况

2007年2月28日，兰州市中级人民法院一审作出（2006）兰法民二初字第00121号民事判决，判令：一、戊公司返还乙公司买断费50万元；二、庚公司、甲公司共同赔偿乙公司经济损失5 787 196.05元。甲公司不服，向甘肃省高级人民法院提起上诉。2007年9月12日，甘肃省高级人民法院作出（2007）甘民三终字第15号民事判决，驳回上诉，维持原判。2007年11月15日，兰州市中级人民法院作出（2007）兰法执字第323号民事裁定，扣划甲公司存款597.3万元，给付乙公司。2010年10月15日，最高人民法院提审该案，作出（2009）民提字第89号民事判决：一、撤销甘肃省高级人民法院（2007）甘民三终字第15号民事判决；二、维持兰州市中级人民法院（2006）兰法民二初字第00121号民事判决第一项、第三项；三、变更兰州市中级人民法院（2006）兰法民二初字第00121号民事判决第二项为，庚公司赔偿乙公司经济损失5 787 196.05元。根据上述判决，甲公司不再对乙公司承担赔偿责任。甲公司遂向兰州市中级人民法院申请执行回转。

在执行回转过程中，兰州市中级人民法院查明：2010年3月30日，丁集团及两个自然人股东召开乙公司股东会议，决议进行注销清算。

2010年5月18日作出清算报告并提交工商部门审核。该清算报告中称，在清算中没有债权债务。如果出现债权债务，则由两个自然人股东、丙公司的法人股东丁集团按出资比例承担。2010年6月10日，甘肃省工商行政管理局核准注销乙公司。

基于上述情况，兰州市中级人民法院于2011年8月1日做出（2011）兰法执追字第004号执行裁定，追加两个自然人股东、丙公司的法人股东丁集团为被执行人。三被执行人不服上述裁定向兰州市中级人民法院提出执行异议，兰州市中级人民法院于2011年11月9日作出（2011）兰法执异字第20号执行裁定，驳回三被执行人的异议请求。三被执行人仍不服，向甘肃省高级人民法院申请复议。

2. 甘肃省高级人民法院复议审查情况

甘肃省高级人民法院复议审查查明：乙公司注册资本为50万元，由丙公司、两个自然人股东出资成立，其中丙公司出资30万元，占出资比例60%，两个自然人股东各出资10万元，各占出资比例20%。2009年1月，丙公司清算注销，其法人股东丁集团接受丙公司剩余资产190余万元，并承诺承担丙公司的债权债务。2010年3月30日，乙公司的股东，丙公司的法人股东丁集团，两个自然人股东召开股东会议并决议进行注销清算。同年5月18日再次召开股东会议，并作出清算报告，主要内容为：按照《公司法》规定，清算组成立之日起45日内完成了通知债权人向清算组申报债权工作并在报纸上发布了决定解散和进行清算公告，清算中没有收到债权人申报债权，职工工资没有拖欠，税款已经缴清，公司没有债权债务，如果出现债权债务则由两个自然人股东、丁集团按出资比例承担。股东会议决议主要内容为：丁集团作为丙公司的股东，承担丙公司在乙公司出资额30万元中的21万元的债权债务（丙公司的其他股东承担9万元），两个自然人股东各承担10万元的债权债务。在股东会议决议和清算报告上各股东均签名盖章，同时向公司登记机关申请注销登记。2010年6月10日，兰州市工商行政管理局城关分局向乙公司发出准予注销登记通知书。

甘肃省高级人民法院认为，本案争议的主要问题是能否追加亚盛公司、两个自然人股东为本案被执行人以及其承担责任的范围。首先，《执行规定》第81条规定：被执行人被撤销、注销或歇业后，上级主管部门或开办单位无偿接受被执行人的财产，致使被执行人无遗留财产清偿债务或遗留财产不足清偿的，可以裁定由上级主管部门或开办单位在所接受的财产范围内承担责任。依据上述规定，被执行人注销的，追加公司股东，即开办单位为被执行人的前提条件是无偿接受被执行人的财产。本案中，无证据证明存在上述法律规定的情形。第二，2010年5月18日清算报告载明"如果出现债权债务由两个自然人股东、亚盛公司按出资比例承担"。2010年5月18日股东会议决议中又明确了各股东承担责任的范围，总计50万元。该两文件中对承担债权债务有不同的叙述，其法律效力问题属实体权利问题，应当通过诉讼程序确认，执行程序中不便审查。另，在执行程序中，追加公司股东为被执行人必须符合《执行规定》第80~81条规定的情形。兰州市中级人民法院在执行程序中依据乙公司3月30日股东会决议承诺直接追加乙公司三股东为被执行人，并按出资比例承担债务5 787 196.05元及相应利息，显属不当。第三，甲公司认为乙公司恶意逃避债务，以虚假清算骗取公司登记机关办理法人注销登记，可依据《最高人民法院关于适用〈中华人民共和国公司法〉若干问题的规定（二）》的规定，另行起诉。综上，根据《民事诉讼法》第202条之规定，甘肃省高级人民法院复议裁定，撤销兰州市中级人民法院（2011）兰法执异字第20号执行裁定；撤销兰州市中级人民法院（2011）兰法执追字第004号执行裁定。

3. 最高人民法院对申诉的审查情况

最高人民法院对甘肃省高级人民法院以及兰州市中级人民法院执行裁定书中认定的事实进行了书面审查。其中，对三份书证的认定，是上述裁定意见分歧的焦点：两份《乙公司股东会决议》分别在2010年3月

30日和同年5月18日形成;另一份《乙公司清算报告》由乙公司清算组在2010年5月18日形成。此外,最高人民法院在审查过程中还对有关的重要事实证据进行了审查认定。最高人民法院认为,根据上述事实证据,丁集团、两个自然人股东应当依法承担执行回转的责任。

总结该案的争议问题,焦点有三:一是应当以《乙公司清算报告》还是以两份《乙公司股东会决议》确定本案的基本事实证据;二是如何适用法律;三是能否在执行中直接裁定变更丁集团、两个自然人股东为被执行人。

(1) 应当将2010年3月30日《乙公司股东会决议》及同年5月18日《乙公司清算报告》作为确定本案基本事实的证据。理由如下:

第一,根据《公司法》的规定,公司清算须经公司股东会表决通过或者股东以书面形式一致表示同意。公司清算结束后,清算组应当制作清算报告,报公司股东会、股东大会或者人民法院确认,并报送公司登记机关,作为申请注销公司登记的依据。本案中,乙公司在2010年3月30日召开股东会达成的对公司进行清算的决议,是乙公司开始进行清算的法定要件,是公司进行合法清算的依据。而乙公司2010年5月18日形成的清算报告,是乙公司清算结束后申请注销公司登记的依据。在上述两份文件中,丁集团、两个自然人股东承诺,对清算后可能发生的不确定债务按股东出资比例承担清偿责任,具有法律效力。

第二,从《乙公司清算情况说明》来看,乙公司与甲公司之间的诉讼,是导致乙公司清算注销的主要原因之一。乙公司与甲公司之间的诉讼历时4年之久,乙公司清算时正值本院提审过程中,再审结果存在不确定性,乙公司与甲公司之间的权利义务关系处于待定状态,从而,乙公司已经收到的案涉执行款合法性也有待进一步明确。正是由于这个原因,乙公司清算时,无法将此不确定的债权或者债务纳入清算范围。因此,丁集团、两个自然人股东在股东会决议以及清算报告中,对清算后可能发生的不确定债务的偿还承诺,应当包括本院再审判决形成的案涉执行款的返还之债。

第三，2010年5月18日的《乙公司股东会决议》与前述股东会决议和清算报告并不矛盾，丙公司在乙公司30万元的投资，由乙公司股东按决议约定的出资比例偿还，与上述两份文件承诺的偿债比例是一致的，两者并不矛盾。但是，从该股东会决议内容来看，甘肃省高级人民法院复议裁定中认定的"2010年5月18日股东会决议中明确了各股东承担责任的范围，总计50万元"没有证据支持，甘肃省高级人民法院复议裁定认定事实有误，应予纠正。由于该股东会决议没有涉及本案债权人债务偿还问题，因此不作为本案定案依据。

（2）该案应当适用《民事诉讼法》（2007年修正）第209条和《民事诉讼法意见》第271条规定，不适用《执行规定》第81条规定。理由是：根据前述证据表明的情形，即丁集团、王某、边某某在丙公司、乙公司清算注销中承受的权利义务，以及对乙公司注销后未经清算的债务按其出资比例承担的承诺，既符合《民事诉讼法》（2007年修正）第209条，作为被执行人的法人或者其他组织终止的，由其权利义务承受人履行义务的规定，也符合《民事诉讼法意见》第271条，执行中作为被执行人被撤销的，如果依有关实体法的规定有权利义务承受人的，可以裁定该权利义务承受人为被执行人的规定。

至于《执行规定》第81条"被执行人被撤销、注销或歇业后，上级主管部门或开办单位无偿接受被执行人的财产，致使被执行人无遗留财产清偿债务或遗留财产不足清偿的，可以裁定由上级主管部门或开办单位在所接受的财产范围内承担责任"的规定，不适用于本案。理由如下：一是乙公司不是被上级主管部门或开办单位撤销或注销的，而是由公司股东自行清算终止的；二是本案股东在清算报告中承诺的义务，没有附带在接受财产的范围内履行义务的条件，并且，将乙公司50万元的注册资本金作为履行执行回转义务的限额没有法律依据。因此，甘肃省高级人民法院复议裁定适用《执行规定》第81条错误，应当依法纠正。

(3) 执行中可以直接裁定变更丁集团、两个自然人股东为被执行人。最高人民法院在再审期间，依法向乙公司送达了应诉通知书等诉讼文书，但乙公司未予出庭应诉，丁集团、两个自然人股东等作为清算组成员，也没有向最高人民法院报告乙公司清算、注销的情况，致使乙公司被注销后，最高人民法院（2009）民提字第89号民事判决仍将乙公司列为本案的当事人。经前述审查认定丁集团、两个自然人股东与乙公司之间的法律关系，及其在乙公司清算注销过程中行使的权利和承诺的义务，在执行裁定中直接变更丁集团、两个自然人股东为本案被执行人并无不当。

综上，甘肃省高级人民法院复议裁定认定事实与适用法律错误，应予撤销；兰州市中级人民法院异议裁定认定的主要事实清楚，适用法律基本正确，应予维持。申诉人甲公司的申诉理由成立，申诉请求依法支持。依照《民事诉讼法》（2007年修正）第209条、《民事诉讼法意见》第271条和《执行规定》第129条之规定，撤销甘肃省高级人民法院（2012）甘执复字第02号执行裁定，同时，维持甘肃省兰州市中级人民法院（2011）兰法执异字第20号执行裁定。

案例2　张某某申请执行回转某银行分行案

本案涉及执行回转中不能恢复对涉案房地产的占有时能否折价抵偿的问题。最高人民法院就A省高院关于该案有关问题答复意见如下：

1. 关于应否适用执行回转程序

依照《执行规定》第109条的规定，适用执行回转程序的条件为：一是原执行依据中关于给付内容的主文被依法撤销或者变更；二是原执行依据确定的给付内容执行完毕。从你院报告情况看，本院再审判决撤销了原执行依据民事判决的全部主文，即原执行依据主文第二项关于张某某向某银行分行返还财产的给付内容也被撤销。同时，再审判决仍然认定张某某与某银行分行之间的《抵债资产处置合同》为有效合同，而依据合同，将涉案房地产交付张某某占有是某银行分行的义务之一。因此，兰州中院应当立案回转。至于实际上能否回转，则是另外一个问题。

2. 关于执行回转的内容

执行回转的实质是将原执行的结果恢复到执行前的状态，因此，执行回转的内容应当根据原执行的内容进行判断。就本案而言，张某某丧失涉案房屋产权并非法院的执行所造成，而是在进入强制执行程序前，由于相关行政机关的行政行为所造成。因此，执行回转不是恢复张某某对涉案房产的所有权。同样，由于张某某一直没有取得涉案土地使用权，因而也不存在恢复其土地使用权的问题。但是，张某某基于与某银行分行之间的合同合法占有涉案房地产，而兰州市中级人民法院在执行程序中剥夺了其占有，因此，执行回转的内容应为恢复其对涉案房地产的占有。

3. 关于不能恢复对涉案房地产的占有时能否折价抵偿

依照《执行规定》第110条的规定，当特定物无法执行回转时，适用"折价抵偿"程序的前提是执行回转的申请人已经取得特定物的所有权或者相关财产权利，且该物或者财产权利的价值在执行程序中能够确定。如果需要回转的内容不能以货币折算对价，则只能寻求其他程序解决。本案中，由于在兰州市中级人民法院执行之前，相关行政机关已经撤销了张某某对涉案房产的所有权登记，其对涉案土地的占有也由于一直没有取得土地使用权而处于对物支配之事实状态。而占有的事实状态无法折算为具体的财产对价。因此，不能适用折价抵偿程序。如无法恢复占有，则应当终结执行回转程序。

案例3　甲公司申请复议案

申请复议人甲公司因不服吉林省高级人民法院（2008）吉执监字第96号民事裁定，在法定期间内向最高人民法院申请复议。

1. 吉林省高级人民法院审查意见

吉林省高级人民法院认为，该院执行甲公司持有的1649.7万股股权，有生效民事判决书为依据，经评估、拍卖后，该股权由案外人乙公司以每股2.697元，总价款44 492 409元竞买成交。2005年1月19日，该院将上述股权裁定过户给乙公司。同年2月25日，该院作出（2005）吉民监字第16号民事裁定书，同年3月5日对本案作出裁定中止执行，甲公司称中止执行后仍强行过户的主张缺乏事实依据；本案进入执行回转程序后，从拍卖所得款项中扣除拍卖费、更名费等费用，将剩余款43 090 084元作为执行回转的标的并无不当。案外人乙公司买受行为并无过错，交易公平和交易秩序应予维护。该案所执行的股票经股改、分红后数量的变化及证券市场股票价格波动导致股票价值的变化，并不是违法执行造成，甲公司关于损失的异议请求可通过其他程序进行救济。

2. 申请复议人甲公司的申诉理由

申诉人称，吉林省高级人民法院在已经中止执行的情况下，未能及时尽到通知义务，导致被拍卖的股权在中止执行的裁定下发1个月后完成过户，是造成目前本案需要执行回转的主要原因。已执行标的物系特定物，应当退还原物，即使不能退回原股权，也应当按照再审判决生效时的股权市值予以折价抵偿或补偿，吉林省高级人民法院（2008）吉执监字第96号民事裁定书存在错误，请求最高人民法院予以纠正。

3. 本案查明的事实情况

丙银行分行诉丁公司与甲公司借款合同纠纷一案，吉林省高级人民法院于2001年9月18日作出（2000）吉经初字第94号民事判决书，判决丁公司给付丙银行分行借款本金500万美元及利息，甲公司承担连带责任。上述判决进入执行程序后，吉林省高级人民法院于2004年11月9日作出（2004）吉执字第23号民事裁定书，裁定拍卖甲公司持有的上市公司000623吉林敖东法人股1649.7万股，并委托拍卖公司拍卖。2004年12月6日，案外人乙公司以每股2.697元、总价款44 492 409元竞买成交,并具结《拍卖成交确认书》,乙公司分别于同年12月24日和翌年1月19日将竞买款交到吉林省高级人民法院。2005年1月19日,吉林省高级人民法院作出(2004)吉执字第23-2号民事裁定书,裁定将上述涉案股权过户给买受人乙公司,并于2005年1月25日向乙公司及有关协助执行单位送达了上述过户裁定,乙公司及有关协助执行单位均在送达回证上签字。2005年2月25日,吉林省高级人民法院作出(2005)吉民监字第16号民事裁定书,裁定对丁公司与甲公司借款合同纠纷一案进行再审,并裁定再审期间中止对(2000)吉经初字第94号民事判决的执行。吉林省高级人民法院于2005年3月5日再次作出(2004)吉执字第23号民事裁定书,裁定中止上述民事判决的执行,并采取措施,从拍卖涉案股权所得款项44 492 409元中,扣除拍卖费等法定费用后,将剩余款项43 090 084元暂存于吉林省高级人民法院账户。2007年3月23日,吉林省高级人民法院作出(2005)吉民再初字第8号民事判决书,判决撤销(2000)吉经初字第94号民事判决,同时判决丁公司给付丙银行分行借款本金500万美元及利息,甲公司不承担连带责任。丙银行分行不服判决,提起上诉。本院于2007年9月19日作出(2007)民二终字第116号民事判决书,驳回上诉,维持原判。2008年5月6日,吉林省高级人民法院作出(2008)吉执字第14号民事裁定书,裁定:(1)将拍卖甲公司持有的上市公司吉林敖东1649.7万法人股所得的43 090 084元拍卖款及产生的孳息执行回转给甲公司。(2)甲公司的其他请求不予支持。甲公司对此裁定提出异议,吉林省高级人民法院另行组成合议庭进行审查,于2008年10月28日作出(2008)吉执监字第96号民事裁定书,驳回甲公司的异议请求。

4. 最高人民法院审查意见

最高人民法院经审查认为,申请复议人的复议理由不能成立。理由如下:第一,根据《拍卖变卖规定》第29条第2款的规定,不动产、有登记的特定动产或者其他财产权拍卖成交或者抵债后,该不动产、特定动产的所有权、其他财产权自拍卖成交或者抵债裁定送达买受人或者承受人时起转移。本案执行过程中，吉林省高级人民法院依生效判决执行甲公司的财产，于 2004 年 12 月 6 日依法拍卖涉案股权，并具结《拍卖成交确认书》。乙公司于 2005 年 1 月 19 日前分两次将竞买款交到吉林省高级人民法院，2005 年 1 月 19 日，吉林省高级人民法院作出（2004）吉执字第 23 - 2 号民事裁定书，裁定将上述涉案股权过户给买受人乙公司，并于 2005 年 1 月 25 日向乙公司送达了上述过户裁定。乙公司在送达回证上签字，涉案股权的所有权即转移至乙公司名下。本案依法执行完毕。申请复议人主张本案中止执行后涉案股权没有办理过户手续仍在甲公司名下，以及吉林省高级人民法院未及时通知停止过户是导致本案执行回转的主要原因，没有法律依据。第二，根据《执行规定》第 109 条规定，在执行回转中，责令返还已取得财产（特定物），只适用于原申请执行人取得特定物的情况。本案中，如果涉案股权被原申请执行人买受，可以执行回转原股权。但是，根据《执行规定》第 110 条"不能退还原物的，可以折价抵偿"的规定，执行回转原物不是必须和唯一的做法。本案执行过程中，原股权被乙公司依法竞拍买受，并经法院裁定确认过户，既是合法取得，也是原始取得，依法应当予以保护。因此，申请复议人所称涉案股权属特定物，请求执行回转的主张，不能成立。第三，申请复议人虽然请求补偿，但没有指明具体承担补偿责任的主体，也没有提供要求该主体给予补偿的事实证据和相关法律依据，因此，该请求不予审理。吉林省高级人民法院在执行原生效判决中，依法拍卖涉案股权，无违法行为。鉴于上述理由，依照《民事诉讼法》第 202 条和《民事诉讼法意见》第 8~9 条的规定，最高人民法院裁定，驳回申请复议人甲公司的复议申请。

【实践中应注意的问题】

一、关于执行回转中如何确认迟延履行期间加倍部分债务利息的起止时间

在执行回转程序中，亦应根据本解释的规定计算迟延履行期间加倍部分债务利息。如果原申请执行人（即新的生效法律文书确认的被执行人，下同）对新的生效法律文书迟延履行，加倍部分债务利息自新的生效法律文书确定的履行期间届满之日起计算；新的生效法律文书确定分期履行的，自每次履行期间届满之日起计算；新的生效法律文书未确定履行期间的，自法律文书生效之日起计算。

在执行回转过程中，加倍部分债务利息亦应当计算至原申请执行人履行新的生效法律文书完毕之日；原申请执行人分次履行的，相应部分的加倍部分债务利息计算至每次履行完毕之日。

在执行回转过程中，人民法院依据新的生效法律文书划拨、提取被执行人的存款、收入、股息、红利等财产的，相应部分的加倍部分债务利息计算至划拨、提取之日；对原申请执行人财产拍卖、变卖或以物抵债的，计算至成交裁定或抵债裁定生效之日；对原申请执行人财产通过其他方式变价的，计算至财产变价完成之日。

在执行回转过程中，非因原申请执行人的申请，对执行行为提出异议复议或者提起案外人异议之诉而中止或暂缓执行的期间，不计算加倍部分债务利息。有关如何确认迟延履行期间加倍部分债务利息的起止时间的问题，可参见关于第二条、第三条的释义。

二、金钱债务与迟延履行利息的清偿顺序

在执行回转程序中，如果原申请执行人（即新的生效法律文书确认的被执行人）的财产不足以清偿全部债务的，应当先清偿生效法律文书确定的金钱债务，再清偿加倍部分债务利息，但当事人对清偿顺序另有约定的除外。有关此问题，可参见第四条的释义。

三、原生效法律文书执行过程中，被执行的迟延履行期间的债务利息，在执行回转程序中如何处理

在原生效法律文书执行过程中，因原被执行人迟延履行义务，被执行了迟延履行期间的债务利息。如果这部分迟延履行期间的债务利息，由于原被执行人在申诉中提出请求，经审判监督程序审查后，在新的生效法律文书中予以确认，那么按照新的生效判决执行即可。但是，如果这部分迟延履行期间的债务利息在新的生效法律文书中没有确认，那么，在执行回转程序中，应当依据《执行规定》第109条的规定，裁定责令原申请执行人返还已取得的这部分迟延履行期间的债务利息。

【相关法律法规】

最高人民法院

关于人民法院执行工作若干问题的规定（试行）（节录）
1998年7月8日　　　　　　　　　　　　　法释〔1998〕15号

109. 在执行中或执行完毕后，据以执行的法律文书被人民法院或其他有关机关撤销或变更的，原执行机构应当依照民事诉讼法第二百一十四条的规定，依当事人申请或依职权，按照新的生效法律文书，作出执行回转的裁定，责令原申请执行人返还已取得的财产及其孳息。拒不返还的，强制执行。执行回转应重新立案，适用执行程序的有关规定。

110. 执行回转时，已执行的标的物系特定物的，应当退还原物。不能退还原物的，可以折价抵偿。

第七条 本解释施行时尚未执行完毕部分的金钱债务，本解释施行前的迟延履行期间债务利息按照之前的规定计算；施行后的迟延履行期间债务利息按照本解释计算。

本解释施行前本院发布的司法解释与本解释不一致的，以本解释为准。

【条文主旨】

本条文规定了溯及力问题。

【条文理解】

一、关于法之溯及力问题

（一）法之溯及力的概念、意义及基本共识

1. 概念

法的溯及力，也称法律溯及既往的效力，是指法律对其生效以前的事件和行为是否适用。如果适用，就具有溯及力；如果不适用，就没有溯及力。从各种教科书和国际上权威的法律词典对法的溯及力定义中可以看出，法的溯及力是指新法对它生效前所发生的行为或事件可以适用的效力，其效力对象是"行为或事件"。[①]

2. 重要意义

第一，法的溯及力问题关系到法律效力的时间维度。一般认为法律

[①] 参见孙晓红：《法的溯及力问题研究》，中国人民大学2008届博士学位论文，第16页。

的效力分为时间效力、空间效力与对人的效力等方面。法的溯及力问题就是法之时间效力的重要体现。作为法律效力的时间维度,直接关系到法律功能的发挥,当然具有重要意义。

第二,法的溯及力问题影响法律制定与实施的整个过程。就法律的制定而言,由于溯及力问题会严重影响当事人的权利,所以是每一部法律都需要关注的重要内容。就法律实施来说,司法者关于溯及力的不同理解会影响到法律的适用,甚至能改变具体案件的处理结果。

3. 基本共识

虽然不同法律部门、不同主体对于法的溯及力问题存在不同的理解,但是总体而言,大家普遍承认法律原则上不具有溯及力,即承认"法律不溯及既往"原则。

(二)"法律不溯及既往"原则的理论基础

"法律不溯及既往"原则的理论基础是人权保障与信赖利益的保护。根据卢梭的社会契约理论,人作为一种群居物种,受制于时空与资源限制,需要让渡出部分权利,交给一个公共机构来行使管理与组织功能,来保障大家的和平相处。但是不被制约的权力总是会腐败、异化,走向其产生之初的反面,所以需要对权力进行制约。法治,就是限制国家权力、保障个人自由的重要制度设计。

罪刑法定,即所谓的"法无明文规定不为罪,法无禁止即自由",是法治的一项重要原则。该原则体现在溯及力问题上,就是"法律不溯及既往"。

可以通过反向假设来获得关于"法律不溯及既往"对于人权保护的直观认识。假如允许法律溯及既往,那么掌握了立法权的公权力就可以随时制定新的规则与法律,任意追究个人已经实施完毕的行为。如此一来,个人的行动自由将不再具有任何安全保障,人权保护更无从谈起。

德国历史学派的领军人物萨维尼从"既得权"的角度论证法律溯及力问题,其在《法律冲突与法律规则的地域和时间范围》中系统阐述了该理论,提出"新法不应溯及既往,新法不得影响既得权"。该理论的基本逻辑在于，基于原法律规定取得的权利与利益是一种既得权利。这种权利不能被侵犯，所以新法不应溯及既往。①

"既得权"理论在整个19世纪，乃至20世纪早期都具有很大的影响力。在20世纪中后期，这一理论得到了法的安定性原则和信赖利益保护原则的修正和补强。法的安定性原则和信赖利益保护原则是由德国人提出的。法西斯统治期间，德国宪法全面抛弃了法不溯及既往的原则，甚至抛弃了《魏玛宪法》所确立的罪刑法定原则。战后，拉德布鲁赫对于法西斯法哲学进行反思与批判，提出法治国家的司法应该符合合法性、正义性及法律安定性三个条件。第一次把法的安定性作为法治国家概念的要素之一予以强调，把德国基本法的法治国概念从形式意义推向了实质意义，为重构法的溯及力理论迈出了重要一步。随后，德国学者在法的安定性原则的基础上进一步将信赖利益保护原则上升为公法原则并将其与法的安定性原则结合起来。舒菲利茨提出法的安定性原则包含三个子原则：法的明确性原则、法的明白性原则和法的信赖利益保护原则。其中，法的信赖利益保护原则是法的明确性原则与明白性原则的进一步推衍。法律一旦符合明确与明白两项原则，人们就可预见自己的行为后果，基于此种预见所获取的利益就应当受到保护。要保护信赖利益，法律就不得溯及既往。由此，法的安定性原则和信赖利益保护原则就成为法不溯及既往原则新的理论渊源，最直接的是信赖利益保护原则。②

（三）我国关于法律溯及力问题的规定及实践

一般来说，各国普遍坚持建立在"法不溯及既往"基础上的"从旧兼从轻原则"。有的国家将其规定在宪法中，如1787年《美国宪法》规定，追溯既往的法律不得通过；《法国民法典》规定，法律仅仅适用于将来，没有溯及力。我国也坚持"法不溯及既往"原则，但是没有规定在宪法中，而是规定在了《立法法》第84条，该条内容为：法律、行

---

①②参见杨登峰：《民事、行政司法解释的溯及力》，载《法学研究》2007年第2期。

政法规、地方性法规、自治条例和单行条例、规章不溯及既往，但为了更好地保护公民、法人和其他组织的权利和利益而作的特别规定除外。

《立法法》关于溯及力的规定在刑事法律与民事法律中有不同的体现。我国《刑法》第12条对于溯及力问题有明确规定。其中第1款规定了从旧兼从轻的原则："中华人民共和国成立以后本法施行以前的行为，如果当时的法律不认为是犯罪的，适用当时的法律；如果当时的法律认为是犯罪的，依照本法总则第四章第八节的规定应当追诉的，按照当时的法律追究刑事责任，但是如果本法不认为是犯罪或者处刑较轻的，适用本法。"第2款规定了溯及力与既判力的关系："本法施行以前，依照当时的法律已经作出的生效判决，继续有效。"由于刑法明确规定了从旧兼从轻原则，同时刑事法律是国家基于公权力对于犯罪嫌疑人的追诉，其溯及力问题主要影响到犯罪嫌疑人一方的权益，在从轻（有利）的判断上较为简单，所以对于刑事法律的溯及力问题，大家的理解较为一致。

民事法律领域的溯及力问题相对复杂的多，现行主要民事法律，如《合同法》《物权法》《侵权法》等，一般都未设专门条文规定溯及力问题。另一方面，由于民事法律关系的复杂性，判断溯及力问题的"从轻（有利）原则"非常困难，也难以做出一般性的规定。实践中，大家对于民事法律原则不具有溯及力已形成共识，但是在具体规则中关于溯及力问题的判断上经常会发生分歧。

（四）司法解释的溯及力问题

1. 关于司法解释溯及力的不同观点

《立法法》关于溯及力的规定未涉及司法解释，大家基于对司法解释性质的不同认识，形成了关于司法解释溯及力问题的不同观点。

一种观点认为司法解释原则上具有溯及力，这种溯及力仅受到被解释法的时间效力范围、裁判的既判力与旧司法解释时间效力的限制。其理由在于，司法解释是依据原法律条文，对原法律规范的内容所作的理解和阐释，其目的在于统一法律的适用，而不是创制新的行为规范去约束人们的行为。因此，司法解释的效力，包括时间上的效力当然要归结于被解释的法律，而不应该具有单独的时间效力，即司法解释应溯及到被解释的法律施行之日。该观点的主要理由如下：第一，这是由司法解释的本质属性决定的。司法解释是关于如何正确理解和执行法的具体规定，其内容是法律的已有或应有之义，因此不具有独立的法律地位。在时间上，应当回溯至被解释法律施行之日发生作用。第二，这是司法机关的职责要求。"禁止拒绝裁判"是司法的一项基本原则，在法律规定不明的情况下，贯彻该原则就必须赋予法官两项职权：一是在法律允许的范围内"创新"地解释法律；二是赋予"创新"的法律解释以溯及既往的效力。同时，在具体的案件中解释法律也是立法与司法权力分立的要求。第三，赋予司法解释溯及既往的效力有助于维护法的安定性。比如，对于法院来说，如果预知米兰达规则不会为大量的以前没有按照该规则判刑的囚犯大开监狱大门，制定该规则就会容易很多。反过来讲，溯及既往反而具有抑制法官篡改或者改变法律的功能和作用。第四，司法解释的创新程度是有限的，不能达到变更法律的程度，应当在当事人的预期范围之内，溯及既往不会影响到当事人的信赖利益。根据我国相关法律，司法解释与法律相抵触或者变更法律都是不被允许的，所以司法解释创新的程度不足以成为限制其溯及力的理由。①

另一种观点则认为应当根据司法解释的具体内容来确定是否应赋予溯及力。其理由在于，第一种观点并不符合我国司法解释的现实情况。不同于西方国家的法院在个案中对于法律的解释，我国的司法解释经常是制定一系列普遍适用的规则。同时我国也没有"禁止拒绝裁判"的规定。更关键的是，在司法解释的创新程度上，第一种观点的判断过于绝对了。我国的司法解释有的是在原条文的基础上进行解释，

---

① 参见杨登峰：《民事、行政司法解释的溯及力》，载《法学研究》2007年第2期。

有的则是创立了全新规则，一概承认其溯及力会损害到法的安定性与百姓信赖利益的保障。因此该观点主张，应当根据司法解释的具体内容来确定是否应具有溯及力，并进一步提出了如下具体规则：第一，有明确解释对象的，效力及于被解释法律生效之时。第二，没有明确的解释对象的，应区分两种情形：一是旧法（包括司法解释）没有规定的，适用补缺例外规则，或称"空白追溯"规则；二是旧法（包括司法解释）有规定的，采取从旧兼有利规则：涉及国际交易的，以有利于国家利益为原则；涉及国内交易的，以有利于促成交易为原则；涉及民事责任承担的，以有利于权益受侵害一方为原则。第三，对于连续性事实或持续性法律关系，采用即行适用原则，需要注意的是，如果涉及合同关系，应与从旧兼有利规则相协调。第四，如果对明确的法律规定作出直接修改，则不得具有溯及力。第五，已经生效的判决当然不宜依据新的司法解释被推翻，这是既判力优于溯及力的体现。第六，如果司法解释一时不能做到分别情况规定溯及力，也应统一规定适用于一、二审案件，而不应区分新受理的一审案件与审理中的案件或只规定一个实施日期。①

2. 刑事司法解释与民事司法解释的不同规定

我国刑事司法解释与民事司法解释关于溯及力的规定并不相同。就刑事司法解释而言，我国承认了全部刑事司法解释的溯及力。《最高人民法院、最高人民检察院关于适用刑事司法解释时间效力问题的规定》第1条规定：司法解释是最高人民法院对审判工作中具体应用法律问题和最高人民检察院对检察工作中具体应用法律问题所作的具有法律效力的解释，自发布或者规定之日起施行，效力适用于法律的施行期间。基于该司法解释的规定，无论学界如何争论，在司法层面，刑事司法解释的溯及力是明确且不容争辩的。

---

① 参见张新宝、王伟国：《最高人民法院民商事司法解释溯及力问题探讨》，载《法律科学（西北政法大学学报）》2010年第6期。

民事司法解释与刑事司法解释不同，没有关于溯及力问题的统一规定，各具体司法解释关于溯及力问题的规定也不相同。有学者统计了1997~2008年期间有实体内容的民商事司法解释（其中解释类22件，规定类27件，批复类若干）并进行了分析，发现关于溯及力问题的规定极不统一，甚至有些混乱。例如有的规定为"司法解释适用于其公布施行后新受理的一审案件"；有的规定为"司法解释适用于其公布施行后尚未审结的一、二审案件"；有的以解释涉及的法律实施日为限，法律实施日前形成的纠纷适用当时的法律和司法解释，法律实施日以后形成的纠纷且尚在一审或二审阶段的案件适用新司法解释。更多的司法解释没有规定其自身的溯及力问题。这在法律的适用上造成了较大的混乱。[①]

3. 对于民事司法解释溯及力规定的批评

第一，理念不明确，规则不统一。一是理念不明确，民事司法解释缺乏关于溯及力问题的统一规定，这既反映了大家理念的不统一，反过来也进一步导致了理解上的混乱。二是规则不统一。这既表现在与刑事司法解释在溯及力规则方面的不同，也表现在民事司法解释内部溯及力规则的不统一。

第二，理解与适用混乱，危及法制统一。由于民事司法解释的理念不明，规则不一，在司法解释的适用上，不同法院之间、法院与学者之间、法院与当事人之间对于同一司法解释的溯及力问题的理解完全不同，导致同类案件在法律适用上标准不一，法律适用的统一性难以保证，严重危及到当事人的合法权益。

第三，溯及力的对象是"案件"而非"事件或行为"。根据对溯及力理论的一般理解，溯及力本应指向事件或者行为，即解决的是新法是否适用于实施前发生的事件或者行为的问题。但是我国民事司法解释规定溯及力的模式与之并不完全符合。多数民事司法解释规定，"适用于新受理的民事案件"，或者适用于"新受理或者尚处于一审、二审阶段

[①] 参见张新宝、王伟国：《最高人民法院民商事司法解释溯及力问题探讨》，载《法律科学（西北政法大学学报）》2010年第6期。

的案件"。这种处理模式存在两个问题，一是起诉的时间会影响法律的适用，在法律颁布一段时间后施行的情形，可能会造成当事人规避法律。比如，在法律颁布后，当事人发现新法对于其准备起诉的案件有利，就会选择待法律施行后再诉，反之则会在法律施行前起诉。二是实质上溯及了以往，违反了"信赖保护"原则。由于该模式着眼于诉讼进程，而非行为或事件发生的时间，导致新法可能适用于之前发生的行为或事件，从而违反了"信赖保护"原则。

溯及力问题在法律理论与实践中都具有重要意义，不仅关系到具体当事人的权益保护，更涉及到宏大的法治与宪政理念。在溯及力问题的讨论上，刑事领域较民事领域更为深入，实体法律较程序法律更有共识。学者对于司法解释溯及力问题的讨论不算太多，但是现有的分析研究也基本指出了司法解释溯及力制度中的主要问题及完善方向。

就民事司法解释的溯及力问题来说，其主要应该考虑两方面的因素。一是对于同类型案件当事人的权利平衡；二是法院已结案件的稳定问题。由于民事司法解释规范的内容错综复杂，本身又经常同时涉及实体与程序问题，所以就溯及力问题抽象出一般规则非常困难。更为可行性的方案是根据具体司法解释的内容，充分考虑溯及力问题并作出切实可行的规定。

4. 利息计算司法解释的特殊性

利息计算司法解释的特殊性在于其适用对象"利息计算的期间"是一个持续不间断的过程。学界一般认为，对于持续性行为的法律适用，是法不溯及以往原则的一个例外。即如果引起纠纷的行为是持续性行为且该行为持续至新法实施之后的，应适用新法的规定。① 但是利息计算的期间不是一个行为，就其本质属性而言是可以分割并分段计算的。所以对于利息计算的司法解释而言，并不一定要适用该例外规则。

二、适用金钱债权的范围

（一）只适用于本解释施行时尚未执行完毕的部分

具体而言，此处明确了"司法解释施行时已经执行完毕部分的金钱债权"的迟延履行利息，不适用新司法解释。但是应该注意的是，对于尚未执行完毕的金钱债权，并非一概适用新法，而是还要受到下面"分段计算"规则的限制。即关于本司法解释溯及力的规定，是通过限制适用债权的范围与规定具体计算方法两个制度来完成的。此处关于债权适用范围的限制首先排除了"司法解释施行时已经执行完毕的部分金钱债权"的迟延履行利息计算的法律适用。

（二）关于"执行完毕部分"的理解

第一，这里的执行完毕主要是指款项执行到位，债权真正实现的情形。由于该部分债权已经实现，已经不再具备产生迟延履行利息的基础，故无需考虑迟延履行利息的计算问题。

第二，对于达成和解协议合法有效并履行完毕的金钱债权，视为执行完毕。《执行规定》第87条规定：当事人之间达成的和解协议合法有效并已履行完毕的，人民法院作执行结案处理。《民事诉讼法》第230条第2款规定：申请执行人因受欺诈、胁迫与被执行人达成和解协议，

---

① 即所谓的"持续性例外"。一般认为，法不溯及既往原则有三个例外，其他两种例外是"补缺例外"与"从宽例外"。"所谓补缺例外，是指在旧法没有规定而新法有规定的情形下，新法的规定弥补已有立法空白，使其所规范的法律行为有明确的规范依据，因此，尽管引起纠纷的行为或者事件发生在新法公布之前，但由于法院不得以没有规定不予受理或者以无法律依据为由而拒绝裁判，又因为新法的规定具有科学性和规范性，为规范当事人的法律行为或者事件，应参照新法的规定进行裁判。""所谓从宽例外，是指当新的法律规定认定某种民事法律行为有效而旧法认定无效时，作为法律不溯及既往原则的一种例外，新法可以溯及既往。"参见奚晓明主编：《最高人民法院关于民事案件诉讼时效司法解释理解与适用》，人民法院出版社2008版，第382页。

或者当事人不履行和解协议的，人民法院可以根据当事人的申请，恢复对原生效法律文书的执行。该法条就和解协议的恢复执行增加了"因受欺诈、胁迫而达成"的情形，且对于此种情形下的恢复执行未限制于"履行完毕前"。基于上述两个法条，我们可以将履行完毕的和解协议区分为两种情形。一是合法有效并履行完毕的，视为执行完毕。二是欺诈胁迫情形下达成的和解协议，从《民事诉讼法》条文的字面意思看，即使履行完毕也能恢复执行，因此不能视为执行完毕。

第三，执行程序中当事人明确放弃的债权应当视为执行完毕，但是应避免强制或误导债权人放弃债权。民事权利可以自由处分是一项基本法律原则，免除是消灭债务的一种法定方式。《合同法》第105条规定：债权人免除债务人部分或者全部债务的，合同的权利义务部分或者全部终止。对于生效法律文书确定的债权来说，虽然有人认为其性质已经由民事权利变成了法律责任，但是其本质仍然是一种民事权利，没有理由否定当事人的自由处分权。在我国司法实践中，生效法律文书确定债权的转让也被普遍承认，并能在执行程序中直接申请变更当事人。

关于放弃生效法律文书确定的权利对于执行程序的影响，各立法例的规定并不相同。德国与我国台湾地区都认为，生效法律文书进入执行程序后，当事人私下关于权利义务的安排并不当然对抗执行程序。如果债务人认为执行依据确定的债权已经消灭或者存在其他妨害执行的事由，可以提起债务人异议之诉进行救济，而该债务人异议之诉并不必然产生中止执行程序的效果。台湾地区"强制执行法"第14条第1项规定：执行名义成立后，如有消灭或妨碍债权人请求之事由发生，债务人得于强制执行程序结束前，向执行法院对债权人提起异议之诉。根据学者对于台湾地区相关法律与司法实践的总结，债务人异议之诉的事由非常宽泛。既包括能够引起执行依据所确定债权全部或部分消灭的事由，如清偿、提存、抵销、免除、混同、解除条件成就、和解、撤销权或解除权的行使、消灭时效的完成、债权让与或债务承担等，也包括妨害债权人请求的事由，如债权人同意延期、债务人主张同时履行抗辩、债务人对执行标的行使留置权、权利滥用或者违反诚信原则等事由。

我国没有债务人异议之诉制度。对于传统大陆法系国家和地区债务人异议之诉制度解决的问题，基本都是通过执行异议与复议程序解决。因此在执行程序中，执行法院应审查债权人放弃权利行为的真实性，审查属实则应在债权人放弃权利的范围内不予强制执行。

债权人放弃生效法律文书确定的债权，主要有两种形式，一种是直接向债务人表示，这有时会表现为执行和解协议的方式。另一种是向执行法院表示，这有时会表现为撤回执行申请，有时会表现为向执行法院出具书面承诺，比如承诺在满足一定债权后放弃其余债权。对于债权人直接向债务人表示放弃权利与撤回执行申请的情形，其法律效果不存在争议。对于向法院出具放弃权利的承诺能否产生免除债务的效果则有不同的认识。个人认为，该种方式能够产生免除债务的效果。理由在于，债权人申请执行后，执行机构作为公权力介入了双方当事人之间的民事法律关系，在某种程度上承担了债权人与债务人之间桥梁与媒介的职能。原本当事人之间的通知、告知等义务可以通过这个桥梁进行传递。这符合执行法院作为公权力介入私人法律关系解决纠纷的目的，也符合权利放弃制度的原理。

需要注意的是，执行法院不应为了追求结案率而强制或误导申请执行人放弃权利，这是严重危害当事人权利、损害司法权威的行为。这不仅会造成个案的不公，长此以往更会损害司法公信力，导致强制执行工作愈加难以推进等严重后果。

三、跨越本司法解释生效时点迟延履行利息的计算方法

（一）本司法解释的实施日期

规定司法解释的生效时间，一般有两种模式。一种是公布之日起生效，另一种是公布之日后经过一段时间生效。第一种模式考虑的是尽快

实施新规则，以解决实践中亟需解决的问题。第二种模式考虑的是司法解释的内容较原规定有较大变化，需要留出一定时间来学习贯彻，做好各项准备工作，以保证司法解释的顺利实施。本司法解释采用了公布日最临近月份的第一天即8月1日作为实施日。

（二）分段计算

分段计算的具体规则是：无论是新立案还是尚未执行完毕的案件，对于其尚未执行到位的债权，以2014年8月1日为界。8月1日前迟延履行期间的利息，按照当时的规则进行计算；8月1日之后的利息，按照本司法解释进行计算。

这样规定的理由在于：第一，符合迟延履行利息计算问题的性质。如上所述，利息的发生不像其他一过性的事件或者行为，是一个延续的过程。这个持续过程可以予以分割并分别按照不同的标准计算。第二，符合溯及力的一般理论。溯及力的基本规则是适用于规则生效后的事件或者行为，而不溯及既往。分段计算是对于该原则的最好贯彻。对于施行前发生的迟延履行利息适用原来的规则，贯彻了不溯及既往的原则。施行后发生的迟延履行利息适用新的规则，贯彻了约束施行后新发生事件的原则。同时，对于溯及力一般原则的贯彻也保护了相关主体的信赖利益，符合更为宏观的宪政理念。第三，更为公平合理。在确定本司法解释的溯及力问题时，我们考虑了三种方案。另外两种方案之一是新立案执行的案件适用新规则；之二是没有执行完毕的案件适用新规则。相较于上述两种方案，本司法解释最终确定的方案更为公平合理。因为就第一种方案来说，相同案件可能因为申请执行时间的不同而导致不同的迟延履行利息计算方法与不同利息金额，显失公平。就第二种方案而言，相同案件可能因为不同的执行进程而导致不同的迟延履行利息计算方法与不同利息金额，更加不合理。而本方案能够保证相同案件在相同的迟延履行期间，适用相同的利息计算方法，显然更为合理。

四、与本解释相冲突的司法解释

（一）最高人民法院之前发布的关于迟延履行利息计算的司法解释

最高人民法院之前发布过两个关于利息的司法解释。一个是《民事诉讼法意见》第294条，该条规定：《民事诉讼法》第232条规定的加倍支付迟延履行期间的债务利息，是指在按银行同期贷款最高利率计付的债务利息上增加一倍。另一个是《最高人民法院关于在执行工作中如何计算迟延履行期间的债务利息等问题的批复》，其主要内容为：（1）人民法院根据《民事诉讼法》第229条计算"迟延履行期间的债务利息"时，应当按照中国人民银行规定的同期贷款基准利率计算。（2）执行款不足以偿付全部债务的，应当根据并还原则按比例清偿法律文书确定的金钱债务与迟延履行期间的债务利息，但当事人在执行和解中对清偿顺序另有约定的除外。

（二）冲突司法解释的限制适用

上述两个司法解释体现了迟延履行利息计算规则的变化。第一个司法解释将《民事诉讼法》条文中的"加倍"解释为"按银行同期贷款最高利率计付的债务利息上增加一倍"，第二个司法解释将该标准修改为"中国人民银行规定的同期贷款基准利率"的2倍。但是两个司法解释都没有区分迟延履行利息与约定利息的不同性质并予以分别处理。这造成了迟延履行期间的利息计算有时还不如未迟延履行时高（比如当事人约定4倍利息的情况下，在迟延履行期间，按照《批复》规定的一般理解，只能按照银行同期贷款基准利率的2倍计算）；有时又会造成迟延履行期间的利息畸高的情况（实践中有一种理解，在双方约定利息的情况下，应当在约定利息的基础上进行加倍，按照这种理解，如果当事人约定了4倍利息，那迟延履行期间的利息将是8倍）。

正是为了弥补上述两个司法解释存在的问题，最高人民法院才制定了本司法解释。上述两个司法解释的理解与具体计算方法都与本司法解释存在显著区别,明显不一致。在本司法解释生效后发生的迟延履行利息,都应该适用本司法解释。不过应该注意的是,对于本司法解释生效前发生的迟延履行利息,还是应该适用原司法解释的规则进行计算。

对于本司法解释施行前迟延履行利息的计算适用上述哪个司法解释的问题,实践中一般认为,对于未执行完毕的案件,一体适用第二个司法解释,即《批复》确定的规则。

不过,对于《批复》的规则,也存在不同的理解。第一种观点认为,该司法解释确定了一个补充规则,仅仅适用于生效法律文书没有确定迟延履行利息计算方法的情形,否则应当优先适用生效法律文书确定的计算方法。比如生效法律文书确定按照银行同期贷款基准利率的4倍计算至实际偿付之日,则应按该标准计算迟延履行期间的利息。第二种观点认为,应该比较生效法律文书确定的利率与两倍同期贷款基准利率,适用其中较高的利率标准。应该说这两种理解都注意到了《批复》存在的问题,即没有尊重生效法律文书确定的利息计算方法。由于通常情况下,生效法律文书确定的利息计算方法反映的是当事人之间的约定,所以该司法解释实质上是没有尊重当事人对于迟延履行期间利息计算方法的约定。这导致某些情况下迟延履行期间的利息比未迟延时还要低,有失公允。两种方案也都是在试图解决这一问题,因此都具有一定的合理性。

但是根据该司法解释所附两个计算公式,我们认为关于迟延履行期间利息的正确计算方法应该是"同期贷款基准利率的2倍",且此种计算方法排除了生效法律文书确定的计算方法的适用。理由在于:司法解释所附第一个公式为,"执行款=清偿的法律文书确定的金钱债务+清偿的迟延履行期间的债务利息"。该公式明确了执行款只包括两块,一块是清偿的法律文书确定的金钱债务,另一块是迟延履行期间的债务利息。司法解释所附第二个公式为,"清偿的迟延履行期间的债务利息=

清偿的法律文书确定的金钱债务×同期贷款基准利率×2×迟延履行期间"。该公式明确了迟延履行期间利息的计算方法，就是同期贷款基准利率的两倍，没有选择适用的余地。

【执行实践中应当注意的问题】

一、执行监督案件、恢复终结本次执行案件的适用问题

对于执行监督案件的提起与处理，也要以 2014 年 8 月 1 日为界，适用本司法解释的分段计算规则。由于本司法解释在溯及力问题上采用了分段计算的规则，所以对于执行监督案件的处理变得相对简单。不管在执行监督案件的提起还是提起后的处理上，贯彻分段计算规则的结果就是对于当时的利息计算采用当时有效的司法解释，避免了处理执行监督案件是适用原规则还是新规则的问题。[①]

基于同样的理由，对于终结本次执行程序后，发现被执行人财产重新立案执行的案件，也是适用分段计算的规则。以 2014 年 8 月 1 日为界，之前迟延履行期间的利息按照原来的规定计算，之后迟延履行期间的利息按照本司法解释计算。

[①] 在溯及力问题上，一般都需要处理溯及力与确定判决的既判力的关系。一般认为，不具有溯及力的法律不会危及确定判决的既判力。对于具有溯及力的法律，也不能破坏确定判决的稳定性与既判力，即确定判决的既判力优于法律的溯及力。具体而言，就是如某司法解释明确了原法律条文的原本意义，具有溯及既往的效力，对于司法解释生效前经过审判程序处理的案件，也不能再以法律适用与新司法解释不符为由进行纠正。我国多数司法解释规定，新司法解释只适用于新受理或者尚未处理完毕的案件，上述观点是一个理论基础。不过，规定新司法解释只适用于新受理或者尚未处理完毕的案件，更重要的考虑是维护现实的司法秩序。如果允许新司法解释更改原案件，将会引发大量申诉，既有的司法秩序将面临极大破坏。因此，我国在限制溯及力所及的范围时，不仅将确定判决，而且将调解结案的案件也排除出了溯及力的范围。基于同一理由，对于执行完毕的案件，也应一并排除出司法解释溯及力的范围。

二、金融不良债权的利息计算问题

（一）《关于审理涉及金融不良债权转让案件工作座谈会纪要》关于金融不良债权利息的特殊规定

1.《关于审理涉及金融不良债权转让案件工作座谈会纪要》出台的背景

金融不良债权问题产生于 90 年代推进的金融体制改革。这次改革中将银行的大量不良资产剥离给国有资产管理公司进行处置。在处置资产管理公司因处置金融不良债权引发的纠纷中，如何准确把握国家政策，正确适用法律，实践中缺乏统一的标准。为依法公正妥善地审理涉及金融不良债权转让案件，最高人民法院商有关部门形成了《关于审理涉及金融不良债权转让案件工作座谈会纪要》（以下简称《纪要》），于 2009 年 3 月 30 日发布。

2.《纪要》关于利息与溯及力的规定

《纪要》对于涉及金融不良债权的审理问题作出了较为全面的规定。其中关于利息的计算问题规定在第 9 条："关于受让人[①]收取利息的问题。会议认为，受让人向国有企业债务人主张利息的计算基数应以原借款合同本金为准；受让人向国有企业债务人主张不良债权受让日之后发生的利息的，人民法院不予支持。但不良债权转让合同被认定无效的，出让人在向受让人返还受让款本金的同时，应当按照中国人民银行规定的同期定期存款利率支付利息。"关于溯及力的问题规定在第 12 条："关于《纪要》的适用范围。……《纪要》的内容和精神仅适用于在《纪要》发布之后尚在一审或者二审阶段的涉及最初转让方为国有银行、金融资产管理公司通过债权转让方式处置不良资产形成的相关案件。人民法院依照审判监督程序决定再审的案件，不适用《纪要》。……"。

从《纪要》第 9 条的规定来看，非金融资产管理公司法人、自然人

---

① 根据《海南座谈会纪要》第 12 条的规定，受让人是指非金融资产管理公司法人、自然人。

在金融资产管理公司手中受让金融不良债权后，如果债务人是国有企业，那么自受让日之后的利息不再计算。应该说该规定与债权转让的一般法理不符，体现了对于金融不良债务处置工作适用特殊规则的政策考虑。

（二）金融不良债务利息计算规则的发展

1.《纪要》有关利息规定引发的问题

《纪要》关于金融不良债权利息计算作出了一般性规定。但是就与之相关的一些具体问题，并未给出答案，实践中也有不同的理解。在金融不良债权转让案件中对国有企业债务人给予特殊保护受到了批评，这引出了第一个问题是对于债务人是非国有企业的案件，是否按照《纪要》保护国有企业的精神，给予一体平等保护。第二个问题是根据《纪要》第12条，其适用范围仅限于"尚在一审或者二审阶段"的案件，对于执行阶段的案件如何处理？第三个问题与第二个问题相关，既然《纪要》仅适用于审判阶段，那显然不涉及执行阶段的迟延履行利息计算问题。那么对于执行阶段的迟延履行利息计算，是否适用《纪要》确立的规则？

2. 最高人民法院关于"平等保护"问题的态度

针对上述第一个问题，最高人民法院民二庭［2009］民二他字第21号答复表明了态度，该答复的内容为："根据《纪要》的精神与目的，涉及非国有企业债务人的金融不良债权转让纠纷案件，亦应参照适用《纪要》的规定。债务人未对不良债权转让合同的效力提出异议，但案件的事实与相关证据情况能够引发人民法院对不良债权转让合同效力产生合理怀疑的，人民法院可以依职权主动审查不良债权转让合同的效力。"

虽然该答复针对的是人民法院能否主动审查不良债权转让合同效力问题，但是却抽象出了"平等保护"的一般原则，即："涉及非国有企业债务人的金融不良债权转让纠纷案件，亦应参照适用《纪要》的规定"。对此，应认为最高人民法院扩大了《海南座谈会纪要》的适用范围，由国有企业债务人扩大到所有债务人。

3. 最高人民法院关于迟延履行利息计算问题的态度

《纪要》关于利息的计算规则是否适用于执行程序，及如何处理其溯及力问题，实践中掌握的标准不一。如果严格从字面意思理解，应该不适用于执行程序，因为《纪要》第12条明确规定只适用于"尚在一审或者二审阶段"的案件。但是如果从配合金融体制改革，推进金融不良债务处置工作，解决历史遗留问题的政策导向出发，则可能需要在执行程序中参照适用该规则。

2013年湖北就相关问题请示最高人民法院，最高人民法院在经过审委会讨论后，于2013年11月26日下发（2013）执他字第4号函。在该函文中，最高人民法院明确了以下几个问题：第一，再次重申了对于国有企业、非国有企业及自然人等各类主体适用"平等保护"的原则。第二，执行程序中对于迟延履行利息的计算，适用《纪要》确定的规则。第三，明确了《纪要》的溯及力问题。

（三）金融不良债权利息的计算规则与本司法解释的衔接

1. 金融不良债权利息的计算规则优先于本司法解释适用

本司法解释是关于迟延履行利息计算的一般规则，金融不良债权利息的计算是特殊规则。根据特别规则优于一般规则适用的原理，后者应该优先于前者适用。具体而言，就是根据《纪要》及最高人民法院相关函文，在金融不良债权转让后免除了债务人利息的案件，执行程序中应不予计算迟延履行利息。这里的不予计算既包括2014年8月1日之前迟延履行期间的利息，也包括2014年8月1日之后迟延履行期间的利息。

2. 需要计算迟延履行利息的金融不良债权适用本司法解释

根据上述处理金融不良债权相关规则，某些情况下仍然需要计算金融不良债权的迟延履行利息。此时则应适用本司法解释。由于本司法解释采用分段计算的规则，所以有时还可能会适用最高人民法院原来关于利息计算的司法解释。具体而言，执行程序中计算金融不良债权的迟延履行利息，主要有如下几种情况：

第一，资产管理公司一直没有对外转让金融不良债权。根据金融不良债权利息计算的规则，只有金融不良债权被转让后才免除利息，所以对于未转让的金融不良债权要计算迟延履行利息。对于此类利息的计算，应该按照本司法解释确定的规则，以实施日为基准点，实施日之前迟延履行期间的迟延履行利息按照当时的规则计算，具体而言就是按照 2009 年《批复》计算；实施日之后迟延履行期间的利息按照本司法解释的规则计算。

第二，对于《纪要》发布前非金融资产管理公司的机构或个人受让的金融不良债权，执行程序中应该按照相关法律规定计算发布日之前的利息，发布日之后不再计付利息。由于《纪要》系 2009 年 3 月 30 日发布，远早于本司法解释的施行日，所以执行程序中对于此类案件利息的计算不涉及到本司法解释的适用问题，只需要按照当时的计算规则计算《纪要》发布前的利息即可。

第三，对于《纪要》发布后非金融资产管理公司的机构或个人受让的金融不良债权，执行程序中要计算受让日之前的利息，受让日之后不再计付利息。具体而言，对于受让日之前的利息要适用本司法解释的分段计算法，本司法解释施行日前的迟延履行期间的利息按照原司法解释的规则计算；本司法解释施行日后的迟延履行期间的利息按照本司法解释确定的规则计算。

第三部分　相关法律法规、司法解释及规范性文件

一、法律及司法解释

中华人民共和国民事诉讼法（节录）

（根据2012年8月31日第十一届全国人民代表大会常务委员会第二十八次会议《关于修改〈中华人民共和国民事诉讼法〉的决定》第二次修正 2012年8月31日中华人民共和国主席令第59号公布 2013年1月1日起施行）

第一编 总 则

第一章 任务、适用范围和基本原则

第一条 中华人民共和国民事诉讼法以宪法为根据，结合我国民事审判工作的经验和实际情况制定。

第二条 中华人民共和国民事诉讼法的任务，是保护当事人行使诉讼权利，保证人民法院查明事实，分清是非，正确适用法律，及时审理民事案件，确认民事权利义务关系，制裁民事违法行为，保护当事人的合法权益，教育公民自觉遵守法律，维护社会秩序、经济秩序，保障社会主义建设事业顺利进行。

第三条 人民法院受理公民之间、法人之间、其他组织之间以及他们相互之间因财产关系和人身关系提起的民事诉讼，适用本法的规定。

第四条 凡在中华人民共和国领域内进行民事诉讼，必须遵守本法。

第五条 外国人、无国籍人、外国企业和组织在人民法院起诉、应诉，同中华人民共和国公民、法人和其他组织有同等的诉讼权利义务。

外国法院对中华人民共和国公民、法人和其他组织的民事诉讼权利

加以限制的，中华人民共和国人民法院对该国公民、企业和组织的民事诉讼权利，实行对等原则。

第六条 民事案件的审判权由人民法院行使。

人民法院依照法律规定对民事案件独立进行审判，不受行政机关、社会团体和个人的干涉。

第七条 人民法院审理民事案件，必须以事实为根据，以法律为准绳。

第八条 民事诉讼当事人有平等的诉讼权利。人民法院审理民事案件，应当保障和便利当事人行使诉讼权利，对当事人在适用法律上一律平等。

第九条 人民法院审理民事案件，应当根据自愿和合法的原则进行调解；调解不成的，应当及时判决。

第十条 人民法院审理民事案件，依照法律规定实行合议、回避、公开审判和两审终审制度。

第十一条 各民族公民都有用本民族语言、文字进行民事诉讼的权利。

在少数民族聚居或者多民族共同居住的地区，人民法院应当用当地民族通用的语言、文字进行审理和发布法律文书。

人民法院应当对不通晓当地民族通用的语言、文字的诉讼参与人提供翻译。

第十二条 人民法院审理民事案件时，当事人有权进行辩论。

第十三条 民事诉讼应当遵循诚实信用原则。

当事人有权在法律规定的范围内处分自己的民事权利和诉讼权利。

第十四条 人民检察院有权对民事诉讼实行法律监督。

第十五条 机关、社会团体、企业事业单位对损害国家、集体或者个人民事权益的行为，可以支持受损害的单位或者个人向人民法院起诉。

第十六条 民族自治地方的人民代表大会根据宪法和本法的原则，

结合当地民族的具体情况，可以制定变通或者补充的规定。自治区的规定，报全国人民代表大会常务委员会批准。自治州、自治县的规定，报省或者自治区的人民代表大会常务委员会批准，并报全国人民代表大会常务委员会备案。

第七章　期间、送达

第一节　期　间

第八十二条　期间包括法定期间和人民法院指定的期间。

期间以时、日、月、年计算。期间开始的时和日，不计算在期间内。

期间届满的最后一日是节假日的，以节假日后的第一日为期间届满的日期。

期间不包括在途时间，诉讼文书在期满前交邮的，不算过期。

第八十三条　当事人因不可抗拒的事由或者其他正当理由耽误期限的，在障碍消除后的十日内，可以申请顺延期限，是否准许，由人民法院决定。

第二节　送　达

第八十四条　送达诉讼文书必须有送达回证，由受送达人在送达回证上记明收到日期，签名或者盖章。

受送达人在送达回证上的签收日期为送达日期。

第八十五条　送达诉讼文书，应当直接送交受送达人。受送达人是公民的，本人不在交他的同住成年家属签收；受送达人是法人或者其他组织的，应当由法人的法定代表人、其他组织的主要负责人或者该法人、组织负责收件的人签收；受送达人有诉讼代理人的，可以送交其代理人签收；受送达人已向人民法院指定代收人的，送交代收人签收。

受送达人的同住成年家属，法人或者其他组织的负责收件的人，诉讼代理人或者代收人在送达回证上签收的日期为送达日期。

第八十六条 受送达人或者他的同住成年家属拒绝接收诉讼文书的，送达人可以邀请有关基层组织或者所在单位的代表到场，说明情况，在送达回证上记明拒收事由和日期，由送达人、见证人签名或者盖章，把诉讼文书留在受送达人的住所；也可以把诉讼文书留在受送达人的住所，并采用拍照、录像等方式记录送达过程，即视为送达。

第八十七条 经受送达人同意，人民法院可以采用传真、电子邮件等能够确认其收悉的方式送达诉讼文书，但判决书、裁定书、调解书除外。

采用前款方式送达的，以传真、电子邮件等到达受送达人特定系统的日期为送达日期。

第八十八条 直接送达诉讼文书有困难的，可以委托其他人民法院代为送达，或者邮寄送达。邮寄送达的，以回执上注明的收件日期为送达日期。

第八十九条 受送达人是军人的，通过其所在部队团以上单位的政治机关转交。

第九十条 受送达人被监禁的，通过其所在监所转交。

受送达人被采取强制性教育措施的，通过其所在强制性教育机构转交。

第九十一条 代为转交的机关、单位收到诉讼文书后，必须立即交受送达人签收，以在送达回证上的签收日期，为送达日期。

第九十二条 受送达人下落不明，或者用本节规定的其他方式无法送达的，公告送达。自发出公告之日起，经过六十日，即视为送达。

公告送达，应当在案卷中记明原因和经过。

第九章　保全和先予执行

第一百条 人民法院对于可能因当事人一方的行为或者其他原因，

使判决难以执行或者造成当事人其他损害的案件，根据对方当事人的申请，可以裁定对其财产进行保全、责令其作出一定行为或者禁止其作出一定行为；当事人没有提出申请的，人民法院在必要时也可以裁定采取保全措施。

人民法院采取保全措施，可以责令申请人提供担保，申请人不提供担保的，裁定驳回申请。

人民法院接受申请后，对情况紧急的，必须在四十八小时内作出裁定；裁定采取保全措施的，应当立即开始执行。

第一百零一条　利害关系人因情况紧急，不立即申请保全将会使其合法权益受到难以弥补的损害的，可以在提起诉讼或者申请仲裁前向被保全财产所在地、被申请人住所地或者对案件有管辖权的人民法院申请采取保全措施。申请人应当提供担保，不提供担保的，裁定驳回申请。

人民法院接受申请后，必须在四十八小时内作出裁定；裁定采取保全措施的，应当立即开始执行。

申请人在人民法院采取保全措施后三十日内不依法提起诉讼或者申请仲裁的，人民法院应当解除保全。

第一百零二条　保全限于请求的范围，或者与本案有关的财物。

第一百零三条　财产保全采取查封、扣押、冻结或者法律规定的其他方法。人民法院保全财产后，应当立即通知被保全财产的人。

财产已被查封、冻结的，不得重复查封、冻结。

第一百零四条　财产纠纷案件，被申请人提供担保的，人民法院应当裁定解除保全。

第一百零五条　申请有错误的，申请人应当赔偿被申请人因保全所遭受的损失。

第一百零六条　人民法院对下列案件，根据当事人的申请，可以裁定先予执行：

（一）追索赡养费、扶养费、抚育费、抚恤金、医疗费用的；

（二）追索劳动报酬的；

（三）因情况紧急需要先予执行的。

第一百零七条 人民法院裁定先予执行的，应当符合下列条件：

（一）当事人之间权利义务关系明确，不先予执行将严重影响申请人的生活或者生产经营的；

（二）被申请人有履行能力。

人民法院可以责令申请人提供担保，申请人不提供担保的，驳回申请。申请人败诉的，应当赔偿被申请人因先予执行遭受的财产损失。

第一百零八条 当事人对保全或者先予执行的裁定不服的，可以申请复议一次。复议期间不停止裁定的执行。

第十章　对妨害民事诉讼的强制措施

第一百零九条 人民法院对必须到庭的被告，经两次传票传唤，无正当理由拒不到庭的，可以拘传。

第一百一十条 诉讼参与人和其他人应当遵守法庭规则。

人民法院对违反法庭规则的人，可以予以训诫，责令退出法庭或者予以罚款、拘留。

人民法院对哄闹、冲击法庭，侮辱、诽谤、威胁、殴打审判人员，严重扰乱法庭秩序的人，依法追究刑事责任；情节较轻的，予以罚款、拘留。

第一百一十一条 诉讼参与人或者其他人有下列行为之一的，人民法院可以根据情节轻重予以罚款、拘留；构成犯罪的，依法追究刑事责任：

（一）伪造、毁灭重要证据，妨碍人民法院审理案件的；

（二）以暴力、威胁、贿买方法阻止证人作证或者指使、贿买、胁迫他人作伪证的；

（三）隐藏、转移、变卖、毁损已被查封、扣押的财产，或者已被清点并责令其保管的财产，转移已被冻结的财产的；

（四）对司法工作人员、诉讼参加人、证人、翻译人员、鉴定人、勘验人、协助执行的人，进行侮辱、诽谤、诬陷、殴打或者打击报复的；

（五）以暴力、威胁或者其他方法阻碍司法工作人员执行职务的；

（六）拒不履行人民法院已经发生法律效力的判决、裁定的。

人民法院对有前款规定的行为之一的单位，可以对其主要负责人或者直接责任人员予以罚款、拘留；构成犯罪的，依法追究刑事责任。

第一百一十二条 当事人之间恶意串通，企图通过诉讼、调解等方式侵害他人合法权益的，人民法院应当驳回其请求，并根据情节轻重予以罚款、拘留；构成犯罪的，依法追究刑事责任。

第一百一十三条 被执行人与他人恶意串通，通过诉讼、仲裁、调解等方式逃避履行法律文书确定的义务的，人民法院应当根据情节轻重予以罚款、拘留；构成犯罪的，依法追究刑事责任。

第一百一十四条 有义务协助调查、执行的单位有下列行为之一的，人民法院除责令其履行协助义务外，并可以予以罚款：

（一）有关单位拒绝或者妨碍人民法院调查取证的；

（二）有关单位接到人民法院协助执行通知书后，拒不协助查询、扣押、冻结、划拨、变价财产的；

（三）有关单位接到人民法院协助执行通知书后，拒不协助扣留被执行人的收入、办理有关财产权证照转移手续、转交有关票证、证照或者其他财产的；

（四）其他拒绝协助执行的。

人民法院对有前款规定的行为之一的单位，可以对其主要负责人或者直接责任人员予以罚款；对仍不履行协助义务的，可以予以拘留；并可以向监察机关或者有关机关提出予以纪律处分的司法建议。

第一百一十五条 对个人的罚款金额，为人民币十万元以下。对单位的罚款金额,为人民币五万元以上一百万元以下。

拘留的期限,为十五日以下。

被拘留的人,由人民法院交公安机关看管。在拘留期间,被拘留人承认并改正错误的,人民法院可以决定提前解除拘留。

第一百一十六条 拘传、罚款、拘留必须经院长批准。

拘传应当发拘传票。

罚款、拘留应当用决定书。对决定不服的,可以向上一级人民法院申请复议一次。复议期间不停止执行。

第一百一十七条 采取对妨害民事诉讼的强制措施必须由人民法院决定。任何单位和个人采取非法拘禁他人或者非法私自扣押他人财产追索债务的,应当依法追究刑事责任,或者予以拘留、罚款。

第十一章 诉讼费用

第一百一十八条 当事人进行民事诉讼,应当按照规定交纳案件受理费。财产案件除交纳案件受理费外,并按照规定交纳其他诉讼费用。

当事人交纳诉讼费用确有困难的,可以按照规定向人民法院申请缓交、减交或者免交。

收取诉讼费用的办法另行制定。

第二编 审判程序

第十六章 审判监督程序

第一百九十八条 各级人民法院院长对本院已经发生法律效力的判决、裁定、调解书,发现确有错误,认为需要再审的,应当提交审判委员会讨论决定。

最高人民法院对地方各级人民法院已经发生法律效力的判决、裁定、调解书，上级人民法院对下级人民法院已经发生法律效力的判决、裁定、调解书，发现确有错误的，有权提审或者指令下级人民法院再审。

第一百九十九条 当事人对已经发生法律效力的判决、裁定，认为有错误的，可以向上一级人民法院申请再审；当事人一方人数众多或者当事人双方为公民的案件，也可以向原审人民法院申请再审。当事人申请再审的，不停止判决、裁定的执行。

第二百条 当事人的申请符合下列情形之一的，人民法院应当再审：

（一）有新的证据，足以推翻原判决、裁定的；

（二）原判决、裁定认定的基本事实缺乏证据证明的；

（三）原判决、裁定认定事实的主要证据是伪造的；

（四）原判决、裁定认定事实的主要证据未经质证的；

（五）对审理案件需要的主要证据，当事人因客观原因不能自行收集，书面申请人民法院调查收集，人民法院未调查收集的；

（六）原判决、裁定适用法律确有错误的；

（七）审判组织的组成不合法或者依法应当回避的审判人员没有回避的；

（八）无诉讼行为能力人未经法定代理人代为诉讼或者应当参加诉讼的当事人，因不能归责于本人或者其诉讼代理人的事由，未参加诉讼的；

（九）违反法律规定，剥夺当事人辩论权利的；

（十）未经传票传唤，缺席判决的；

（十一）原判决、裁定遗漏或者超出诉讼请求的；

（十二）据以作出原判决、裁定的法律文书被撤销或者变更的；

（十三）审判人员审理该案件时有贪污受贿，徇私舞弊，枉法裁判行为的。

第二百零一条 当事人对已经发生法律效力的调解书，提出证据证明调解违反自愿原则或者调解协议的内容违反法律的，可以申请再审。

经人民法院审查属实的,应当再审。

第二百零二条 当事人对已经发生法律效力的解除婚姻关系的判决、调解书,不得申请再审。

第二百零三条 当事人申请再审的,应当提交再审申请书等材料。人民法院应当自收到再审申请书之日起五日内将再审申请书副本发送对方当事人。对方当事人应当自收到再审申请书副本之日起十五日内提交书面意见;不提交书面意见的,不影响人民法院审查。人民法院可以要求申请人和对方当事人补充有关材料,询问有关事项。

第二百零四条 人民法院应当自收到再审申请书之日起三个月内审查,符合本法规定的,裁定再审;不符合本法规定的,裁定驳回申请。有特殊情况需要延长的,由本院院长批准。

因当事人申请裁定再审的案件由中级人民法院以上的人民法院审理,但当事人依照本法第一百九十九条的规定选择向基层人民法院申请再审的除外。最高人民法院、高级人民法院裁定再审的案件,由本院再审或者交其他人民法院再审,也可以交原审人民法院再审。

第二百零五条 当事人申请再审,应当在判决、裁定发生法律效力后六个月内提出;有本法第二百条第一项、第三项、第十二项、第十三项规定情形的,自知道或者应当知道之日起六个月内提出。

第二百零六条 按照审判监督程序决定再审的案件,裁定中止原判决、裁定、调解书的执行,但追索赡养费、扶养费、抚育费、抚恤金、医疗费用、劳动报酬等案件,可以不中止执行。

第二百零七条 人民法院按照审判监督程序再审的案件,发生法律效力的判决、裁定是由第一审法院作出的,按照第一审程序审理,所作的判决、裁定,当事人可以上诉;发生法律效力的判决、裁定是由第二审法院作出的,按照第二审程序审理,所作的判决、裁定,是发生法律效力的判决、裁定;上级人民法院按照审判监督程序提审的,按照第二审程序审理,所作的判决、裁定是发生法律效力的判决、裁定。

人民法院审理再审案件，应当另行组成合议庭。

第二百零八条 最高人民检察院对各级人民法院已经发生法律效力的判决、裁定，上级人民检察院对下级人民法院已经发生法律效力的判决、裁定，发现有本法第二百条规定情形之一的，或者发现调解书损害国家利益、社会公共利益的，应当提出抗诉。

地方各级人民检察院对同级人民法院已经发生法律效力的判决、裁定，发现有本法第二百条规定情形之一的，或者发现调解书损害国家利益、社会公共利益的，可以向同级人民法院提出检察建议，并报上级人民检察院备案；也可以提请上级人民检察院向同级人民法院提出抗诉。

各级人民检察院对审判监督程序以外的其他审判程序中审判人员的违法行为，有权向同级人民法院提出检察建议。

第二百零九条 有下列情形之一的，当事人可以向人民检察院申请检察建议或者抗诉：

（一）人民法院驳回再审申请的；

（二）人民法院逾期未对再审申请作出裁定的；

（三）再审判决、裁定有明显错误的。

人民检察院对当事人的申请应当在三个月内进行审查，作出提出或者不予提出检察建议或者抗诉的决定。当事人不得再次向人民检察院申请检察建议或者抗诉。

第二百一十条 人民检察院因履行法律监督职责提出检察建议或者抗诉的需要，可以向当事人或者案外人调查核实有关情况。

第二百一十一条 人民检察院提出抗诉的案件，接受抗诉的人民法院应当自收到抗诉书之日起三十日内作出再审的裁定；有本法第二百条第一项至第五项规定情形之一的，可以交下一级人民法院再审，但经该下一级人民法院再审的除外。

第二百一十二条 人民检察院决定对人民法院的判决、裁定、调解书提出抗诉的，应当制作抗诉书。

第二百一十三条　人民检察院提出抗诉的案件，人民法院再审时，应当通知人民检察院派员出席法庭。

第三编　执行程序

第十九章　一般规定

第二百二十四条　发生法律效力的民事判决、裁定，以及刑事判决、裁定中的财产部分，由第一审人民法院或者与第一审人民法院同级的被执行的财产所在地人民法院执行。

法律规定由人民法院执行的其他法律文书，由被执行人住所地或者被执行的财产所在地人民法院执行。

第二百二十五条　当事人、利害关系人认为执行行为违反法律规定的，可以向负责执行的人民法院提出书面异议。当事人、利害关系人提出书面异议的，人民法院应当自收到书面异议之日起十五日内审查，理由成立的，裁定撤销或者改正；理由不成立的，裁定驳回。当事人、利害关系人对裁定不服的，可以自裁定送达之日起十日内向上一级人民法院申请复议。

第二百二十六条　人民法院自收到申请执行书之日起超过六个月未执行的，申请执行人可以向上一级人民法院申请执行。上一级人民法院经审查，可以责令原人民法院在一定期限内执行，也可以决定由本院执行或者指令其他人民法院执行。

第二百二十七条　执行过程中，案外人对执行标的提出书面异议的，人民法院应当自收到书面异议之日起十五日内审查，理由成立的，裁定中止对该标的的执行；理由不成立的，裁定驳回。案外人、当事人对裁定不服，认为原判决、裁定错误的，依照审判监督程序办理；与原判决、裁定无关的，可以自裁定送达之日起十五日内向人民法院提起诉讼。

第二百二十八条　执行工作由执行员进行。

采取强制执行措施时，执行员应当出示证件。执行完毕后，应当将执行情况制作笔录，由在场的有关人员签名或者盖章。

人民法院根据需要可以设立执行机构。

第二百二十九条 被执行人或者被执行的财产在外地的，可以委托当地人民法院代为执行。受委托人民法院收到委托函件后，必须在十五日内开始执行，不得拒绝。执行完毕后，应当将执行结果及时函复委托人民法院；在三十日内如果还未执行完毕，也应当将执行情况函告委托人民法院。

受委托人民法院自收到委托函件之日起十五日内不执行的，委托人民法院可以请求受委托人民法院的上级人民法院指令受委托人民法院执行。

第二百三十条 在执行中，双方当事人自行和解达成协议的，执行员应当将协议内容记入笔录，由双方当事人签名或者盖章。

申请执行人因受欺诈、胁迫与被执行人达成和解协议，或者当事人不履行和解协议的，人民法院可以根据当事人的申请，恢复对原生效法律文书的执行。

第二百三十一条 在执行中，被执行人向人民法院提供担保，并经申请执行人同意的，人民法院可以决定暂缓执行及暂缓执行的期限。被执行人逾期仍不履行的，人民法院有权执行被执行人的担保财产或者担保人的财产。

第二百三十二条 作为被执行人的公民死亡的，以其遗产偿还债务。作为被执行人的法人或者其他组织终止的，由其权利义务承受人履行义务。

第二百三十三条 执行完毕后，据以执行的判决、裁定和其他法律文书确有错误，被人民法院撤销的，对已被执行的财产，人民法院应当作出裁定，责令取得财产的人返还；拒不返还的，强制执行。

第二百三十四条 人民法院制作的调解书的执行，适用本编的规定。

第二百三十五条 人民检察院有权对民事执行活动实行法律监督。

第二十章 执行的申请和移送

第二百三十六条 发生法律效力的民事判决、裁定，当事人必须履行。一方拒绝履行的，对方当事人可以向人民法院申请执行，也可以由审判员移送执行员执行。

调解书和其他应当由人民法院执行的法律文书，当事人必须履行。一方拒绝履行的，对方当事人可以向人民法院申请执行。

第二百三十七条 对依法设立的仲裁机构的裁决，一方当事人不履行的，对方当事人可以向有管辖权的人民法院申请执行。受申请的人民法院应当执行。

被申请人提出证据证明仲裁裁决有下列情形之一的，经人民法院组成合议庭审查核实，裁定不予执行：

（一）当事人在合同中没有订有仲裁条款或者事后没有达成书面仲裁协议的；

（二）裁决的事项不属于仲裁协议的范围或者仲裁机构无权仲裁的；

（三）仲裁庭的组成或者仲裁的程序违反法定程序的；

（四）裁决所根据的证据是伪造的；

（五）对方当事人向仲裁机构隐瞒了足以影响公正裁决的证据的；

（六）仲裁员在仲裁该案时有贪污受贿，徇私舞弊，枉法裁决行为的。

人民法院认定执行该裁决违背社会公共利益的，裁定不予执行。

裁定书应当送达双方当事人和仲裁机构。

仲裁裁决被人民法院裁定不予执行的，当事人可以根据双方达成的书面仲裁协议重新申请仲裁，也可以向人民法院起诉。

第二百三十八条 对公证机关依法赋予强制执行效力的债权文书，

一方当事人不履行的，对方当事人可以向有管辖权的人民法院申请执行，受申请的人民法院应当执行。

公证债权文书确有错误的，人民法院裁定不予执行，并将裁定书送达双方当事人和公证机关。

第二百三十九条　申请执行的期间为二年。申请执行时效的中止、中断，适用法律有关诉讼时效中止、中断的规定。

前款规定的期间，从法律文书规定履行期间的最后一日起计算；法律文书规定分期履行的，从规定的每次履行期间的最后一日起计算；法律文书未规定履行期间的，从法律文书生效之日起计算。

第二百四十条　执行员接到申请执行书或者移交执行书，应当向被执行人发出执行通知，并可以立即采取强制执行措施。

第二十一章　执行措施

第二百四十一条　被执行人未按执行通知履行法律文书确定的义务，应当报告当前以及收到执行通知之日前一年的财产情况。被执行人拒绝报告或者虚假报告的，人民法院可以根据情节轻重对被执行人或者其法定代理人、有关单位的主要负责人或者直接责任人员予以罚款、拘留。

第二百四十二条　被执行人未按执行通知履行法律文书确定的义务，人民法院有权向有关单位查询被执行人的存款、债券、股票、基金份额等财产情况。人民法院有权根据不同情形扣押、冻结、划拨、变价被执行人的财产。人民法院查询、扣押、冻结、划拨、变价的财产不得超出被执行人应当履行义务的范围。

人民法院决定扣押、冻结、划拨、变价财产，应当作出裁定，并发出协助执行通知书，有关单位必须办理。

第二百四十三条　被执行人未按执行通知履行法律文书确定的义务，人民法院有权扣留、提取被执行人应当履行义务部分的收入。但应当保留被执行人及其所扶养家属的生活必需费用。

人民法院扣留、提取收入时，应当作出裁定，并发出协助执行通知书，被执行人所在单位、银行、信用合作社和其他有储蓄业务的单位必须办理。

第二百四十四条 被执行人未按执行通知履行法律文书确定的义务，人民法院有权查封、扣押、冻结、拍卖、变卖被执行人应当履行义务部分的财产。但应当保留被执行人及其所扶养家属的生活必需品。

采取前款措施，人民法院应当作出裁定。

第二百四十五条 人民法院查封、扣押财产时，被执行人是公民的，应当通知被执行人或者他的成年家属到场；被执行人是法人或者其他组织的，应当通知其法定代表人或者主要负责人到场。拒不到场的，不影响执行。被执行人是公民的，其工作单位或者财产所在地的基层组织应当派人参加。

对被查封、扣押的财产，执行员必须造具清单，由在场人签名或者盖章后，交被执行人一份。被执行人是公民的，也可以交他的成年家属一份。

第二百四十六条 被查封的财产，执行员可以指定被执行人负责保管。因被执行人的过错造成的损失，由被执行人承担。

第二百四十七条 财产被查封、扣押后，执行员应当责令被执行人在指定期间履行法律文书确定的义务。被执行人逾期不履行的，人民法院应当拍卖被查封、扣押的财产；不适于拍卖或者当事人双方同意不进行拍卖的，人民法院可以委托有关单位变卖或者自行变卖。国家禁止自由买卖的物品，交有关单位按照国家规定的价格收购。

第二百四十八条 被执行人不履行法律文书确定的义务，并隐匿财产的，人民法院有权发出搜查令，对被执行人及其住所或者财产隐匿地进行搜查。

采取前款措施，由院长签发搜查令。

第二百四十九条 法律文书指定交付的财物或者票证，由执行员传唤双方当事人当面交付，或者由执行员转交，并由被交付人签收。

有关单位持有该项财物或者票证的，应当根据人民法院的协助执行通知书转交，并由被交付人签收。

有关公民持有该项财物或者票证的，人民法院通知其交出。拒不交出的，强制执行。

第二百五十条 强制迁出房屋或者强制退出土地，由院长签发公告，责令被执行人在指定期间履行。被执行人逾期不履行的，由执行员强制执行。

强制执行时，被执行人是公民的，应当通知被执行人或者他的成年家属到场；被执行人是法人或者其他组织的，应当通知其法定代表人或者主要负责人到场。拒不到场的，不影响执行。被执行人是公民的，其工作单位或者房屋、土地所在地的基层组织应当派人参加。执行员应当将强制执行情况记入笔录，由在场人签名或者盖章。

强制迁出房屋被搬出的财物，由人民法院派人运至指定处所，交给被执行人。被执行人是公民的，也可以交给他的成年家属。因拒绝接收而造成的损失，由被执行人承担。

第二百五十一条 在执行中，需要办理有关财产权证照转移手续的，人民法院可以向有关单位发出协助执行通知书，有关单位必须办理。

第二百五十二条 对判决、裁定和其他法律文书指定的行为，被执行人未按执行通知履行的，人民法院可以强制执行或者委托有关单位或者其他人完成，费用由被执行人承担。

第二百五十三条 被执行人未按判决、裁定和其他法律文书指定的期间履行给付金钱义务的，应当加倍支付迟延履行期间的债务利息。被执行人未按判决、裁定和其他法律文书指定的期间履行其他义务的，应当支付迟延履行金。

第二百五十四条 人民法院采取本法第二百四十二条、第二百四十三条、第二百四十四条规定的执行措施后，被执行人仍不能偿还债务的，应当继续履行义务。债权人发现被执行人有其他财产的，可以随时请求人民法院执行。

第二百五十五条　被执行人不履行法律文书确定的义务的，人民法院可以对其采取或者通知有关单位协助采取限制出境，在征信系统记录、通过媒体公布不履行义务信息以及法律规定的其他措施。

第二十二章　执行中止和终结

第二百五十六条　有下列情形之一的，人民法院应当裁定中止执行：
（一）申请人表示可以延期执行的；
（二）案外人对执行标的提出确有理由的异议的；
（三）作为一方当事人的公民死亡，需要等待继承人继承权利或者承担义务的；
（四）作为一方当事人的法人或者其他组织终止，尚未确定权利义务承受人的；
（五）人民法院认为应当中止执行的其他情形。
中止的情形消失后，恢复执行。

第二百五十七条　有下列情形之一的，人民法院裁定终结执行：
（一）申请人撤销申请的；
（二）据以执行的法律文书被撤销的；
（三）作为被执行人的公民死亡，无遗产可供执行，又无义务承担人的；
（四）追索赡养费、扶养费、抚育费案件的权利人死亡的；
（五）作为被执行人的公民因生活困难无力偿还借款，无收入来源，又丧失劳动能力的；
（六）人民法院认为应当终结执行的其他情形。

第二百五十八条　中止和终结执行的裁定，送达当事人后立即生效。

中华人民共和国公司法（节录）

（2013年12月28日第十二届全国人民代表大会常务委员会第六次会议通过《关于修改〈中华人民共和国海洋环境保护法〉等七部法律的决定》修正 2013年12月28日中华人民共和国主席令第八号公布 2014年3月1日起施行）

第八十九条 发行股份的股款缴足后，必须经依法设立的验资机构验资并出具证明。发起人应当自股款缴足之日起三十日内主持召开公司创立大会。创立大会由发起人、认股人组成。

发行的股份超过招股说明书规定的截止期限尚未募足的，或者发行股份的股款缴足后，发起人在三十日内未召开创立大会的，认股人可以按照所缴股款并加算银行同期存款利息，要求发起人返还。

第九十四条 股份有限公司的发起人应当承担下列责任：

（一）公司不能成立时，对设立行为所产生的债务和费用负连带责任；

（二）公司不能成立时，对认股人已缴纳的股款，负返还股款并加算银行同期存款利息的连带责任；

（三）在公司设立过程中，由于发起人的过失致使公司利益受到损害的，应当对公司承担赔偿责任。

中华人民共和国消费者权益保护法（节录）

（根据 2013 年 10 月 25 日第十二届全国人民代表大会常务委员会第五次会议《关于修改〈中华人民共和国消费者权益保护法〉的决定》第二次修正　2013 年 10 月 25 日中华人民共和国主席令第 7 号令公布　2014 年 3 月 15 日起施行）

第五十三条　经营者以预收款方式提供商品或者服务的，应当按照约定提供。未按照约定提供的，应当按照消费者的要求履行约定或者退回预付款；并应当承担预付款的利息、消费者必须支付的合理费用。

中华人民共和国税收征收管理法（节录）

（根据2013年6月29日第十二届全国人民代表大会常务委员会第三次会议《关于修改〈中华人民共和国文物保护法〉等十二部法律的决定》第二次修正　2013年6月29日颁布）

第五十一条　纳税人超过应纳税额缴纳的税款，税务机关发现后应当立即退还；纳税人自结算缴纳税款之日起三年内发现的，可以向税务机关要求退还多缴的税款并加算银行同期存款利息，税务机关及时查实后应当立即退还；涉及从国库中退库的，依照法律、行政法规有关国库管理的规定退还。

中华人民共和国证券法（节录）

（根据2013年6月29日第十二届全国人民代表大会常务委员会第三次会议《关于修改〈中华人民共和国文物保护法〉等十二部法律的决定》第二次修正
2013年6月29日颁布）

第二十六条　国务院证券监督管理机构或者国务院授权的部门对已作出的核准证券发行的决定，发现不符合法定条件或者法定程序，尚未发行证券的，应当予以撤销，停止发行。已经发行尚未上市的，撤销发行核准决定，发行人应当按照发行价并加算银行同期存款利息返还证券持有人；保荐人应当与发行人承担连带责任，但是能够证明自己没有过错的除外；发行人的控股股东、实际控制人有过错的，应当与发行人承担连带责任。

第三十五条　股票发行采用代销方式，代销期限届满，向投资者出售的股票数量未达到拟公开发行股票数量百分之七十的，为发行失败。发行人应当按照发行价并加算银行同期存款利息返还股票认购人。

第一百八十八条　未经法定机关核准，擅自公开或者变相公开发行证券的，责令停止发行，退还所募资金并加算银行同期存款利息，处以非法所募资金金额百分之一以上百分之五以下的罚款；对擅自公开或者变相公开发行证券设立的公司，由依法履行监督管理职责的机构或者部门会同县级以上地方人民政府予以取缔。对直接负责的主管人员和其他直接责任人员给予警告，并处以三万元以上三十万元以下的罚款。

中华人民共和国证券投资基金法（节录）

（2012年12月28日第十一届全国人民代表大会常务委员会第三十次会议修订 2012年12月28日中华人民共和国主席令第71号令公布 2013年6月1日起施行）

第六十一条 投资人交纳认购的基金份额的款项时，基金合同成立；基金管理人依照本法第五十九条的规定向国务院证券监督管理机构办理基金备案手续，基金合同生效。

基金募集期限届满，不能满足本法第五十九条规定的条件的，基金管理人应当承担下列责任：

（一）以其固有财产承担因募集行为而产生的债务和费用；

（二）在基金募集期限届满后三十日内返还投资人已交纳的款项，并加计银行同期存款利息。

第一百二十八条 违反本法规定，擅自公开或者变相公开募集基金的，责令停止，返还所募资金和加计的银行同期存款利息，没收违法所得，并处所募资金金额百分之一以上百分之五以下罚款。对直接负责的主管人员和其他直接责任人员给予警告，并处五万元以上五十万元以下罚款。

中华人民共和国国家赔偿法（节录）

（根据2012年10月26日第十一届全国人民代表大会常务委员会第二十九次会议通过 2012年10月26日中华人民共和国主席令第68号令公布 2013年1月1日起施行的《全国人民代表大会常务委员会关于修改〈中华人民共和国国家赔偿法〉的决定》第二次修正）

第三十六条 侵犯公民、法人和其他组织的财产权造成损害的，按照下列规定处理：

……

（七）返还执行的罚款或者罚金、追缴或者没收的金钱，解除冻结的存款或者汇款的，应当支付银行同期存款利息；

中华人民共和国社会保险法（节录）

(2010年10月28日中华人民共和国第十一届全国人民代表大会常务委员会第十七次会议通过 2010年10月28日中华人民共和国主席令第35号公布 2011年7月1日起施行)

第十四条 个人账户不得提前支取，记账利率不得低于银行定期存款利率，免征利息税。个人死亡的，个人账户余额可以继承。

中华人民共和国企业破产法（节录）

（2006年8月27日中华人民共和国第十届全国人民代表大会常务委员会第二十三次会议通过 2006年8月27日中华人民共和国主席令第54号公布 2007年6月1日起施行）

第六章 债权申报

第四十四条 人民法院受理破产申请时对债务人享有债权的债权人，依照本法规定的程序行使权利。

第四十五条 人民法院受理破产申请后，应当确定债权人申报债权的期限。债权申报期限自人民法院发布受理破产申请公告之日起计算，最短不得少于三十日，最长不得超过三个月。

第四十六条 未到期的债权，在破产申请受理时视为到期。

附利息的债权自破产申请受理时起停止计息。

中华人民共和国票据法（节录）

（根据 2004 年 8 月 28 日第十届全国人民代表大会常务委员会第十一次会议《关于修改〈中华人民共和国票据法〉的决定》修正　2004 年 8 月 28 日中华人民共和国主席令第 22 号公布施行）

第七十条　持票人行使追索权，可以请求被追索人支付下列金额和费用：

（一）被拒绝付款的汇票金额；

（二）汇票金额自到期日或者提示付款日起至清偿日止，按照中国人民银行规定的利率计算的利息；

（三）取得有关拒绝证明和发出通知书的费用。

被追索人清偿债务时，持票人应当交出汇票和有关拒绝证明，并出具所收到利息和费用的收据。

第七十一条　被追索人依照前条规定清偿后，可以向其他汇票债务人行使再追索权，请求其他汇票债务人支付下列金额和费用：

（一）已清偿的全部金额；

（二）前项金额自清偿日起至再追索清偿日止，按照中国人民银行规定的利率计算的利息；

（三）发出通知书的费用。

行使再追索权的被追索人获得清偿时，应当交出汇票和有关拒绝证明，并出具所收到利息和费用的收据。

中华人民共和国合同法（节录）

（1999年3月15日第九届全国人民代表大会第二次会议通过 1999年3月15日中华人民共和国主席令第15号公布 1999年10月1日起施行）

第一百九十六条 借款合同是借款人向贷款人借款，到期返还借款并支付利息的合同。

第一百九十七条 借款合同采用书面形式，但自然人之间借款另有约定的除外。

借款合同的内容包括借款种类、币种、用途、数额、利率、期限和还款方式等条款。

第一百九十八条 订立借款合同，贷款人可以要求借款人提供担保。担保依照《中华人民共和国担保法》的规定。

第一百九十九条 订立借款合同，借款人应当按照贷款人的要求提供与借款有关的业务活动和财务状况的真实情况。

第二百条 借款的利息不得预先在本金中扣除。利息预先在本金中扣除的，应当按照实际借款数额返还借款并计算利息。

第二百零一条 贷款人未按照约定的日期、数额提供借款，造成借款人损失的，应当赔偿损失。

借款人未按照约定的日期、数额收取借款的，应当按照约定的日期、数额支付利息。

第二百零七条 借款人未按照约定的期限返还借款的，应当按照约定或者国家有关规定支付逾期利息。

第二百零八条 借款人提前偿还借款的，除当事人另有约定的以外，应当按照实际借款的期间计算利息。

第二百一十一条 自然人之间的借款合同对支付利息没有约定或者约定不明确的，视为不支付利息。

自然人之间的借款合同约定支付利息的，借款的利率不得违反国家有关限制借款利率的规定。

最高人民法院
关于在执行工作中如何计算迟延履行期间的债务利息等问题的批复

法释〔2009〕6号

(2009年3月30日最高人民法院审判委员会第1465次会议通过 2009年5月11日最高人民法院公告公布 2009年5月18日起施行)

四川省高级人民法院：

你院《关于执行工作几个适用法律问题的请示》（川高法〔2007〕390号）收悉。经研究，批复如下：

一、人民法院根据《中华人民共和国民事诉讼法》第二百二十九条计算"迟延履行期间的债务利息"时，应当按照中国人民银行规定的同期贷款基准利率计算。

二、执行款不足以偿付全部债务的，应当根据并还原则按比例清偿法律文书确定的金钱债务与迟延履行期间的债务利息，但当事人在执行和解中对清偿顺序另有约定的除外。

此复。

附：

具体计算方法：

（1）执行款＝清偿的法律文书确定的金钱债务＋清偿的迟延履行期间的债务利息。

（2）清偿的迟延履行期间的债务利息＝清偿的法律文书确定的金钱债务×同期贷款基准利率×2×迟延履行期间。

最高人民法院
关于人民法院执行工作若干问题的规定（试行）（节录）
法释〔1998〕15号

（1998年6月11日最高人民法院审判委员会第992次会议通过 1998年7月8日最高人民法院公告公布 1998年7月8日起施行）

24. 人民法院决定受理执行案件后，应当在三日内向被执行人发出执行通知书，责令其在指定的期间内履行生效法律文书确定的义务，并承担民事诉讼法第二百三十二条规定的迟延履行期间的债务利息或迟延履行金。

最高人民法院
印发《关于人民法院审理借贷案件的若干意见》的通知

1991年8月13日　　　　　　法（民）发〔1991〕21号

全国地方各级人民法院、各级军事法院、各铁路运输中级法院和基层法院、各海事法院：

现将《关于人民法院审理借贷案件的若干意见》发给你们，请认真执行。在执行中注意总结经验，有何意见和问题，请及时报告我院。

附件：

关于人民法院审理借贷案件的若干意见

（1991年7月2日最高人民法院审判委员会第502次会议讨论通过）

人民法院审理借贷案件，应按照自愿、互利、公平、合法的原则，保护债权人和债务人的合法权益，限制高利率。根据审判实践经验，现提出以下意见，供审理此类案件时参照执行。

一、公民之间的借贷纠纷，公民与法人之间的借贷纠纷以及公民与其他组织之间的借贷纠纷，应作为借贷案件受理。

二、因借贷外币、台币和国库券等有价证券发生纠纷诉讼到法院的，应按借贷案件受理。

三、对于借贷关系明确，债权人申请支付令的，人民法院应按照民事诉讼法关于督促程序的有关规定审查受理。

四、人民法院审查借贷案件的起诉时，根据民事诉讼法第108条的规定，应要求原告提供书面借据；无书面借据的，应提供必要的事实根据。对于不具备上述条件的起诉，裁定不予受理。

五、债权人起诉时，债务人下落不明的，由债务人原住所地或其财产所在地法院管辖。法院应要求债权人提供证明借贷关系存在的证据，受理后公告传唤债务人应诉。公告期限届满，债务人仍不应诉，借贷关系明确的，经审理后可缺席判决；借贷关系无法查明的，裁定中止诉讼。

在审理中债务人出走，下落不明，借贷关系明确的，可以缺席判决；事实难以查清的，裁定中止诉讼。

六、民间借贷的利率可以适当高于银行的利率，各地人民法院可根据本地区的实际情况具体掌握，但最高不得超过银行同类贷款利率的四倍（包含利率本数）。超出此限度的，超出部分的利息不予保护。

七、出借人不得将利息计入本金谋取高利。审理中发现债权人将利息计入本金计算复利的，其利率超出第六条规定的限度时，超出部分的利息不予保护。

八、借贷双方对有无约定利率发生争议，又不能证明的，可参照银行同类贷款利率计息。

借贷双方对约定的利率发生争议，又不能证明的，可参照本意见第6条规定计息。

九、公民之间的定期无息借贷，出借人要求借款人偿付逾期利息，或者不定期无息贷款经催告不还；出借人要求偿付催告后利息的，可参照银行同类贷款的利率计息。

十、一方以欺诈、胁迫等手段或者乘人之危，使对方在违背真实意思的情况下所形成的借贷关系，应认定为无效。借贷关系无效由债权人的行为引起的，只返还本金；借贷关系无效由债务人的行为引起的，除返还本金外，还应参照银行同类贷款利率给付利息。

十一、出借人明知借款人是为了进行非法活动而借款的，其借贷关系不予保护。对双方的违法借贷行为，可按照民法通则第 134 条第 3 款及《关于贯彻执行〈中华人民共和国民法通则〉若干问题的意见（试行）》[以下简称《意见》（试行）] 第 163 条、第 164 条的规定予以制裁。

十二、公民之间因借贷外币、台币发生纠纷，出借人要求以同类货币偿还的，可以准许。借款人确无同类货币的，可参照偿还时当地外汇调剂价折合人民币偿还。出借人要求偿付利息的，可参照偿还时中国银行外币储蓄利率计息。

借贷外汇券发生的纠纷，参照以上原则处理。

十三、在借贷关系中，仅起联系、介绍作用的人，不承担保证责任。对债务的履行确有保证意思表示的，应认定为保证人，承担保证责任。

十四、行为人以借款人的名义出具借据代其借款，借款人不承认，行为人又不能证明的，由行为人承担民事责任。

十五、合伙经营期间，个人以合伙组织的名义借款，用于合伙经营的，由合伙人共同偿还；借款人不能证明借款用于合伙经营的，由借款人偿还。

十六、有保证人的借贷债务到期后，债务人有清偿能力的，由债务人承担责任；债务人无能力清偿、无法清偿或者债务人下落不明的，由保证人承担连带责任。

借期届满，债务人未偿还欠款，借、贷双方未征求保证人同意而重新对偿还期限或利率达成协议的，保证人不再承担保证责任。

无保证人的借贷纠纷，债务人申请追加新的保证人参加诉讼，法院不应准许。

对保证责任有争议的，按照《意见》（试行）第 108 条、109 条、110 条的规定处理。

十七、审理借贷案件时，对于因借贷关系产生的正当的抵押关系应予保护。如发生纠纷，分别按照民法通则第 89 条第 2 项以及《意见》（试行）第 112 条、113 条、114 条、115 条、116 条的规定处理。

十八、对债务人有可能转移、变卖、隐匿与案件有关的财产的，法院可根据当事人申请或依职权采取查封、扣押、冻结、责令提供担保等财产保全措施。被保全的财物为生产资料的，应责令申请人提供担保。财产保全应根据被保全财产的性质采用妥善的方式，尽可能减少对生产、生活的影响，避免造成财产损失。

十九、对债务人一次偿付有困难的借贷案件，法院可以判决或调解分期偿付。根据当事人的给付能力，确定每次给付的数额。

二十、执行程序中，双方当事人协商以债务人劳务或其他方式清偿债务，不违反法律规定，不损害社会利益和他人利益的，应予准许，并将执行和解协议记录在案。

二十一、被执行人无钱还债，要求以其他财物抵偿债务，申请执行人同意的，应予准许。双方可以协议作价或请有关部门合理作价，按判决数额将相应部分财物交付申请执行人。

被执行人无钱还债，要求以债券、股票等有价证券抵偿债务，申请执行人同意的，应予准许；要求以其他债权抵偿债务的，须经申请执行人同意并通知执行人的债务人，办理相应的债权转移手续。

二十二、被执行人有可能转移、变卖、隐匿被执行财产的，应及时采取执行措施。被执行人抗拒执行构成妨害民事诉讼的，按照民事诉讼法第 102 条、第 227 条的规定处理。

最高人民法院
关于审理企业破产案件若干问题的规定（节录）

法释〔2002〕23号

(2002年7月18日最高人民法院审判委员会第1232次会议通过 2002年7月30日最高人民法院公告公布 2002年9月1日起施行)

第五十八条 债务人所欠企业职工集资款，参照企业破产法第三十七条第二款第（一）项规定的顺序清偿。但对违反法律规定的高额利息部分不予保护。

职工向企业的投资，不属于破产债权。

第六十一条 下列债权不属于破产债权：

（一）行政、司法机关对破产企业的罚款、罚金以及其他有关费用；

（二）人民法院受理破产案件后债务人未支付应付款项的滞纳金，包括债务人未执行生效法律文书应当加倍支付的迟延利息和劳动保险金的滞纳金；

（三）破产宣告后的债务利息；

（四）债权人参加破产程序所支出的费用；

（五）破产企业的股权、股票持有人在股权、股票上的权利；

（六）破产财产分配开始后向清算组申报的债权；

（七）超过诉讼时效的债权；

（八）债务人开办单位对债务人未收取的管理费、承包费。

上述不属于破产债权的权利，人民法院或者清算组也应当对当事人的申报进行登记。

第七十条 债务人在被宣告破产时未到期的债权视为已到期，属于破产财产，但应当减去未到期的利息。

最高人民法院
关于审理商品房买卖合同纠纷案件适用法律若干问题的解释（节录）

法释〔2003〕7号

（2003年3月24日最高人民法院审判委员会第1267次会议通过 2003年4月28日最高人民法院公告公布 2003年6月1日起施行）

第八条 具有下列情形之一，导致商品房买卖合同目的不能实现的，无法取得房屋的买受人可以请求解除合同、返还已付购房款及利息、赔偿损失，并可以请求出卖人承担不超过已付购房款一倍的赔偿责任：

（一）商品房买卖合同订立后，出卖人未告知买受人又将该房屋抵押给第三人；

（二）商品房买卖合同订立后，出卖人又将该房屋出卖给第三人。

第九条 出卖人订立商品房买卖合同时，具有下列情形之一，导致合同无效或者被撤销、解除的，买受人可以请求返还已付购房款及利息、赔偿损失，并可以请求出卖人承担不超过已付购房款一倍的赔偿责任：

（一）故意隐瞒没有取得商品房预售许可证明的事实或者提供虚假商品房预售许可证明；

（二）故意隐瞒所售房屋已经抵押的事实；

（三）故意隐瞒所售房屋已经出卖给第三人或者为拆迁补偿安置房屋的事实。

第十四条 出卖人交付使用的房屋套内建筑面积或者建筑面积与商品房买卖合同约定面积不符，合同有约定的，按照约定处理；合同没有约定或者约定不明确的，按照以下原则处理：

（一）面积误差比绝对值在3%以内（含3%），按照合同约定的价格据实结算，买受人请求解除合同的，不予支持；

（二）面积误差比绝对值超出3%，买受人请求解除合同、返还已付购房款及利息的，应予支持。买受人同意继续履行合同，房屋实际面积大于合同约定面积的，面积误差比在3%以内（含3%）部分的房价款由买受人按照约定的价格补足，面积误差比超出3%部分的房价款由出卖人承担，所有权归买受人；房屋实际面积小于合同约定面积的，面积误差比在3%以内（含3%）部分的房价款及利息由出卖人返还买受人，面积误差比超过3%部分的房价款由出卖人双倍返还买受人。

第十七条 商品房买卖合同没有约定违约金数额或者损失赔偿额计算方法，违约金数额或者损失赔偿额可以参照以下标准确定：

逾期付款的，按照未付购房款总额，参照中国人民银行规定的金融机构计收逾期贷款利息的标准计算。

逾期交付使用房屋的，按照逾期交付使用房屋期间有关主管部门公布或者有资格的房地产评估机构评定的同地段同类房屋租金标准确定。

第十八条 由于出卖人的原因，买受人在下列期限届满未能取得房屋权属证书的，除当事人有特殊约定外，出卖人应当承担违约责任：

（一）商品房买卖合同约定的办理房屋所有权登记的期限；

（二）商品房买卖合同的标的物为尚未建成房屋的，自房屋交付使用之日起90日；

（三）商品房买卖合同的标的物为已竣工房屋的，自合同订立之日起90日。

合同没有约定违约金或者损失数额难以确定的，可以按照已付购房款总额，参照中国人民银行规定的金融机构计收逾期贷款利息的标准计算。

第二十三条 商品房买卖合同约定，买受人以担保贷款方式付款、因当事人一方原因未能订立商品房担保贷款合同并导致商品房买卖合同不能继续履行的，对方当事人可以请求解除合同和赔偿损失。因不可归责于当事人双方的事由未能订立商品房担保贷款合同并导致商品房买卖合同不能继续履行的，当事人可以请求解除合同，出卖人应当将收受的购房款本金及其利息或者定金返还买受人。

第二十五条 以担保贷款为付款方式的商品房买卖合同的当事人一方请求确认商品房买卖合同无效或者撤销、解除合同的，如果担保权人作为有独立请求权第三人提出诉讼请求，应当与商品房担保贷款合同纠纷合并审理；未提出诉讼请求的，仅处理商品房买卖合同纠纷。担保权人就商品房担保贷款合同纠纷另行起诉的，可以与商品房买卖合同纠纷合并审理。

商品房买卖合同被确认无效或者被撤销、解除后，商品房担保贷款合同也被解除的、出卖人应当将收受的购房贷款和购房款的本金及利息分别返还担保权人和买受人。

最高人民法院
关于人民法院民事调解工作若干问题的规定（节录）

法释〔2004〕12号

（2004年8月18日最高人民法院审判委员会第1321次会议通过 2004年9月16日最高人民法院公告公布 2004年11月1日起施行）

第十九条 调解书确定的担保条款条件或者承担民事责任的条件成就时，当事人申请执行的，人民法院应当依法执行。

不履行调解协议的当事人按照前款规定承担了调解书确定的民事责任后，对方当事人又要求其承担民事诉讼法第二百三十二条（现为《民事诉讼法》第253条）规定的迟延履行责任的，人民法院不予支持。

最高人民法院
关于审理建设工程施工合同纠纷案件适用法律问题的解释（节录）

法释〔2004〕14号

（2004年9月29日最高人民法院审判委员会第1327次会议通过 2004年10月25日最高人民法院公告公布 2005年1月1日起施行）

第六条 当事人对垫资和垫资利息有约定，承包人请求按照约定返还垫资及其利息的，应予支持，但是约定的利息计算标准高于中国人民银行发布的同期同类贷款利率的部分除外。

当事人对垫资没有约定的，按照工程欠款处理。

当事人对垫资利息没有约定，承包人请求支付利息的，不予支持。

第十七条 当事人对欠付工程价款利息计付标准有约定的，按照约定处理；没有约定的，按照中国人民银行发布的同期同类贷款利率计息。

最高人民法院
关于适用《中华人民共和国民事诉讼法》若干问题的意见（节录）

法发〔1992〕22号

（1992年7月14日最高人民法院审判委员会第528次会议讨论通过）

四、期间或送达

79. 依照民事诉讼法第七十五条第二款规定，民事诉讼中以日计算的各种期间均从次日起算。

80. 民事诉讼法第一百一十二条规定的立案期限，因起诉状内容欠缺令原告补正的，从补正后交人民法院的次日起算。由上级人民法院转交下级人民法院，或者由基层人民法院转交有关人民法庭受理的案件，从受诉人民法院或人民法庭收到起诉状的次日起算。

81. 向法人或者其他组织送达诉讼文书，应当由法人的法定代表人、该组织的主要负责人或者办公室、收发室、值班室等负责收件的人签收或盖章，拒绝签收或者盖章的，适用留置送达。

82. 受送达人拒绝接受诉讼文书，有关基层组织或者所在单位的代表及其他见证人不愿在送达回证上签字或盖章的，由送达人在送达回证上记明情况，把送达文书留在受送达人住所，即视为送达。

83. 受送达人有诉讼代理人的，人民法院既可以向受送达人送达，也可以向其诉讼代理人送达。受送达人指定诉讼代理人为代收人的，向诉讼代理人送达时，适用留置送达。

84. 调解书应当直接送达当事人本人，不适用留置送达。当事人本人因故不能签收的，可由其指定的代收人签收。

85. 邮寄送达，应当附有送达回证。挂号信回执上注明的收件日期与送达回证上注明的收件日期不一致的，或者送达回证没有寄回的，以挂号信回执上注明的收件日期为送达日期。

86. 依照民事诉讼法第八十条规定，委托其他人民法院代为送达的，委托法院应当出具委托函，并附需要送达的诉讼文书和送达回证，以受送达人在送达回证上签收的日期为送达日期。

87. 依照民事诉讼法第八十一条和第八十二条规定，诉讼文书交有关单位转交的，以受送达人在送达回证上注明的签收日期为送达日期。

88. 公告送达，可以在法院的公告栏、受送达人原住所地张贴公告，也可以在报纸上刊登公告；对公告送达方式有特殊要求的，应按要求的方式进行公告。公告期满，即视为送达。

89. 公告送达起诉状或上诉状副本的，应说明起诉或上诉要点，受送达人答辩期限及逾期不答辩的法律后果；公告送达传票，应说明出庭地点、时间及逾期不出庭的法律后果；公告送达判决书、裁定书的，应说明裁判主要内容，属于一审的，还应说明上诉权利、上诉期限和上诉的人民法院。

90. 人民法院在定期宣判时，当事人拒不签收判决书、裁定书的，应视为送达，并在宣判笔录中记明。

五、调解

91. 人民法院受理案件后，经审查，认为法律关系明确、事实清楚，在征得当事人双方同意后，可以迳行调解。

92. 人民法院审理民事案件，应当根据自愿和合法的原则进行调解。当事人一方或双方坚持不愿调解的，人民法院应当及时判决。

人民法院审理离婚案件，应当进行调解，但不应久调不决。

93. 人民法院调解案件时，当事人不能出庭的，经其特别授权，可由其委托代理人参加调解，达成的调解协议，可由委托代理人签名。

离婚案件当事人确因特殊情况无法出庭参加调解的，除本人不能表达意志的以外，应当出具书面意见。

94. 无民事行为能力人的离婚案件，由其法定代理人进行诉讼。法定代理人与对方达成协议要求发给判决书的，可根据协议内容制作判决书。

95. 当事人一方拒绝签收调解书的，调解书不发生法律效力，人民法院要及时通知对方当事人。

96. 调解书不能当庭送达双方当事人的，应以后收到调解书的当事人签收的日期为调解书生效日期。

97. 无独立请求权的第三人参加诉讼的案件，人民法院调解时需要确定无独立请求权的第三人承担义务的，应经第三人的同意，调解书应当同时送达第三人。第三人在调解书送达前反悔的，人民法院应当及时判决。

十七、执行程序

254. 强制执行的标的应当是财物或者行为。当事人拒绝履行发生法律效力的判决、裁定、调解书、支付令的，人民法院应向当事人发出执行通知。在执行通知指定的期间被执行人仍不履行的，应当强制执行。

255. 发生法律效力的支付令，由制作支付令的人民法院负责执行。

256. 民事诉讼法第二百零七条第二款（现为《民事诉讼法》第224条第2款）规定的由人民法院执行的其他法律文书，包括仲裁裁决书、公证债权文书。

其他法律文书由被执行人住所地或者被执行人的财产所在地人民法院执行；当事人分别向上述人民法院申请执行的，由最先接受申请的人民法院执行。

257. 民事诉讼法第二百零八条（现为《民事诉讼法》第227条）规定的中止执行，应当限于案外人依该条规定提出异议部分的财产范围。对被执行人的其他财产，不应中止执行。异议理由不成立的，通知驳回。

258. 执行员在执行本院的判决、裁定和调解书时，发现确有错误的，应当提出书面意见，报请院长审查处理。在执行上级人民法院的判决、裁定和调解书时，发现确有错误的，可提出书面意见，经院长批准，函请上级人民法院审查处理。

266. 一方当事人不履行或者不完全履行在执行中双方自愿达成的和解协议，对方当事人申请执行原生效法律文书的，人民法院应当恢复执行，但和解协议已履行的部分应当扣除。和解协议已经履行完毕的，人民法院不予恢复执行。

267. 申请恢复执行原法律文书，适用民事诉讼法第二百一十九条（现为《民事诉讼法》第239条）申请执行期限的规定。申请执行期限因达成执行中的和解协议而中止，其期限自和解协议所定履行期限的最后一日起连续计算。

268. 人民法院依照民事诉讼法第二百一十二条（现为《民事诉讼法》第231条）的规定决定暂缓执行的，如果担保是有期限的，暂缓执行的期限应与担保期限一致，但最长不得超过一年。被执行人或担保人对担保的财产在暂缓执行期间有转移、隐藏、变卖、毁损等行为的，人民法院可以恢复强制执行。

269. 民事诉讼法第二百一十二条（现为《民事诉讼法》第231条）规定的执行担保，可以由被执行人向人民法院提供财产作担保，也可以由第三人出面作担保。以财产作担保的，应提交保证书；由第三人担保的，应当提交担保书。担保人应当具有代为履行或者代为承担赔偿责任的能力。

270. 被执行人在人民法院决定暂缓执行的期限届满后仍不履行义务的，人民法院可以直接执行担保财产，或者裁定执行担保人的财产，但执行担保人的财产以担保人应当履行义务部分的财产为限。

271. 依照民事诉讼法第二百一十三条（现为《民事诉讼法》第232条）的规定，执行中作为被执行人的法人或者其他组织分立、合并的，其权利义务由变更后的法人或者其他组织承受；被撤销的，如果依有关实体法的规定有权利义务承受人的，可以裁定该权利义务承受人为被执行人。

272. 其他组织在执行中不能履行法律文书确定的义务的，人民法院可以裁定执行对该其他组织依法承担义务的法人或者公民个人的财产。

273. 在执行中，作为被执行人的法人或者其他组织名称变更的，人民法院可以裁定变更后的法人或者其他组织为被执行人。

274. 作为被执行人的公民死亡，其遗产继承人没有放弃继承的，人民法院可以裁定变更被执行人，由该继承人在遗产的范围内偿还债务。继承人放弃继承的，人民法院可以直接执行被执行人的遗产。

275. 法律规定由人民法院执行的其他法律文书执行完毕后，该法律文书被有关机关依法撤销的，经当事人申请，适用民事诉讼法第二百一十四条（现为《民事诉讼法》第 234 条）的规定。

276. 执行中，具有企业法人资格的被执行人不能清偿到期债务，根据债权人或者债务人申请，人民法院可以依法宣告被执行人破产。

277. 仲裁机构裁决的事项部分属于仲裁协议的范围，部分超过仲裁协议范围的，对超过部分，人民法院应当裁定不予执行。

278. 依照民事诉讼法第二百一十七条第二款、第三款（现为《民事诉讼法》第 2～3 款）的规定，人民法院裁定不予执行仲裁裁决后，当事人可以重新达成书面仲裁协议申请仲裁，也可以向人民法院起诉。

279. 民事诉讼法第二百二十条（现为《民事诉讼法》第 240 条）规定的执行通知，人民法院应在收到申请执行书后的十日内发出。执行通知中除应责令被执行人履行法律文书确定的义务外，并应通知其承担民事诉讼法第二百三十二条（现为《民事诉讼法》第 253 条）规定的迟延履行利息或者迟延履行金。

280. 人民法院可以直接向银行及其营业所、储蓄所、信用合作社以及其他有储蓄业务的单位查询、冻结、划拨被执行人的存款。外地法院可以直接到被执行人住所地、被执行财产所在地银行及其营业所、储蓄所、信用合作社以及其他有储蓄业务的单位查询、冻结、划拨被执行人应当履行义务部分的存款,无需由当地人民法院出具手续。

281. 人民法院在执行中需要变卖被执行人财产的,可以交有关单位变卖,也可以由人民法院直接变卖。由人民法院直接变卖的,变卖前应就价格问题征求物价等有关部门的意见,作价应当公平合理。

对变卖的财产,人民法院或其工作人员不得买受。

282. 人民法院在执行中已依照民事诉讼法第二百二十一条、第二百二十三条(现为《民事诉讼法》第242条、第244条)的规定对被执行人的财产查封、冻结的,任何单位包括其他人民法院不得重复查封、冻结或者擅自解冻,违者按照民事诉讼法第一百零二条的规定处理。被执行人的财产不能满足所有申请执行人清偿要求的,执行时可以参照民事诉讼法第二百零四条的规定处理。

283. 依照民事诉讼法第二百三十一条(现为《民事诉讼法》第252条)规定,当事人不履行法律文书确定的行为义务,如果该项行为义务只能由被执行人完成的,人民法院可以依照民事诉讼法第一百零二条第一款第(六)项的规定处理。

284. 执行的标的物为特定物的,应执行原物。原物确已不存在的,可折价赔偿。

285. 执行中,被执行人隐匿财产的,人民法院除可依照民事诉讼法第一百零二条规定对其处理外,并应责令被执行人交出隐匿的财产或折价赔偿。被执行人拒不交出或赔偿的,人民法院可按被执行财产的价值强制执行被执行人的其他财产,也可以采取搜查措施,追回被隐匿的财产。

286. 人民法院依照民事诉讼法第二百二十七条(现为《民事诉讼法》第248条)规定对被执行人及其住所或者财产隐匿地进行搜查,必须符合以下条件:

(1)生效法律文书确定的履行期限已经届满;

（2）被执行人不履行法律文书确定的义务；

（3）认为有隐匿财产的行为。

搜查人员必须按规定着装并出示搜查令和身份证件。

287. 人民法院搜查时禁止无关人员进入搜查现场；搜查对象是公民的，应通知被执行人或者他的成年家属以及基层组织派员到场；搜查对象是法人或者其他组织的，应通知法定代表人或者主要负责人到场，有上级主管部门的，也应通知主管部门有关人员到场。拒不到场的，不影响搜查。

搜查妇女身体，应由女执行人员进行。

288. 搜查中发现应当依法扣押的财产，依照民事诉讼法第二百二十四条第二款和第二百二十六条（现为《民事诉讼法》第245条第2款和第247条）的规定办理。

289. 搜查应制作搜查笔录，由搜查人员、被搜查人及其他在场人签名或盖章。拒绝签名或者盖章的，应在搜查笔录中写明。

290. 法人或其他组织持有法律文书指定交付的财物或者票证，在人民法院发出协助执行通知后，拒不转交的，强制执行，并可依照民事诉讼法第一百零三条的规定处理。

291. 有关单位和个人持有法律文书指定交付的财物或者票证，因其过失被毁损或灭失的，人民法院可责令持有人赔偿；拒不赔偿的，人民法院可按被执行的财物或者票证的价值强制执行。

292. 人民法院在执行中需要办理房产证、土地证、山林所有权证、专利证书、商标证书、车辆执照等有关财产权证照转移手续的，可以依照民事诉讼法第二百三十条（现为《民事诉讼法》第251条）规定办理。

293. 被执行人迟延履行的，迟延履行期间的利息或迟延履行金自判决、裁定和其他法律文书指定的履行期间届满的次日起计算。

294. 民事诉讼法第二百三十二条（现为《民事诉讼法》第253条）

规定的加倍支付迟延履行期间的债务利息,是指在按银行同期贷款最高利率计付的债务利息上增加一倍。

295. 被执行人未按判决、裁定和其他法律文书指定的期间履行非金钱给付义务的,无论是否已给申请执行人造成损失,都应当支付迟延履行金。已经造成损失的,双倍补偿申请执行人已经受到的损失;没有造成损失的,迟延履行金可以由人民法院根据具体案件情况决定。

296. 债权人依照民事诉讼法第二百三十三条(现为《民事诉讼法》第254条)的规定请求人民法院继续执行的,不受民事诉讼法第二百一十九条(现为《民事诉讼法》第239条)所定期限的限制。

297. 被执行人为公民或者其他组织,在执行程序开始后,被执行人的其他已经取得执行依据的或者已经起诉的债权人发现被执行人的财产不能清偿所有债权的,可以向人民法院申请参与分配。

298. 申请参与分配,申请人应提交申请书,申请书应写明参与分配和被执行人不能清偿所有债权的事实和理由,并附有执行依据。

参与分配申请应当在执行程序开始后,被执行人的财产被清偿前提出。

299. 被执行人为公民或者其他组织,在有其他已经取得执行依据的债权人申请参与分配的执行中,被执行人的财产参照民事诉讼法第二百零四条(该条已删除)规定的顺序清偿,不足清偿同一顺序的,按照比例分配。清偿后的剩余债务,被执行人应当继续清偿。债权人发现被执行人有其他财产的,可以随时请求人民法院执行。

300. 被执行人不能清偿债务,但对第三人享有到期债权的,人民法院可依申请执行人的申请,通知该第三人向申请执行人履行债务。该第三人对债务没有异议但又在通知指定的期限内不履行的,人民法院可以强制执行。

301. 经申请执行人和被执行人同意,可以不经拍卖、变卖,直接将被执行人的财产作价交申请执行人抵偿债务,对剩余债务,被执行人应当继续清偿。

302. 被执行人的财产无法拍卖或变卖的，经申请执行人同意，人民法院可以将该项财产作价后交付申请执行人抵偿债务，或者交付申请执行人管理；申请执行人拒绝接收或管理的，退回被执行人。

303. 在人民法院执行完毕后，被执行人或者其他人对已执行的标的有妨害行为的，人民法院应当采取措施，排除妨害，并可以依照民事诉讼法第一百零二条的规定处理。因妨害行为给申请执行人或者其他人造成损失的，受害人可以另行起诉。

最高人民法院
关于审理海事赔偿责任限制相关纠纷案件的若干规定（节录）

法释〔2010〕11号

（2010年3月22日由最高人民法院审判委员会第1484次会议通过 2010年8月27日最高人民法院公告公布 自2010年9月15日起施行）

第二十一条 海商法第二百一十三条规定的利息，自海事事故发生之日起至基金设立之日止，按中国人民银行确定的金融机构同期一年期贷款基准利率计算。

以担保方式设立海事赔偿责任限制基金的，基金设立期间的利息按中国人民银行确定的金融机构同期一年期贷款基准利率计算。

最高人民法院
关于依法妥善审理民间借贷纠纷案件
促进经济发展维护社会稳定的通知

2011年12月2日　　　　　　　　　法〔2011〕336号

各省、自治区、直辖市高级人民法院，解放军军事法院，新疆维吾尔自治区高级人民法院生产建设兵团分院：

当前我国经济保持平稳较快发展，整体形势良好，但是受国际国内经济形势变化等多种因素的影响，一些地方出现了与民间借贷相关的债务不能及时清偿、债务人出逃、中小企业倒闭等事件，对当地经济发展和社会稳定造成了较大冲击，相关纠纷案件在短期内大量增加。为践行能动司法理念，充分发挥审判职能作用，妥善化解民间借贷纠纷，促进经济发展，维护社会稳定，现将有关事项通知如下：

一、高度重视民间借贷纠纷案件的审判执行工作。民间借贷客观上拓宽了中小企业的融资渠道，一定程度上解决了部分社会融资需求，增强了经济运行的自我调整和适应能力，促进了多层次信贷市场的形成和发展，但实践中民间借贷也存在着交易隐蔽、风险不易监控等特点，容易引发高利贷、中小企业资金链断裂甚至破产以及非法集资、暴力催收导致人身伤害等违法犯罪问题，对金融秩序乃至经济发展、社会稳定造成不利影响，也使得人民法院妥善化解民间借贷纠纷的难度增加。因此，人民法院应当高度重视民间借贷纠纷案件的审判执行工作，将其作为"为大局服务，为人民司法"的重要工作内容，作为深入推进三项重点工作的重要切入点，通过依法妥善审理民间借贷纠纷，规范和引导民间借贷健康有序发展，切实维护社会和谐稳定。

二、做好民间借贷纠纷案件的立案受理工作。当事人就民间借贷纠纷起诉的，人民法院要依据民事诉讼法的有关规定做好立案受理工作。立案时要认真进行审查，对于涉嫌非法集资等经济犯罪的案件，依法移送有关部门处理；对于可能影响社会稳定的案件，及时与政府及有关部门沟通协调，积极配合做好相关预案工作，切实防范可能引发的群体性、突发性事件。

三、依法惩治与民间借贷相关的刑事犯罪。人民法院在审理与民间借贷相关的非法集资等经济犯罪案件时，要依照《最高人民法院关于在审理经济纠纷案件中涉及经济犯罪嫌疑若干问题的规定》的有关规定，根据具体情况分别处理。对于非法集资等经济犯罪案件，要依法及时审判，切实维护金融秩序。对于与民间借贷相关的黑社会性质的组织犯罪及其他暴力性犯罪，要依法从严惩处，切实维护人民群众人身财产安全。要严格贯彻宽严相济的刑事政策，注意区分性质不同的违法犯罪行为，真正做到罚当其罪。

四、依法妥善审理民间借贷纠纷案件。人民法院在审理民间借贷纠纷案件时，要严格适用民法通则、合同法等有关法律法规和司法解释的规定，同时注意把握国家经济政策精神，努力做到依法公正与妥善合理的有机统一。要依法认定民间借贷的合同效力，保护合法借贷关系，切实维护当事人的合法权益，确保案件处理取得良好的法律效果和社会效果。对于因赌博、吸毒等违法犯罪活动而形成的借贷关系或者出借人明知借款人是为了进行上述违法犯罪活动的借贷关系，依法不予保护。

五、加大对民间借贷纠纷案件的调解力度。人民法院审理民间借贷纠纷案件，要深入贯彻"调解优先、调判结合"工作原则。对于涉及众多出借人或者借款人的案件、可能引发工人讨薪等群体性事件的案件、出借人与借款人之间情绪严重对立的案件以及判决后难以执行的案件等，要先行调解，重点调解，努力促成当事人和解。要充分借助政府部门、行业组织、社会团体等各方面力量，加强与人民调解、行政调解的程序对接，形成化解矛盾的最大合力，共同维护社会和谐稳定。

六、依法保护合法的借贷利息。人民法院在审理民间借贷纠纷案件时，要依法保护合法的借贷利息，依法遏制高利贷化倾向。出借人依照合同约定请求支付借款利息的，人民法院应当依据合同法和《最高人民法院关于人民法院审理借贷案件的若干意见》第6条、第7条的规定处理。出借人将利息预先在本金中扣除的，应当按照实际借款数额返还借款并计算利息。当事人仅约定借期内利率，未约定逾期利率，出借人以借期内的利率主张逾期还款利息的，依法予以支持。当事人既未约定借期内利率，也未约定逾期利率的，出借人参照中国人民银行同期同类贷款基准利率，主张自逾期还款之日起的利息损失的，依法予以支持。

七、注意防范、制裁虚假诉讼。人民法院在审理民间借贷纠纷案件过程中，要依法全面、客观地审核双方当事人提交的全部证据，从各证据与案件事实的关联程度、各证据之间的联系等方面进行综合审查判断。对形式有瑕疵的"欠条"或者"收条"，要结合其他证据认定是否存在借贷关系；对现金交付的借贷，可根据交付凭证、支付能力、交易习惯、借贷金额的大小、当事人间关系以及当事人陈述的交易细节经过等因素综合判断。发现有虚假诉讼嫌疑的，要及时依职权或者提请有关部门调查取证，查清事实真相。经查证确属虚假诉讼的，驳回其诉讼请求，并对其妨害民事诉讼的行为依法予以制裁；对于以骗取财物、逃废债务为目的实施虚假诉讼，构成犯罪的，依法追究刑事责任。

八、妥善适用有关司法措施。对于暂时资金周转困难但仍在正常经营的借款人，在不损害出借人合法权益的前提下，灵活适用诉讼保全措施，尽量使该借款人度过暂时的债务危机。对于出借人举报的有转移财产、逃避债务可能的借款人，要依法视情加大诉讼保全力度，切实维护债权人的合法权益。在审理因民间借贷债务而引发的企业破产案件时，对于符合国家产业政策且具有挽救价值和希望的负债中小企业，要积极适用重整、和解程序，尽快实现企业再生；对没有挽救希望，必须通过破产清算退出市场的中小企业，要制定综合预案，统筹协调，稳步推进，切实将企业退市引发的不良影响降到最低。

九、积极促进建立健全民间借贷纠纷防范和解决机制。人民法院在化解民间借贷纠纷的工作中，要紧紧围绕党和国家工作大局，紧紧依靠党委领导和政府支持，积极采取司法应对措施，全力维护社会和谐稳定。要加强与政府有关职能部门的沟通协调，充分发挥联动效能。要建立和完善系列案件审判执行统一协调机制，避免因裁判标准不一致或者执行工作简单化而激化社会矛盾。要结合民间借贷纠纷案件审判工作实际，及时提出司法建议，为有关部门依法采取有效措施提供参考。要加强法制宣传，特别是对典型案件的宣传，引导各类民间借贷主体增强风险防范意识，倡导守法诚信的社会风尚。

十、加强对民间借贷纠纷案件新情况新问题的调查研究。人民法院在民间借贷纠纷案件的审判工作中，要认真总结审判经验，密切关注各类敏感疑难问题和典型案件，对审理民间借贷纠纷案件过程中出现的新情况新问题，要认真分析研究成因，尽早提出对策，必要时及时层报最高人民法院。

最高人民法院
关于审理买卖合同纠纷案件适用法律问题的解释（节录）

法释〔2012〕8号

（2012年3月31日最高人民法院审判委员会第1545次
会议通过 2012年5月10日最高人民法院公告公布
2012年7月1日起施行）

第二十四条 买卖合同对付款期限作出的变更，不影响当事人关于逾期付款违约金的约定，但该违约金的起算点应当随之变更。

买卖合同约定逾期付款违约金，买受人以出卖人接受价款时未主张逾期付款违约金为由拒绝支付该违约金的，人民法院不予支持。

买卖合同约定逾期付款违约金，但对账单、还款协议等未涉及逾期付款责任，出卖人根据对账单、还款协议等主张欠款时请求买受人依约支付逾期付款违约金的，人民法院应予支持，但对账单、还款协议等明确载有本金及逾期付款利息数额或者已经变更买卖合同中关于本金、利息等约定内容的除外。

买卖合同没有约定逾期付款违约金或者该违约金的计算方法，出卖人以买受人违约为由主张赔偿逾期付款损失的，人民法院可以中国人民银行同期同类人民币贷款基准利率为基础，参照逾期罚息利率标准计算。

第三十七条 出卖人取回标的物后，买受人在双方约定的或者出卖人指定的回赎期间内，消除出卖人取回标的物的事由，主张回赎标的物的，人民法院应予支持。

买受人在回赎期间内没有回赎标的物的，出卖人可以另行出卖标的物。

出卖人另行出卖标的物的，出卖所得价款依次扣除取回和保管费用、再交易费用、利息、未清偿的价金后仍有剩余的，应返还原买受人；如有不足，出卖人要求原买受人清偿的，人民法院应予支持，但原买受人有证据证明出卖人另行出卖的价格明显低于市场价格的除外。

最高人民法院
关于审理融资租赁合同纠纷案件适用
法律问题的解释（节录）

法释〔2014〕3号

(2013年11月25日由最高人民法院审判委员会第1597次会议通过 2014年2月24日最高人民法院公告公布 自2014年3月1日起施行)

第二十条 承租人逾期履行支付租金义务或者迟延履行其他付款义务，出租人按照融资租赁合同的约定要求承租人支付逾期利息、相应违约金的，人民法院应予支持。

二、法规及中国人民银行相关规定

中国人民银行
关于印发《人民币利率管理规定》的通知

1999年3月2日　　　　　　　　　　　　　　银发〔1999〕77号

中国人民银行各分行，营业管理部；各政策性银行，国有独资商业银行，其他商业银行、国家邮政局：

为有效发挥利率杠杆对宏观经济的调节作用，加强利率监管，维护正常的金融秩序，创造公平有序的竞争环境，我行对1990年颁布的《利率管理暂行规定》进行了修订，现将修订后的《人民币利率管理规定》印发给你们，请遵照执行。

特此通知。

附件

人民币利率管理规定

第一章　总　则

第一条　为有效发挥利率杠杆对国民经济的调节作用，加强利率管理，维护正常的金融秩序，创造公平有序的竞争环境，根据《中华人民共和国中国人民银行法》《中华人民共和国商业银行法》及其他相关法律、法规制定本规定。

第二条　凡在中华人民共和国境内（不含香港、澳门、台湾）经营人民币存、贷款业务的金融机构，邮政储蓄部门，其他法人、自然人和其他组织，均遵守本规定。

第三条　中国人民银行是经国务院授权的利率主管机关，代表国家依法行使利率管理权，其他任何单位和个人不得干预。

第四条　中国人民银行制定的各种利率是法定利率。法定利率具有法律效力，其他任何单位和个人均无权变动。

第二章　利率的制定与管理

第五条　中国人民银行制定、调整以下利率：

（一）中国人民银行对金融机构存、贷款利率和再贴现利率；

（二）金融机构存、贷款利率；

（三）优惠贷款利率；

（四）罚息利率；

（五）同业存款利率；

（六）利率浮动幅度；

（七）其他。

第六条　金融机构根据中国人民银行的有关规定确定以下利率：

（一）浮动利率；

（二）内部资金往来利率；

（三）同业拆借利率；

（四）贴现利率和转贴现利率；

（五）中国人民银行允许确定的其他利率。

第七条　中国人民银行总行履行下列利率管理职责：

（一）根据国民经济发展的需要和货币政策要求，制定利率政策和利率管理法规并组织实施；

（二）领导中国人民银行分支机构的利率管理工作；

（三）监督、检查金融机构执行国家利率政策、法规的情况；

（四）协调、处理金融机构的利率纠纷和利率违规行为；

（五）宣传、解释国家的利率政策及相关法规；

（六）研究、制定、实施国家的利率改革规划；

（七）监测、调控金融市场利率；

（八）其他利率管理工作。

第八条 中国人民银行分支机构在中国人民银行总行授权的范围内履行下列利率管理职责：

（一）实施对辖区内金融机构的利率管理，指导下级行的利率管理工作；

（二）及时转发中国人民银行总行的有关文件，对有关利率调整等内容的重要文件，应在生效日之前传送到辖区内金融机构，并严守机密；

（三）监督、检查辖区内金融机构执行利率政策的情况，处理利率违规行为，并及时向上级行报告本辖区内利率政策执行情况；

（四）建立和完善利率违规举报制度，加强社会监督；

（五）宣传、解释国家的利率政策及相关法规；

（六）组织有关利率政策的调查研究；

（七）完成上级行安排的其他利率管理工作。

第九条 金融机构履行下列职责：

（一）协助和配合中国人民银行进行利率管理工作，宣传、贯彻、执行国家利率政策；

（二）系统内发布的有关利率的文件必须抄送辖区内中国人民银行，凡与中国人民银行有关规定不一致的内容，以中国人民银行的规定为准；

（三）严格执行国家的利率政策和相关法规，加强自身及所辖分支机构的利率管理，发现问题应主动处理；

（四）自觉接受并主动配合中国人民银行的利率管理和检查，提供真实的相关资料；

（五）在营业场所挂牌公告法定利率水平；

（六）对利率政策执行过程中出现的问题及时向中国人民银行报告。

第十条 利率管理人员应当坚持原则，依法办事，不得徇私舞弊，泄露机密，玩忽职守。

第三章 存款的结息

第十一条 城乡居民储蓄存款的计息和结息按《储蓄管理条例》有关条款办理。

活期储蓄存款每年结息一次，六月三十日为结息日，结息后的利息并入本金起息，元以下尾数不计息。未到结息日清户时，按清户日挂牌公告的利率计息到清户前一日止。

定期储蓄存款按存入日挂牌公告的利率计息，利随本清，遇利率调整不分段计息。

定活两便储蓄存款按支取日挂牌公告的一年期以内（含一年）相应档次的定期整存整取存款利率打折计息，打折后低于活期存款利率时，按活期存款利率计息。

通知存款的计息和结息按《通知存款管理办法》执行。

大额可转让定期存单在存期内按照存单开户日银行挂牌公告的利率计息，利随本清，遇利率调整不分段计息，逾期期间不计息。

第十二条 单位存款的计息和结息按《人民币单位存款管理办法》的有关条款办理。

活期存款按季结息，每季末月的二十日为结息日。

单位通知存款计息和结息按《通知存款管理办法》执行。

单位协定存款按结息日或清户日挂牌公告的利率计息，按季结息。

第十三条 金融机构经中国人民银行批准收取的保证金，按照单位存款计息、结息。

第十四条 职工个人住房公积金存款，当年归集的按结息日挂牌公告的活期存款利率计息,结息后转入上年结转户;上年结转的按结息日挂牌公告的三个月定期整存整取存款利率计息。公积金存款的结息日为每年的六月三十日。

第十五条 金融机构的准备金存款按季结息,每季度末月的二十日为结息日,按结息日的利率计息,遇利率调整不分段计息。

对欠交准备金的金融机构,从欠交之日起按罚息利率计收罚息,直至交足准备金止,遇罚息利率调整分段计息。

第十六条 邮政储蓄转存款,按季结息,每季度末月的二十日为结息日,遇利率调整分段计息。

第十七条 保险公司在中国人民银行的保证金存款按金融机构准备金存款利率计息,在其他金融机构的存款按单位存款利率计息。

第十八条 金融机构按规定全额划缴中国人民银行的财政存款一律不计息,不划缴的部分按单位存款利率计息。

第十九条 金融机构同业存款利率,最高不得超过准备金存款利率,计息和结息同第十五条。

第四章　贷款的结息

第二十条 短期贷款(期限在一年以下,含一年),按贷款合同签定日的相应档次的法定贷款利率计息。贷款合同期内,遇利率调整不分段计息。

短期贷款按季结息的,每季度末月的二十日为结息日;按月结息的,每月的二十日为结息日。具体结息方式由借贷双方协商确定。对贷款期内不能按期支付的利息按贷款合同利率按季或按月计收复利,贷款逾期后改按罚息利率计收复利。最后一笔贷款清偿时,利随本清。

第二十一条 中长期贷款(期限在一年以上)利率实行一年一定。贷款(包括贷款合同生效日起一年内应分笔拨付的所有资金)根据贷款合同确定的期限,按贷款合同生效日相应档次的法定贷款利率计息,每满一年后（分笔拨付的以第一笔贷款的发放日为准），再按当时相应档次的法定贷款利率确定下一年度利率。中长期贷款按季结息，每季度末月二十日为结息日。对贷款期内不能按期支付的利息按合同利率按季计收复利，贷款逾期后改按罚息利率计收复利。

第二十二条 贴现按贴现日确定的贴现利率一次性收取利息。

第二十三条 信托贷款利率由委托双方在不超过同期同档次法定贷款利率水平（含浮动）的范围内协商确定；租赁贷款利率按同期同档次法定贷款利率（含浮动）执行。

第二十四条 贷款展期，期限累计计算，累计期限达到新的利率期限档次时，自展期之日起，按展期日挂牌的同档次利率计息；达不到新的期限档次时，按展期日的原档次利率计息。

第二十五条 逾期贷款或挤占挪用贷款，从逾期或挤占挪用之日起，按罚息利率计收罚息，直到清偿本息为止，遇罚息利率调整分段计息。对贷款逾期或挪用期间不能按期支付的利息按罚息利率按季（短期贷款也可按月）计收复利。如同一笔贷款既逾期又挤占挪用，应择其重，不能并处。

第二十六条 借款人在借款合同到期日之前归还借款时，贷款人有权按原贷款合同向借款人收取利息。

第二十七条 个人住房贷款利率及其计结息办法按《个人住房贷款管理办法》有关规定执行，贷款逾期按本规定第二十五条办理。

第二十八条 中国人民银行对金融机构再贷款按合同利率计息，遇利率调整不分段计息。按季结息，每季度末月二十日为结息日。对贷款期内不能按期支付的利息按合同利率计收复利。

再贷款展期，贷款期限不累计计算，按展期日相应档次的再贷款利率计息。再贷款逾期，按逾期日的罚息利率计收罚息，直到归还本息，遇罚息利率调整分段计息。对逾期期间不能按期支付的利息按罚息利率按季计收复利。

第二十九条 再贴现按再贴现日的再贴现利率一次性收取利息。

第五章 罚 则

第三十条 有下列行为之一的,属于利率违规行为:

(一) 擅自提高或降低存、贷款利率的;

(二) 变相提高或降低存、贷款利率的;

(三) 擅自或变相以高利率发行债券的;

(四) 其他违反本规定和国家利率政策的。

第三十一条 对存在上述利率违规行为的金融机构,中国人民银行将视其情节及所致后果轻重,依照有关法律法规给予相应处罚。

第三十二条 金融机构违反国家法律法规和利率政策而多收的贷款利息或少付的存款利息,以及个人、法人及其他组织因金融机构违规而多收的存款利息或少付的贷款利息,不受法律保护。

第三十三条 金融机构因非不可抗力拖延或拒绝支付存款人已到期合法存款的,未付期间按该笔存款原存单利率对存款人支付利息。

第三十四条 对违反《企业债券管理条例》,擅自或变相以高利率发行债券的企业,辖区内中国人民银行有权制止,并会同有关部门依照《企业债券管理条例》等有关法规进行处罚。

第三十五条 对违反本规定的金融机构的主要负责人、业务部门负责人及直接业务人员,视情节轻重和造成危害的程度,按照中国人民银行《关于对金融机构违法违规经营责任人的行政处分规定》给予相应处分。

第三十六条 违反利率管理规定的当事人,对中国人民银行做出的处罚不服的,可以按《行政复议条例》有关规定向上一级人民银行申请复议。

第六章 附　则

第三十七条　本规定由中国人民银行总行负责解释、说明和修改。

第三十八条　本规定自一九九九年四月一日起实行。此前凡与本规定相抵触的，皆以本规定为准。

中国人民银行
关于外币利率管理问题的通知

2003年11月16日　　　　　　　　　　　　银发〔2003〕227号

中国人民银行各分行、营业管理部，各政策性银行、国有独资商业银行、股份制商业银行：

经国务院批准，现就外币利率管理有关问题通知如下：

一、从2003年11月20日起，金融机构外币小额存款（300万美元以下）利率，以人民银行公布的外币小额存款利率为上限，根据国际金融市场利率变化情况由中资商业银行（含开办外汇业务的城市信用社、农村信用社）法人、外资银行分行（有主报告行的，由其主报告行）自主确定。

二、各金融机构要完善外币存贷款定价、风险管理和利率浮动的管理办法和操作规程。

三、各金融机构要按照《中国人民银行办公厅关于外币存贷款利率实行备案管理有关事项的通知》（银办发〔2002〕84号）要求做好外币利率备案工作。各金融机构要在外币利率备案表中增加外币小额存款利率的内容，即本系统外币小额存款各币种、各期限的最高利率、最低利率和加权平均利率及金额等，并于月后10日上报人民银行。

人民银行各分行（营业管理部）要将本文及时转发至辖区内开办外汇业务的城市商业银行、农村信用社及外资银行等，并加强对辖区内外币利率的监测、分析和管理，维护正常的金融市场秩序。

中国人民银行
关于人民币贷款利率有关问题的通知

2003年12月10日　　　　　　　　　　　银发〔2003〕251号

中国人民银行各分行、营业管理部，各政策性银行、国有独资商业银行、股份制商业银行：

为稳步推进利率市场化改革，充分发挥利率杠杆的调节作用。现就有关人民币贷款利率及计结息等有关事宜通知如下：

一、关于人民币贷款计息和结息问题。人民币各项贷款（不合个人住房贷款）的计息和结息方式，由借贷双方协商确定。

二、关于在合同期内贷款利率的调整问题。人民币中、长期贷款利率由原来的一年一定，改为由借贷双方按商业原则确定，可在合同期间按月、按季、按年调整，也可采用固定利率的确定方式。

5年期以上档次贷款利率，由金融机构参照人民银行公布的5年期以上贷款利率自主确定。

三、关于罚息利率问题。逾期贷款（借款人未按合同约定日期还款的借款）罚息利率由现行按日万分之二点一计收利息，改为在借款合同载明的贷款利率水平上加收30%～50%；借款人未按合同约定用途使用借款的罚息利率，由现行按日万分之五计收利息，改为在借款合同载明的贷款利率水平上加收50%～100%。

对逾期或未按合同约定用途使用借款的贷款，从逾期或未按合同约定用途使用贷款之日起，按罚息利率计收利息，直至清偿本息为止。对不能按时支付的利息，按罚息利率计收复利。

四、对2004年1月1日（含2004年1月1日）以后新发放的贷款按本通知执行。对2004年1月1日以前发放的未到期贷款仍按原借款合同执行，但经借贷双方当事人协商一致的，也可执行本通知。

五、本通知自 2004 年 1 月 1 日起执行。此前人民银行发布的有关人民币贷款利率的规定与本通知不符的，以本通知为准。

中国人民银行
关于上调小额外币存款利率上限的通知

2005 年 12 月 27 日　　　　　　　　　　银发〔2005〕395 号

中国人民银行上海总部，各分行、营业管理部、省会（首府）城市中心支行，深圳市中心支行，各政策性银行、国有独资商业银行、股份制商业银行、国家邮政局邮政储汇局：

经国务院批准，自 2005 年 12 月 28 日起上调美元、港币小额外币存款利率上限（具体水平见附表）。请各行认真组织落实，遵照执行，确保此次外币利率调整工作顺利进行。

请人民银行上海总部，各分行、营业管理部、省会（首府）城市中心支行、深圳市中心支行将本文转发至辖区内开办外汇业务的城市商业银行、农村商业银行、城乡信用社及外资银行。

特此通知。

附表

小额外币存款利率调整表

年利率:%

项目	美元*	欧元	日元	港币*
活期	1.150	0.100	0.0001	1.000
七天通知	1.375	0.375	0.0005	1.250

续上表

一个月	2.250	0.750	0.0100	1.875
三个月	2.750	1.000	0.0100	2.375
六个月	2.875	1.125	0.0100	2.500
一年	3.000	1.250	0.0100	2.625

注：本表从2005年12月28日起执行，带*为此次调整的币种。

中华人民共和国外汇管理条例

(2008年8月1日国务院第20次常务会议修订通过
自2008年8月5日起施行)

第一章 总 则

第一条 为了加强外汇管理，促进国际收支平衡，促进国民经济健康发展，制定本条例。

第二条 国务院外汇管理部门及其分支机构（以下统称外汇管理机关）依法履行外汇管理职责，负责本条例的实施。

第三条 本条例所称外汇，是指下列以外币表示的可以用作国际清偿的支付手段和资产：

（一）外币现钞，包括纸币、铸币；

（二）外币支付凭证或者支付工具，包括票据、银行存款凭证、银行卡等；

（三）外币有价证券，包括债券、股票等；

（四）特别提款权；

（五）其他外汇资产。

第四条 境内机构、境内个人的外汇收支或者外汇经营活动，以及境外机构、境外个人在境内的外汇收支或者外汇经营活动，适用本条例。

第五条 国家对经常性国际支付和转移不予限制。

第六条 国家实行国际收支统计申报制度。

国务院外汇管理部门应当对国际收支进行统计、监测，定期公布国际收支状况。

第七条　经营外汇业务的金融机构应当按照国务院外汇管理部门的规定为客户开立外汇账户，并通过外汇账户办理外汇业务。

经营外汇业务的金融机构应当依法向外汇管理机关报送客户的外汇收支及账户变动情况。

第八条　中华人民共和国境内禁止外币流通，并不得以外币计价结算，但国家另有规定的除外。

第九条　境内机构、境内个人的外汇收入可以调回境内或者存放境外；调回境内或者存放境外的条件、期限等，由国务院外汇管理部门根据国际收支状况和外汇管理的需要作出规定。

第十条　国务院外汇管理部门依法持有、管理、经营国家外汇储备，遵循安全、流动、增值的原则。

第十一条　国际收支出现或者可能出现严重失衡，以及国民经济出现或者可能出现严重危机时，国家可以对国际收支采取必要的保障、控制等措施。

第二章　经常项目外汇管理

第十二条　经常项目外汇收支应当具有真实、合法的交易基础。经营结汇、售汇业务的金融机构应当按照国务院外汇管理部门的规定，对交易单证的真实性及其与外汇收支的一致性进行合理审查。

外汇管理机关有权对前款规定事项进行监督检查。

第十三条　经常项目外汇收入，可以按照国家有关规定保留或者卖给经营结汇、售汇业务的金融机构。

第十四条　经常项目外汇支出，应当按照国务院外汇管理部门关于付汇与购汇的管理规定，凭有效单证以自有外汇支付或者向经营结汇、售汇业务的金融机构购汇支付。

第十五条　携带、申报外币现钞出入境的限额，由国务院外汇管理部门规定。

第三章　资本项目外汇管理

第十六条　境外机构、境外个人在境内直接投资，经有关主管部门批准后，应当到外汇管理机关办理登记。

境外机构、境外个人在境内从事有价证券或者衍生产品发行、交易，应当遵守国家关于市场准入的规定，并按照国务院外汇管理部门的规定办理登记。

第十七条　境内机构、境内个人向境外直接投资或者从事境外有价证券、衍生产品发行、交易，应当按照国务院外汇管理部门的规定办理登记。国家规定需要事先经有关主管部门批准或者备案的，应当在外汇登记前办理批准或者备案手续。

第十八条　国家对外债实行规模管理。借用外债应当按照国家有关规定办理，并到外汇管理机关办理外债登记。

国务院外汇管理部门负责全国的外债统计与监测，并定期公布外债情况。

第十九条　提供对外担保，应当向外汇管理机关提出申请，由外汇管理机关根据申请人的资产负债等情况作出批准或者不批准的决定；国家规定其经营范围需经有关主管部门批准的，应当在向外汇管理机关提出申请前办理批准手续。申请人签订对外担保合同后，应当到外汇管理机关办理对外担保登记。

经国务院批准为使用外国政府或者国际金融组织贷款进行转贷提供对外担保的，不适用前款规定。

第二十条　银行业金融机构在经批准的经营范围内可以直接向境外提供商业贷款。其他境内机构向境外提供商业贷款，应当向外汇管理机关提出申请，外汇管理机关根据申请人的资产负债等情况作出批准或者不批准的决定；国家规定其经营范围需经有关主管部门批准的，应当在向外汇管理机关提出申请前办理批准手续。

向境外提供商业贷款，应当按照国务院外汇管理部门的规定办理登记。

第二十一条 资本项目外汇收入保留或者卖给经营结汇、售汇业务的金融机构，应当经外汇管理机关批准，但国家规定无需批准的除外。

第二十二条 资本项目外汇支出，应当按照国务院外汇管理部门关于付汇与购汇的管理规定，凭有效单证以自有外汇支付或者向经营结汇、售汇业务的金融机构购汇支付。国家规定应当经外汇管理机关批准的，应当在外汇支付前办理批准手续。

依法终止的外商投资企业，按照国家有关规定进行清算、纳税后，属于外方投资者所有的人民币，可以向经营结汇、售汇业务的金融机构购汇汇出。

第二十三条 资本项目外汇及结汇资金，应当按照有关主管部门及外汇管理机关批准的用途使用。外汇管理机关有权对资本项目外汇及结汇资金使用和账户变动情况进行监督检查。

第四章 金融机构外汇业务管理

第二十四条 金融机构经营或者终止经营结汇、售汇业务，应当经外汇管理机关批准；经营或者终止经营其他外汇业务，应当按照职责分工经外汇管理机关或者金融业监督管理机构批准。

第二十五条 外汇管理机关对金融机构外汇业务实行综合头寸管理，具体办法由国务院外汇管理部门制定。

第二十六条 金融机构的资本金、利润以及因本外币资产不匹配需要进行人民币与外币间转换的，应当经外汇管理机关批准。

第五章　人民币汇率和外汇市场管理

第二十七条　人民币汇率实行以市场供求为基础的、有管理的浮动汇率制度。

第二十八条　经营结汇、售汇业务的金融机构和符合国务院外汇管理部门规定条件的其他机构，可以按照国务院外汇管理部门的规定在银行间外汇市场进行外汇交易。

第二十九条　外汇市场交易应当遵循公开、公平、公正和诚实信用的原则。

第三十条　外汇市场交易的币种和形式由国务院外汇管理部门规定。

第三十一条　国务院外汇管理部门依法监督管理全国的外汇市场。

第三十二条　国务院外汇管理部门可以根据外汇市场的变化和货币政策的要求，依法对外汇市场进行调节。

第六章　监督管理

第三十三条　外汇管理机关依法履行职责，有权采取下列措施：

（一）对经营外汇业务的金融机构进行现场检查；

（二）进入涉嫌外汇违法行为发生场所调查取证；

（三）询问有外汇收支或者外汇经营活动的机构和个人，要求其对与被调查外汇违法事件直接有关的事项作出说明；

（四）查阅、复制与被调查外汇违法事件直接有关的交易单证等资料；

（五）查阅、复制被调查外汇违法事件的当事人和直接有关的单位、个人的财务会计资料及相关文件，对可能被转移、隐匿或者毁损的文件和资料，可以予以封存；

（六）经国务院外汇管理部门或者省级外汇管理机关负责人批准，查询被调查外汇违法事件的当事人和直接有关的单位、个人的账户，但个人储蓄存款账户除外；

（七）对有证据证明已经或者可能转移、隐匿违法资金等涉案财产或者隐匿、伪造、毁损重要证据的，可以申请人民法院冻结或者查封。

有关单位和个人应当配合外汇管理机关的监督检查，如实说明有关情况并提供有关文件、资料，不得拒绝、阻碍和隐瞒。

第三十四条　外汇管理机关依法进行监督检查或者调查，监督检查或者调查的人员不得少于2人，并应当出示证件。监督检查、调查的人员少于2人或者未出示证件的，被监督检查、调查的单位和个人有权拒绝。

第三十五条　有外汇经营活动的境内机构，应当按照国务院外汇管理部门的规定报送财务会计报告、统计报表等资料。

第三十六条　经营外汇业务的金融机构发现客户有外汇违法行为的，应当及时向外汇管理机关报告。

第三十七条　国务院外汇管理部门为履行外汇管理职责，可以从国务院有关部门、机构获取所必需的信息，国务院有关部门、机构应当提供。

国务院外汇管理部门应当向国务院有关部门、机构通报外汇管理工作情况。

第三十八条　任何单位和个人都有权举报外汇违法行为。

外汇管理机关应当为举报人保密，并按照规定对举报人或者协助查处外汇违法行为有功的单位和个人给予奖励。

第七章　法律责任

第三十九条　有违反规定将境内外汇转移境外，或者以欺骗手段将境内资本转移境外等逃汇行为的，由外汇管理机关责令限期调回外汇，处逃汇金额 30% 以下的罚款；情节严重的，处逃汇金额 30% 以上等值以下的罚款；构成犯罪的，依法追究刑事责任。

第四十条 有违反规定以外汇收付应当以人民币收付的款项，或者以虚假、无效的交易单证等向经营结汇、售汇业务的金融机构骗购外汇等非法套汇行为的，由外汇管理机关责令对非法套汇资金予以回兑，处非法套汇金额 30% 以下的罚款；情节严重的，处非法套汇金额 30% 以上等值以下的罚款；构成犯罪的，依法追究刑事责任。

第四十一条 违反规定将外汇汇入境内的，由外汇管理机关责令改正，处违法金额 30% 以下的罚款；情节严重的，处违法金额 30% 以上等值以下的罚款。

非法结汇的，由外汇管理机关责令对非法结汇资金予以回兑，处违法金额 30% 以下的罚款。

第四十二条 违反规定携带外汇出入境的，由外汇管理机关给予警告，可以处违法金额 20% 以下的罚款。法律、行政法规规定由海关予以处罚的，从其规定。

第四十三条 有擅自对外借款、在境外发行债券或者提供对外担保等违反外债管理行为的，由外汇管理机关给予警告，处违法金额 30% 以下的罚款。

第四十四条 违反规定，擅自改变外汇或者结汇资金用途的，由外汇管理机关责令改正，没收违法所得，处违法金额 30% 以下的罚款；情节严重的，处违法金额 30% 以上等值以下的罚款。

有违反规定以外币在境内计价结算或者划转外汇等非法使用外汇行为的，由外汇管理机关责令改正，给予警告，可以处违法金额 30% 以下的罚款。

第四十五条 私自买卖外汇、变相买卖外汇、倒买倒卖外汇或者非法介绍买卖外汇数额较大的，由外汇管理机关给予警告，没收违法所得，处违法金额 30% 以下的罚款；情节严重的，处违法金额 30% 以上等值以下的罚款；构成犯罪的，依法追究刑事责任。

第四十六条　未经批准擅自经营结汇、售汇业务的，由外汇管理机关责令改正，有违法所得的，没收违法所得，违法所得 50 万元以上的，并处违法所得 1 倍以上 5 倍以下的罚款；没有违法所得或者违法所得不足 50 万元的，处 50 万元以上 200 万元以下的罚款；情节严重的，由有关主管部门责令停业整顿或者吊销业务许可证；构成犯罪的，依法追究刑事责任。

未经批准经营结汇、售汇业务以外的其他外汇业务的，由外汇管理机关或者金融业监督管理机构依照前款规定予以处罚。

第四十七条　金融机构有下列情形之一的，由外汇管理机关责令限期改正，没收违法所得，并处 20 万元以上 100 万元以下的罚款；情节严重或者逾期不改正的，由外汇管理机关责令停止经营相关业务：

（一）办理经常项目资金收付，未对交易单证的真实性及其与外汇收支的一致性进行合理审查的；

（二）违反规定办理资本项目资金收付的；

（三）违反规定办理结汇、售汇业务的；

（四）违反外汇业务综合头寸管理的；

（五）违反外汇市场交易管理的。

第四十八条　有下列情形之一的，由外汇管理机关责令改正，给予警告，对机构可以处 30 万元以下的罚款，对个人可以处 5 万元以下的罚款：

（一）未按照规定进行国际收支统计申报的；

（二）未按照规定报送财务会计报告、统计报表等资料的；

（三）未按照规定提交有效单证或者提交的单证不真实的；

（四）违反外汇账户管理规定的；

（五）违反外汇登记管理规定的；

（六）拒绝、阻碍外汇管理机关依法进行监督检查或者调查的。

第四十九条　境内机构违反外汇管理规定的，除依照本条例给予处罚外，对直接负责的主管人员和其他直接责任人员，应当给予处分；对金融机构负有直接责任的董事、监事、高级管理人员和其他直接责任人员给予警告，处5万元以上50万元以下的罚款；构成犯罪的，依法追究刑事责任。

第五十条　外汇管理机关工作人员徇私舞弊、滥用职权、玩忽职守，构成犯罪的，依法追究刑事责任；尚不构成犯罪的，依法给予处分。

第五十一条　当事人对外汇管理机关作出的具体行政行为不服的，可以依法申请行政复议；对行政复议决定仍不服的，可以依法向人民法院提起行政诉讼。

第八章　附　则

第五十二条　本条例下列用语的含义：

（一）境内机构，是指中华人民共和国境内的国家机关、企业、事业单位、社会团体、部队等，外国驻华外交领事机构和国际组织驻华代表机构除外。

（二）境内个人，是指中国公民和在中华人民共和国境内连续居住满1年的外国人，外国驻华外交人员和国际组织驻华代表除外。

（三）经常项目，是指国际收支中涉及货物、服务、收益及经常转移的交易项目等。

（四）资本项目，是指国际收支中引起对外资产和负债水平发生变化的交易项目，包括资本转移、直接投资、证券投资、衍生产品及贷款等。

第五十三条　非金融机构经营结汇、售汇业务，应当由国务院外汇管理部门批准，具体管理办法由国务院外汇管理部门另行制定。

第五十四条　本条例自公布之日起施行。

中国人民银行
关于进一步推进利率市场化改革的通知

2013 年 7 月 19 日

中国人民银行上海总部，各分行、营业管理部，各省会（首府）城市中心支行、深圳市中心支行、国有商业银行、股份制商业银行、中国邮政储蓄银行，各金融资产管理公司：

为进一步推进利率市场化改革，经国务院批准，中国人民银行决定，自 2013 年 7 月 20 日起全面放开金融机构贷款利率管制。现就有关事宜通知如下：

一、全面放开金融机构贷款利率管制

取消金融机构贷款利率 0.7 倍的下限，由金融机构根据商业原则自主确定贷款利率水平。个人住房贷款利率浮动区间不作调整，仍保持原区间不变，继续严格执行差别化的住房信贷政策。

取消票据贴现利率管制，改变贴现利率在再贴现利率基础上加点确定的方式，由金融机构自主确定。

取消农村信用社贷款利率 2.3 倍的上限，由农村信用社根据商业原则自主确定对客户的贷款利率。

二、金融机构要积极适应贷款利率的市场化定价方式，以市场供求为基础，结合期限、信用等风险因素合理确定贷款利率。完善定价机制建设，提高差异化服务水平，稳妥处理合同关系，保证贷款正常发放。强化财务硬约束和利率风险管理，确保内部管理措施的有效落实。相关制度办法要及时报人民银行备案。

三、人民银行上海总部、各分行（营业管理部）、省会（首府）城市中心支行、深圳市中心支行要将本通知立即转发至辖区内城市（农村）商业银行、农村合作银行、农村信用社、开办人民币存、贷款业务的外资银行等金融机构，做好相关指导工作。

四、对全面放开贷款利率管制后各方面的反应及出现的新情况、新问题要及时处理并上报人民银行总行。